在改革中
前行的十年
——广东省高等教育厅厅长的回忆

许学强 编著

高等教育出版社·北京

内容提要

本书总结了 1992—2002 年左右在广东省作为国家教育委员会的高等教育改革试点省份的背景下,广东省高等教育的一系列有关教育改革与发展的理念、措施和经验。

主要内容包括:广东省高等教育发展的基础,高等教育发展目标的制定,办学体制改革,管理体制改革,高校招生和就业制度的改革,高校内部管理体制改革,教学水平的提升举措,党建和政治思想工作,民办教育的兴起与发展等。

本书可供高等教育管理与研究人员阅读和参考。

图书在版编目(CIP)数据

在改革中前行的十年:广东省高等教育厅厅长的回忆 / 许学强编著. -- 北京:高等教育出版社,2020.7
ISBN 978-7-04-054108-3

Ⅰ. ①在… Ⅱ. ①许… Ⅲ. ①高等教育-教学研究-广东 Ⅳ. ①G642.0

中国版本图书馆 CIP 数据核字(2020)第 083692 号

策划编辑	熊 玲 徐丽萍	责任编辑	杨俊杰	封面设计	张雨微	版式设计	于 婕
插图绘制	于 博	责任校对	窦丽娜	责任印制	赵义民		

出版发行	高等教育出版社	网 址	http://www.hep.edu.cn
社 址	北京市西城区德外大街4号		http://www.hep.com.cn
邮政编码	100120	网上订购	http://www.hepmall.com.cn
印 刷	北京中科印刷有限公司		http://www.hepmall.com
开 本	787mm×1092mm 1/16		http://www.hepmall.cn
印 张	21.25		
字 数	310千字	版 次	2020年7月第1版
购书热线	010-58581118	印 次	2020年7月第1次印刷
咨询电话	400-810-0598	定 价	78.00元

本书如有缺页、倒页、脱页等质量问题,请到所购图书销售部门联系调换
版权所有 侵权必究
物 料 号 54108-00

自序

1992年年初，中共广东省委商国家教育委员会，决定将我由中山大学副校长调任广东省高等教育局局长（厅级局），该局后改名广东省高等教育厅，我任厅长和中共广东省委高校工委书记等职。至21世纪初，我因超龄而退居二线，先后任广东省高校设置评议委员会主任委员及广东省民办教育协会首任会长、老教育工作者协会首任会长、广东省教育基金会常务副会长等社团组织职务。弹指一挥间，我在政府部门工作十年，退休至今二十载，迈入了耄耋之年。

2018年，举国上下庆祝我国改革开放40周年，组织上要我们这些老同志口述历史。开始我只是为了完成任务，简单回忆过去的几件事。但后来想想，在邓小平南方谈话精神的鼓舞下，在国家教委、广东省委、省政府的领导下，在高教战线的广大同志们共同努力下，我们还是做了不少工作。将这些事情作为一段历史记录下来，还是有一定价值的。于是用了一些工夫将那些无法忘怀的事，无法释怀的思考，以及那些我该铭记和感恩的人，整理成了这本图书，供后人评阅。

我为别人出书写过不少"序"。这本书的序我想来一个

"创新",将我在书刊上公开发表的三篇小文章凑在一起,就作为这本书的"序"!第一篇是讲邓小平教育理论如何指导我们的实践;第二篇是讲如何充分重视调查研究,为决策做依据;第三篇是讲大胆实践,推进高等教育综合改革与发展。即理论指导、调查研究、大胆实践,这正是本书的核心所在!

需要特别说明的是,本书所回眸的内容是二十多年前发生的事情。自中共十八大以来,习近平同志作为中国共产党和国家最高领导人,围绕治国理政提出了一系列新思想、新观点、新论断。在此基础上,党的十九大又概括和提出了习近平新时代中国特色社会主义思想并载入宪法,实现了国家指导思想的与时俱进。我深信,在新时代,中国的教育,包括高等教育将会有更快、更好、更全面的发展!

一、邓小平教育理论与广东高等教育改革实践

邓小平是我国改革开放和现代化建设的总设计师,他创立的邓小平理论是当代中国的马克思主义,是引导我国社会主义革命和建设事业胜利前进的科学指南。在这个理论体系中,其教育理论占有十分重要的地位。邓小平在探索和回答如何巩固、发展和建设社会主义的过程中,始终把教育作为关系社会主义建设全局和社会主义历史命运的战略问题加以考察,并亲自抓教育工作。邓小平关于教育问题的一系列的精辟论述,形成了具有中国特色和时代特征的邓小平教育理论,成为指导我国教育改革和发展的科学理论基础。

邓小平教育理论是邓小平理论的重要组成部分,是毛泽东教育思想在新的历史条件下的继承和发展,是当代中国的马克思主义的教育理论,是中国教育改革和发展的指导思想,包含着极其丰富和深刻的内涵。邓小平站在我国社会主义现代化建设战略全局的高度，对教育在社会主义现代化建设中的战略地位，对教育改革和发展的战略方向，对尊重知识、尊重人才、提高教师的地位和待遇，对加强和改进思想政治教育、培养"四有"新人，对教育在社会主义精神文明建设中的重要地位和作用等一系列问题提出了富有创造性的见解，为我国教育战线的拨乱反正和社会主义教育事业的发展指明了方向。邓小平坚持解放思想、实事求是的思想路线，以马克思主义的宽广视野，观察教育，在新的实践基础上继承前人又突破成规，开拓马克思主义教育理论的新境界，并将教育同中国革命和建设的战略全局及历史进程紧密地联系在一起，深刻揭示教育必须为社会主义建设服务，社会主义建设必须依靠教育的客观规律，提出"教育要面向现代化、面向世界、面向未来"的指导方针，确立教育在我国社会主义现代化建设中优先发展的重要战略地位。在邓小平教育理论指引下，我国确立了"科教兴国"的发展战略，使教育工作成为我国社会主义现代化建设的战略重点之一，极大地推动了我国教育改革和发展，迎来了教育发展的春天。

党的十一届三中全会以来，在邓小平教育理论指引下，广东高等教育在改革中加快发展，取得了很大的进步，积累了一定的经验。可以说，广东高等教育改革与发展的历程，是邓小平教育理论与广东高等教育实践相结合的历程，主要体现在以下三个方面。

第一，邓小平在领导或指导我国社会主义现代化建设的过程中，始终将教育问题与实现我国社会主义现代化建设的雄伟目标紧密联系起来，深刻地揭示了教育在现代化建设中的重要地位和作用，为我国制定正确的教育发展战略和大政方针奠定了理论基础。同时也使广东高等教育能够根据中央关于教育发展的决策和广东20年基本实现现代化的发展战略的要求,确立与广东现代化建设相适应的高等教育发展战略,促使广东高等教育迈入一个目标更加明确、思路更加清晰、措施更加得力、效果更加明显的发展新阶段。

第二,邓小平从战略的高度对教育发展作出了许多重要的指示和论述。在教育方针、人才培养规格、教育体制改革、教学改革、教育经费投入、教师队伍建设、学校精神文明建设等方面,都提出了许多具体的有针对性的指导意见,对广东高等教育实践具有直接的指导作用。

第三,邓小平对我国社会主义现代化建设的全局工作的指导思想,对广东高等教育实践同样具有重要的指导作用。"解放思想,实事求是"是贯穿于邓小平理论体系的精髓,也是邓小平教育理论的精髓。广东高等教育改革与发展的成绩,从根本上来说,也就是中共广东省委、省政府和广大教育工作者,坚持邓小平倡导的"解放思想,实事求是"思想路线的结果。改革开放之初,广东高等教育基础薄弱,在全国来说,属中下水平之列,如何加快广东高等教育的发展,使之与广东经济社会发展相适应,并迅速赶上全国先进水平,是摆在我们面前的艰巨任务。广东省以邓小平教育理论为指导,坚持解放思想,实事求是,坚决实行积极发展、优化结构、提高质量、注重效益的方针,全面推进高等教育改革并取得重点突破,加快了广东省高等教育发展的步伐,终于开创了广东省高等教育的新局面。

当时,举国上下认真贯彻党的十五大精神,高举邓小平理论伟大旗帜,把建设有中国特色的社会主义事业全面推向21世纪。广东省在改革开放和现代化建设中,努力实现建设教育强省,实现教育现代化的雄伟目标。为了增创广东教育新优势,推动教育发展更上一层楼,为促进广东省改革开放和现代化建设做出更大的贡献,有必要从理论和实践的结合上,认真总结广东省高等教育在邓小平教育理论指引下,改革和发展的经验和教训。这是我们义不容辞的历史责任。根据这一指导思想,我们组织编写了《邓小平教育理论与广东高等教育实践》一书。在编写过程中,我们力求全面准确地阐明邓小平教育理论的精神实质及其对广东省高等教育实践的指导作用,围绕广东省高等教育发展战略的制定与实施的过程,深入总结广东省高等教育改革和发展,以及坚持"两手抓",加强广东省高等学校社会主义精神文明建设,努力反映广东省高等教育实践的特色。在深入总结、充分肯定广东省高等教育实验成功经验的同时,我们还遵循实事求是的思想路线,认真分析广东高等教育发展过程中仍然存在的问题,提出今后努力的方向。总之,希望本书的出版能够使我们对邓小平教育理论的认识有新的提高,在今后的工作中能够认真贯彻党的十五大精神,把邓小平教育理论作为广东全省教育工作指导思想的理论基础,抓住世纪之交的历史机遇,积极稳步推进广东高等教育改革和发展,为广东建设教育强省、实现教育现代化的宏伟目标创造更加辉煌的业绩。

(此文载入《邓小平教育理论与广东高等教育实践》一书中,第1~4页。该书由许学强主编,许怀升、黄循洛担任副主编。广东人民出版社,1998年12月出版。略有改动)

二、深入开展调查研究,为地方高等教育决策服务

高等教育发展的历史经验表明,现代高等教育决策必须走向科学化、民主化,也只有这样才能提高高等教育决策的有效性。科学的高等教育决策有赖于扎实的高等教育

理论和对现实问题的研究，以及多种方案的比较、选择。基于这种认识，我们充分发挥广东省高等教育学会和各高校研究力量的作用，通过学会和各高校的研究工作或咨询服务，提高地方高等教育决策的有效性。

  1. 重视学会工作，健全学会组织，形成三级研究网络

  没有一个健全的学术团体，学科是难以发展的。为了提高业务管理水平和管理人员的素质，我们要求机关有关业务部门成立相应的学术研究机构，即专业委员会或研究会，把高等教育理论研究与业务管理工作结合在一起。当时，广东省高等教育学会已有14个专业委员会，另外还有五六个研究会。我们还要求有条件的普通高校成立高等教育研究机构。为了指导工作，理顺关系，1986年制定了《广东省普通高等学校高教研究室工作条例》。在广东省43所普通高校中，已有37所成立了高等教育研究室（所），它们既直属于学院领导自主开展高等教育研究，为学校决策服务，又是全省学会的团体会员，配合学会开展宏观课题研究。这样，在各方面的大力支持下，已形成了三个层次，即学会、专业委员会和院校高等教育研究室相互协作、密切配合的高等教育研究网络。

  2. 提供条件，明确要求，促进广东高等教育研究形成特色

  要提高决策服务的质量，必须有高水平的高等教育研究。我们尽力提供条件，促进学会研究工作水平上一个台阶。广东省高等教育局每年都提供一定经费，资助学会秘书处开展高等教育理论和现实问题的研究，对各专业委员会也适当给予补助。通过课题经费支持各高校高等教育研究室进行研究，提供专款支持高等教育研究成果的出版和学术性季刊《高教探索》的发行。同时，要求学会在坚

持马克思主义学术方向的前提下，课题选择采取"三个为主"——以现实问题研究为主、以应用研究为主、以比较教育研究为主，坚持理论与实际相结合。课题研究的原则，要求把理论研究与学校的改革和发展的现实问题结合起来，保证研究成果能操作并取得成效。课题类型分三种：宏观、中观、微观。宏观即广东全省高等教育改革与发展重大问题，中观即高等教育学科各领域，如教学管理课题，微观即学校内部改革课题。对于专业委员会，我们要求学会只在宏观上给予指导，保证其学术研究的社会主义方向。对其中基础比较好的如科研管理、教学管理、行政管理等专业委员会，则要求他们从一般的工作经验研究上升到学术研究，使之在全国同类专业委员会中尽快形成自己的学术研究特色。如科研管理专业委员会既研究高校科研管理问题，又凭借自身的优势研究广东经济发展问题，如专著《广东传统产业和新兴产业的现状与发展趋势》等，使社团工作既联系相应业务，又面向经济建设主战场。对于各院校高等教育研究室则通过科研经费的支持和重点课题的布点，使各高校形成各自的特色。如中山大学擅长中国香港教育、高等教育体制和管理的研究；暨南大学擅长中国台湾、韩国、新加坡教育和华侨华人教育研究；华南农业大学擅长农业高等教育研究；中山医科大学擅长医学教育评估和专门人才需求预测；华南师范大学擅长比较教育和学科建设研究；汕头大学擅长宏观教育、海外高等教育和特区高等教育研究；五邑大学侧重中心城市高等教育发展对策研究；佛山大学侧重市场经济中的高等教育运行机制研究等。

3. 发挥学会和各高校的力量作用，为地方高等教育决策服务

广东省高等教育局作为广东省政府高等教育主管部门，

自 序

紧紧依靠广东省高等教育学会，组织调查研究，提供信息咨询意见；作为高等教育学会，紧密配合广东省高等教育的中心工作，为广东省政府科学、民主决策做出了重要贡献。1992年全国高等教育工作会议之后，广东省委、省政府两次听取了高等教育工作汇报，并表示下大决心促进高等教育事业发展。我们组织广东省高等教育学会和有关部门草拟《关于加快高等教育改革与发展步伐的意见》，这个意见提出，广东高等教育水平与经济水平不相适应，不仅与亚洲"四小龙"的高等教育水平有较大差距，也低于全国高等教育的平均水平，这必将制约广东现代化的进程。因此，必须增大投入，每年除了实现"两个增长"外，还必须筹集四五亿元的专项经费；改善教师待遇，部委院校教职工生活补贴与地方院校同等，由广东省财政负担，医疗费与机关干部持平；深化改革，建立与社会主义市场经济和社会发展相适应的高等教育体制和办学模式，走以内涵式发展为主的道路；广东省高等教育的发展要以部委重点院校为龙头，统筹规划，统一布局，协调发展。这些意见得到了广东省委、省政府的肯定，并于1993年年初在文件《中共广东省委、广东省人民政府关于加快高等教育改革和发展步伐的决定》中得到确立并发布。为了贯彻落实这一决定，广东省高等教育学会还组织出版了《目标·对策——广东高等教育改革与发展的基本思路》，该书致力于探索与广东社会主义市场经济和社会发展相适应的高等教育发展的新路子，并为广东高等教育改革和发展描绘了新的蓝图。《广东教育环境分析和教育发展战略研究》和《新时期广东省专门人才需求及高等教育发展研究报告》为广东全省高等教育事业发展规划奠定了基础。《香港、台湾地区和韩国、新加坡高等教育研究》《香港高等教育》和《台湾教育概观》，为广东经济社会20年内追赶亚洲"四小龙"提供了重要的依据。为了配合当时的中心工作，提高学术水平，我们还请高等教育学会及时召开"贯彻邓小平南方谈话精神，进一步深化改革、扩大开放、加快发展"，"社会主义市场经济中的高等教育运行机制"等研讨会。为了给广东高等教育重大决策提供境外的比较参照，我们还委托高等教育学会组织了"中国香港高等教育经验""新加坡、韩国和中国港台地区高等教育""广东经济社会20年内追赶亚洲'四小龙'教育对策"等研讨会。这几个研讨会亦标志着广东对亚洲"四小龙"的高等教育研究正从一般介绍上升到有针对性地结合广东高等教育实际进行综合比较分析的水平。

在新的形势下，随着社会主义新的市场经济体制的确立，高等教育会有较大的发展，也将会出现许多新问题，我们将继续依靠高等教育学会开展有关现实和理论问题的研究，从而发挥高等教育学会更大的不可替代的作用。

（此文发表在《中国高教研究》1993年第3期，第18~19页。略有改动。）

三、大胆实践，全面深化广东高等教育综合改革

党的十一届三中全会以来，特别是1985年后，广东省认真贯彻《中共中央关于教育体制改革的决定》和《中共广东省委、广东省人民政府关于高等教育体制改革的决定》，在坚持教育的社会主义方向，改革办学体制和管理体制，调整教育结构，增强高等教育适应经济和社会发展的活力等方面进行了一些有益的探索和实践，取得了显著的成绩，高等教育事业有了长足的发展。但是，总的来说，广东省高等教育，无论在数量或者质量方面，都还远远不适应广东省经济和社会发展的需要。

自 序

广东省作为改革开放的综合试验区，十多年来，经济和各项社会事业发展迅速，特别是经济发展的速度处在全国的前列。1992年年初，邓小平同志及党和国家领导人又对广东省提出了"力争用二十年的时间赶上亚洲'四小龙'"的要求。新的形势向我们提出了新的要求。为此，我们必须解放思想，大胆实践，全面深化高等教育综合改革，培养出数量足够、质量较高的各种专门人才，更好地促进广东省经济持续高速发展，并使将来的进一步发展有足够的后劲。

1. 统一思想，把握改革的正确方向

明确指导思想，是改革取得成功的重要前提。邓小平同志的南方谈话，创造了深化改革、扩大开放、加速发展的良好外部环境和内部环境。我们必须在认真总结前几年改革的基础上，思想更解放一些，胆子更大一些，步伐更快一些，把握机遇，增大改革力度，以改革促发展，为广东经济持续高速的发展，为实现二十年赶上亚洲"四小龙"的目标做出贡献。

我们的改革必须毫不动摇地坚持党对高校的领导，全面贯彻党的基本路线和党的教育方针，坚持社会主义办学方向，紧紧围绕经济建设这个中心，培养德智体全面发展的社会主义建设者和接班人。我们培养的学生既要有全心全意为人民服务的思想和无私奉献的革命精神，又要有现代科学文化知识和解决实际问题的创新能力。我们的改革必须有利于运用政策导向、思想教育和物质激励的手段，充分调动广大教职工的积极性，逐步建立起能主动适应广东经济建设和社会发展需要的激励机制和自我约束能力，建立一支精干高效、结构合理、充满活力的教职工队伍。我们的改革必须有利于增强学校办学自主权，发挥各类学校的综合优势和整体效益，推动学校各项事业的全面发展，提高办学效益和办学水平。

2. 深化办学体制和教学领域的改革

深化办学体制、管理体制和教学领域的改革，其目的是加速发展广东省高等教育，提高教育质量，以适应经济建设和社会发展对人才的要求。一切有利于多出人才、快出人才的办法、措施，都可以实践，都可以试行。

（1）实行以国家计划办学为主体的多元办学体制。我们要在前几年建立起的中央、省、中心城市三级办学体制的基础上，实行以国家办学为主体、各种社会力量和私人等多元办学体制，多渠道地筹集办学资金，采用多种形式办学，多种规格地培养人才。中央部委所属院校是广东省高校的重要骨干力量，他们的办学条件较好，师资力量较强，学科水平和办学水平较高，我们要注意调动他们的积极性，充分发挥他们的优势，让他们在为广东培养"四化"建设人才方面发挥更大的作用。我们应当鼓励、扶持地方企业集团集资办学，华侨港澳同胞和外籍人士捐资办学，欢迎社会团体、企业集团与高校联合办学，或独立办学。

（2）实行多种形式的招生计划体制，试行毕业生有偿分配。广东省高等学校招生、毕业生分配制度的改革，曾经走在全国的前面，并且受到社会的欢迎，但是由于外部环境的限制，政策措施不配套，改革难以深入。因此，在改革过程中，我们的一项重要任务就是争取外部环境条件的改善，继续实施多种形式招生的计划机制，扩大农、林、水、医、师范和地矿等科类专业的定向招生和招收有实践经验的在职人员上学的比例，打通人才通向农村、贫困地区和乡镇企业的渠道。学校在完成国家指令性人才培养计划，以及满足艰苦行业和边远地区对人才的需要之外，可根据社会需要和办学能力与条件，在不超过核定规模和保证教育质量的前提下，自行确定指导性招生计划，自行调整研究生及本专科层次各个专业的招生人数和招生地区。还可按当年学校招生计划，适当增加一定的比例用于招收自费生和代培生。高校毕业生分配工作，应当适当引进竞争机制，除必须保证国有大中型企业、国家重点单位、重点行业的需要外，对大多数毕业生实行在国家计划指导下与用人单位双向选择，并逐步实行推荐就业、择优录用制度。部分学校、专业，可根据毕业生和用人单位的实际情况，试行毕业生有偿分配。

（3）实行具有活力的教学管理体制。坚持收费上学的原则。除国家规定的可以不收学费的专业外，其余专业的学生均要按人才培养的成本和社会承受能力，逐步增收学费，对少数重点基础学科专业的学生、优秀学生和生活确实困难的学生，可采取完善奖、贷学金制度加以解决。不设留级制度，进一步完善学分累进制，扩大学生学习灵活性，调动学习主动性。对于提前修满学分，成绩优秀的学生，应准予提前毕业，给予奖励，并争取获得计划人事部门的支持，提前分配工作，或让他们辅修第二专业。对未达退学规定，有某些课程考试成绩不合格的学生，在学制年限内，允许学生缴费重修，以提高学生学习的自觉性。

（4）建立和完善教学督导制度。检查、评估和监督学校教育工作。我们要在国家有关法规的指导下，根据广东省实际，制定或完善高等教育法规，依法治教，建立教学督导制度，定期对高校的办学方向、教育教学工作进行检查、评估。实行教学督导制度，有利于促进高校主动建立健全自我发展、自我约束的机制。促进高校主动根据人才市场的信息，确定学校办学规模，调整科类和专业结构，调整专业范围，全面提高教育和教学质量，提高办学效益。

3. 深化科研体制的改革

教学质量、学术水平、科技开发能力是高校办学水平的三个重要因素，三者互相联系，相辅相成。许多高校的实践证明，开展科学研究，提高学术水平，可以为科技开发提供坚实的基础和成果支持。科技开发和校办产业的发展，又会促进学术水平和教学质量的提高。开展科技开发，创办和发展校办产业是为学校开辟稳定的资金来源，改善学校办学条件和教职工生活条件，深化校内管理体制改革的需要，也是实现教学、科研、生产一体化，促进学校进一步发展提高的需要，更是高校直接参与社会主义经济建设，为国家为人民服务，充分体现高校价值的需要。

（1）建立学科带头人负责制的科学研究新体制。学校要设立学科建设基金，重点扶持符合科技发展趋势的新兴学科和交叉学科，加强重点学科、重点实验室建设，建立学科带头人负责制。各校要重视基础研究，促进教学科研紧密结合；突出应用研究，建立必要的中试基地，使科研工作进入经济建设主战场。

（2）组织科技开发。要强化广大教职工，尤其是领导干部的科技意识，采取倾斜政策，鼓励学校横向承担科研任务，进行技术开发或技术贸易，参加重大科技开发项目或者工程建设项目的投标；转让学校的科研成果或经营技术商品；建立产、学、研联合体，接收企业攻关难题，组织科研人员有效地参与企业产品开发、技术开发、技术改造、技术引进、人才培训和科学管理等多种形式的科技活动；做好高新技术跟踪和信息服务，促进科技成果迅速转化为生产力。

（3）创办科技产业。创办科技产业是我们深化改革的重要内容和目标。广东省高校要在保持一定力量从事基础研究的前提下,组织好大多数科技人员投入经济建设主战场。从实际出发开设的校办产业,可试行股份制(技术或资金入股),允许学校带技术、设备、人才等与外单位合作创办高新科技产业。同时,要多方面开辟科技开发贷款渠道,发展科技开发和校办产业,必须理顺管理体制和建立起良好的运行机制。首先是把科技力量组织起来,建立一支素质较高的科技开发队伍,特别是要挑选和培养好项目带头人,让带头人带领科技人员积极开展科学研究、科技开发,发展校办产业,加强领导和管理;其次是采取各种优惠政策和灵活措施,调动科技人员的积极性,对推广应用科研成果、开发科技新产品有突出贡献的科技人员给以重奖。对于他们的专业技术职务,可另定标准,单独评审。

4. 深化高校内部管理体制改革

校内管理体制的改革,仍应以人事、分配制度的改革为先导,积极推进后勤、财务、住房、医疗和保险福利等方面的管理改革。

(1)改革人事、分配制度。积极推行"三个双轨制"。一是固定编制与流动编制相结合的双轨制,严格定编、定岗、定责,全面考核,全面聘任,扬长分流,优化队伍;二是国家工资和校内工资相结合的双轨制,建立反映教职工劳动数量与质量,以工资形式发放的劳动分配制度;三是实行评聘与取酬相结合的双轨制,允许进行评聘分开的试验。应该放权让学校在职称编制指标范围内,确定学校人员职称及各类专业技术人员的职务结构。根据国家的有关规定和各校的自身条件,逐步提高和扩大学校评审教师职称的权限。学校在定编后,有权调进和调出各类人员、增设或撤销教学、科研、行政机构。减员节省的资金,可用于增加教职工的集体福利。

（2）改革财务管理制度。学校要面向社会，多渠道吸收资金，有条件的，可组建资金管理委员会，或具有银行性质的校内资金管理机构，监督经费的使用，组织开展各种社会服务活动，协调学校财务部门参与管理，提高奖金使用效率。在不违背国家财经管理制度的前提下，改革学校计划外奖金的分成比例；努力扩大文教周转金的贷款范围和数额；简化报销核算方法；制定适合高等教育的财经核算制度。

（3）改革后勤管理体制。各校应以完善经济承包责任制为核心，逐步实行学校生活后勤服务经费的全额承包，把供给制的单纯行政管理型体制转变为经济核算型体制。后勤改革是学校综合改革的重要组成部分，必须有利于高等教育事业发展，有利于"三服务""两育人"，有利于改善办学条件和教职工生活条件。改革的目标是逐步把高校后勤办成对内有偿服务，对外经营服务，形成自主经营、独立核算、自收自支、自负盈亏、自我完善的经济实体。

5. 努力拓展高等教育的对外开放

广东省高等教育必须继续扩大对外开放，以适应经济发展的需要。第一，学习引进国外一切先进的有用的教育理论、教育思想、教育内容、教育方法、教育经验、教学仪器设备、教材和人才，以提高广东省高等教育的办学水平和教育质量；第二，通过加强对外的教育学术交流，使广东省高等教育走向世界舞台，在国际竞争和比较中，增强紧迫感和责任感，抓紧发展和完善自己，办出水平，办出特色；第三，促进高等教育更好地和经济建设相结合，更好地为广东省外向型经济服务，推动广东省经济更快地走向世界，实现国际化。

广东省地处祖国的南大门，毗邻港澳、面向东南亚，华侨众多，开放的历史较长，现在改革开放又先走一步，拥有三个经济特区、三个高新技术开发区、两个沿海开放城市和一个经济开放区，社会主义商品经济比较发达。充分利用这一特殊的有利条件，促进广东省高等教育的全面开放，进一步发展多形式、多渠道、多层次的对外教育、学术交流与合作等，建立开放型的高等教育体系，是我们的光荣使命。

（此文发表在《中国高等教育》1992年第9期，第10~12页。）

目录

第一章　全国唯一的高等教育厅厅长　/ 1

　第一节　市长一句话引起的回忆　/ 1

　　一、学术人生的起步和初显成效　/ 1

　　二、人生轨迹大拐点　/ 5

　　三、卢钟鹤副省长形象而深刻的教诲　/ 7

　第二节　省级教育管理机构与人事变动　/ 9

　　一、广东省省级教育管理机构的变化　/ 9

　　二、历任高等教育局局长（厅、厅长）　/ 10

　　三、委厅合署，全国唯一的高等教育厅厅长　/ 11

　第三节　平平淡淡的开局　/ 15

　　一、平淡的见面会　/ 15

　　二、新官上任没烧"三把火"　/ 17

　　三、一切都在酝酿中　/ 18

第二章　适时制定高等教育发展战略　/ 20

　第一节　高等教育现状比较分析　/ 20

　　一、高等教育发展与社会经济发展需求分析　/ 21

　　二、广东省高等教育发展状况与亚洲"四小龙"

         差距分析 / 24
    三、广东省与江苏省高等教育发展状况比较
         分析 / 25
  第二节 制定高等教育发展目标的两个会议 / 27
    一、1992年12月广东省高等教育工作会议 / 27
    二、1994年11月全省教育工作会议 / 30
    三、两个会议的区别 / 32
  第三节 加快高等教育发展，满足社会经济发展
         需求 / 34
    一、发展的目标体系 / 34
    二、规模的扩大 / 35
    三、规模的扩大渠道 / 37
    四、优化结构，提高质量和效益 / 45
  第四节 加大投入是确保教育优先发展的根本
         措施 / 47
    一、教育经费是发展教育的物质基础和保障 / 47
    二、"创收"和"教育产业化"的隐患 / 48
    三、教育经费主要还是依靠政府 / 49
    四、高等教育财政经费的投入与实现"三个
         增长"的问题 / 51
    五、"学会使用未来钱"——向银行贷款 / 52

第三章 办学体制改革与多种形式办学 / 54
  第一节 创建"中央、省（直辖市、自治区）、中心
         城市三级办学新体制" / 54
    一、"三级办学体制"的提出 / 54
    二、中心城市办学的特色 / 56
    三、整合教育资源，提高办学层次 / 58

四、"升本"大丰收 / 75
　　五、承诺20亿元的投入，东莞理工学院升本 / 77
第二节　积极扶持民办高校发展 / 79
　　一、民办高等教育发展的动因 / 80
　　二、培育民办高等教育机构 / 83
　　三、民办普通高校办学发展的四种模式 / 85
　　四、民办高校的四大贡献 / 90
　　五、对民办高等教育的思考 / 96
第三节　积极发展成人高等教育和自学考试 / 99
　　一、成人高等教育的地位和改革与发展 / 99
　　二、大力发展自学考试 / 103
　　三、构建学习型社会 / 106
第四节　实施高等学校多形式、多层次联合办学 / 107
　　一、实行校际联合办学 / 107
　　二、实行学校与地方政府或政府部门联合办学 / 110
　　三、实行学校与企业及境外机构联合办学 / 111
　　四、实行联合办学的作用 / 112
第五节　办好电大，大力发展现代远程网络开放教育 / 113
　　一、广播电视大学的发展与改革 / 113
　　二、以现代远程开放教育观念为核心，逐步做好"三个转变" / 117
　　三、以构建现代远程教育管理体制为先导，启动"三项工程" / 118
　　四、以建设开放大学为目标，实现三个"突破" / 120

第四章　对管理体制改革的探索 / 124

第一节　国家教委放权，加强省级政府统筹 / 124
　　一、国家教委下放部分权限的必要性 / 124

二、下放权限的具体内容 / 125

　　三、关于"共建" / 127

第二节　首创高等学校"共建"新模式 / 127

　　一、广东高等学校"共建"的起因和进展 / 128

　　二、广东高等学校"共建"的基本内容 / 131

　　三、广东高等学校"共建"的初步效果 / 133

第三节　部分部委属高校"划转"地方管理 / 135

　　一、"划转"是管理体制改革的重要组成部分 / 135

　　二、"划转"的内容和做法 / 135

　　三、广州外国语学院的"划转" / 139

第四节　实施高等学校"合并"，整合优化高等学校资源配置 / 141

　　一、对高等学校"合并"的讨论 / 141

　　二、专科学校与专科学校"合并" / 143

　　三、专科学校与本科学校"合并" / 145

　　四、本科学校与本科学校"合并" / 148

　　五、对高校"合并"工作的体会 / 152

　　六、对高校"合并"工作的反思 / 154

第五章　招生与就业制度的改革与发展 / 156

第一节　计划经济与"双包制" / 156

　　一、"双包制"是计划经济的产物 / 156

　　二、社会主义市场经济要求改革"双包制" / 157

　　三、"双包制"改革的目标 / 158

第二节　招生制度由"单轨"向"双轨"再到"并轨"的改革 / 159

　　一、"单轨"向"双轨"转变 / 159

　　二、"双轨"制 / 160

三、"双轨"向"单轨"转变 / 161
　　　四、高考招生考试科目改革 / 162
　第三节　加强对各招生环节的管理 / 164
　　　一、对招生录取现场的管理 / 164
　　　二、关于"后门风"问题 / 166
　　　三、刹住"乱招生"之风 / 166
　第四节　招生制度改革中的收费上学问题 / 168
　　　一、收费上学的积极意义和负面反应 / 168
　　　二、加强宣传教育，增强社会对收费上学的心理
　　　　　承受能力 / 170
　　　三、合理确定收费标准，严禁乱收费 / 171
　第五节　采取十大措施，保障穷孩子上大学 / 172
　　　一、对资助困难学生工作的回顾 / 172
　　　二、资助困难学生的十大措施 / 173
　　　三、多方努力，做好资助经济困难学生的
　　　　　工作 / 176
　第六节　以自主择业为取向的毕业生分配制度
　　　　　改革 / 177
　　　一、由"统包统分"到"自主择业"的改革
　　　　　过程 / 177
　　　二、加强就业指导工作的组织、协调和政策
　　　　　引导 / 179
　　　三、运用经济杠杆，引导人才的择业流向 / 180
　　　四、规范毕业生就业市场 / 180

第六章　大力实施若干教育工程 / 184
　第一节　实施"211工程"建设 / 184
　　　一、任务的提出 / 184

二、谁进入"211工程"行列？ / 185

　　三、基本做法 / 190

　　四、初步成效 / 191

　　五、问题和反思 / 193

第二节　"千百十人才工程" / 195

　　一、任务的提出 / 195

　　二、主要做法 / 197

　　三、初步进展 / 199

　　四、问题与思考 / 201

第三节　"五四一"重点学科建设工程 / 204

　　一、任务的提出 / 204

　　二、建设内容 / 206

　　三、主要措施 / 208

　　四、体会与感慨 / 210

第四节　实施"一三五二工程"和"五个一百
　　　　工程" / 211

　　一、重点学科建设与本科教育 / 211

　　二、提高教育质量靠"创新" / 213

　　三、教学领域的"一三五二工程" / 214

　　四、教育现代化与"五个一百工程" / 214

第五节　教师队伍建设与"广厦工程" / 215

　　一、兴教必须"壮母" / 215

　　二、教师队伍的状况 / 216

　　三、提高教师的社会地位 / 218

　　四、广东民族学院更名为广东技术师范学院，
　　　　培养职业教育师资 / 221

　　五、增加教师收入，改善教师待遇 / 223

　　六、实施"广厦工程"，解决教师住房问题 / 226

七、建立师德规范，加强师资管理 / 229

第六节 实施"校园建设工程"和"优良学风班"
建设 / 230

一、"校园建设工程"的重要性 / 230

二、整治高等学校及周边治安秩序 / 231

三、对建设"优良学风班"重要性的认识 / 234

四、以学风建设必须落实到基层的理念抓好
"优良学风班"建设 / 235

五、学风建设是学校工作中的一项综合性
工程 / 235

第七章 全面深化高校教学改革 / 237

第一节 转变思想，更新观念 / 237

一、开展教育思想大讨论 / 237

二、增强质量意识 / 238

三、用新观念指导教学改革 / 239

四、加强两支队伍建设，是深化教学改革的
保证 / 240

第二节 全面推进教学改革 / 241

一、全面修订教学计划，优化人才培养方案 / 241

二、改革教学制度，增强教学活力 / 242

三、不断深化教学内容、方法和手段的改革 / 243

四、以教学工作合格评估为动力，努力提高教学
水平 / 243

第三节 关于产学研合作问题 / 244

一、产学研合作存在的问题及解决途径 / 245

二、开展多形式、多层次、多方位的产学研
合作 / 246

三、走产学研合作之路，改革人才培养模式 / 247
　第四节　发挥独特优势，走对外交流与合作之路 / 249
　　　一、高等教育要敢于吸收一切人类文明成果 / 249
　　　二、广东高等教育对外交流与合作的独特
　　　　　优势 / 250
　　　三、广泛开展对外学术交流与合作 / 254

第八章　推进高校内部管理体制改革 / 257
　第一节　改革的紧迫性和重要性 / 257
　第二节　高校办学自主权与内部管理体制改革 / 258
　　　一、高等学校必须拥有办学自主权 / 258
　　　二、办学自主权的内涵 / 260
　　　三、政府加强宏观管理 / 261
　第三节　深化人事分配制度改革 / 262
　　　一、人事分配制度改革的进程 / 262
　　　二、人事制度改革的主要内容 / 262
　　　三、以分配为突破口，促进校内管理体制
　　　　　改革 / 263
　第四节　加快高校后勤社会化改革 / 265
　　　一、高校后勤社会化改革迫在眉睫 / 265
　　　二、高校后勤社会化改革的基本情况 / 267
　　　三、高校后勤社会化改革的基本思路 / 268
　　　四、高校后勤社会化改革的基本内容和措施 / 269
　　　五、组建湛江高校后勤集团 / 270

第九章　我与民办教育 / 273
　第一节　李学明、张铁明在书中对我的评说 / 273
　　　一、李学明和张铁明编著的关于民办教育的

　　　　　　　著作 / 273
　　　二、转载关于我的一段文字 / 273

第二节　建好民办高校的"窝" / 276
　　　一、退休教授办私立大学 / 276
　　　二、"借窝生蛋""租窝生蛋"到"建窝生蛋" / 277
　　　三、建好"窝"是民办高校发展初期的普遍
　　　　　问题 / 280

第三节　深入考察白云学院 / 283
　　　一、应用型、职业型的办学特色 / 283
　　　二、升本后仍然坚持应用型、职业型的发展
　　　　　方向 / 284
　　　三、必须坚持走校企合作的道路 / 286

第四节　给民办学校推荐校长 / 288
　　　一、董事长的重要性 / 288
　　　二、当好民办学校的校长并不容易 / 290
　　　三、推荐成功或失败的原因 / 291

第五节　为民办教育鼓劲、解难 / 293
　　　一、借记者采访的机会为民办教育鼓劲 / 293
　　　二、支持升本，帮学校解难 / 295
　　　三、利用社团组织为民办教育服务 / 298

参考文献 / 303

后记 / 305

第一章
全国唯一的高等教育厅厅长

➤ 第一节 市长一句话引起的回忆

❋ 一、学术人生的起步和初显成效

2014年的一天，我以广州市城市规划委员会委员身份出席广州市城市规划委员会（简称规委会）会议。规委会主任按惯例由广州市市长兼任，主持规委会会议。时任广州市市长的陈建华曾任中共中央政治局委员、广东省委书记谢非同志的秘书，因工作关系，我们早就相识（图1.1）。会议开始之前，他总是礼节性地走到每位专家面前握手道好。当他走到我面前热情握手，寒

▶ 图1.1 2012年12月12日广州市市长陈建华给我颁发广州市历史文化名城保护委员会委员聘书

暄几句，转头要走的时候，突然又回过头笑笑对我说"学而优则仕！"我突然感到心乱如麻，不知道该如何回答。心里想，他是在笑我？还是夸我？不管是何意，但使我想起我已经走过的路！

2010年11月1日，中山大学给我颁发了一枚服务45年的"卓越服务奖"（图1.2），我写了如下的几句感言，简述我走过的路。"战乱出世长江边，求学来到康乐园，眨眼已逾五十年。东山挖湖，芳村筑路，江村炼焦，高州'社教'，海南兴隆农场'教育与生产劳动相结合'……不亦乐乎！教育探索，从农村到城市，从城市到区域，寻求专业新方向。沉迷教学科研，学术成果初显，却被带入仕途！事务虽多，未忘学术。宦海沉浮'软着陆'，回归旧我送余晖。回眸一生忙火火，学术精品擦边过！年过古稀获殊荣，高兴之余竟愧疚！谢谢！"

图1.2 2010年11月1日中山大学颁发45年卓越服务奖（1963年开始任教）

我1939年出生在长江中游的湖北省荆州市公安县，经历了抗日战争和解放战争，迎来了新中国的诞生！1958年，在"大跃进"的年代里，我很荣幸地考上了中山大学地理系。在五年大学生涯，我不仅学到了一些地理专业的理论、知识和研究方法，还有不少时间，满腔热血地参与新广州的建设。到芳村修路，为广州"钢铁元帅升帐"[①]；到东山挖湖，建设美丽的东湖公园；到江村炼焦，试图为建设新中国，赶超英美做贡献。响应毛主席号召，到海南岛建设教育与生产劳动相结合的基地。后来的"文化大革命"，下放五七干校，虽然这些事花去了我们不少时间，但也使我们受到了刻骨铭心的锻炼，认识了社会，学到了许多课堂上或平常学不到的知识和本领。"复课闹革命"，阴差阳错，我这个年纪最小、资历最浅的人当上了中山大学教研室主

---

① 钢铁元帅升帐，是我国"大跃进"时期大炼钢铁运动的口号。

任，和老师们一起进行教育革命，探索经济地理学专业方向，成功地办起了新专业。在老师们的指导下，教研室申请到了国内外的基金，开展了关于珠江三角洲和中国城市化、城市体系等方面的研究，我在四十周岁（1979年）的时候发表了自己的第一篇论文。随着改革开放，我们的教学科研取得可喜的快速进展！1984年我第一次在一家有相当影响力的英文刊物上独立署名发表论文。1988年我们中山大学地理系出版了珠江三角洲研究丛书四本，我和香港中文大学朱剑如教授合作出版了《现代城市地理学》。在那些年月里，我每年发表3至6篇论文，在国内外学术界有了一定影响。美国城市地理学（*Urban Geography*）期刊发表署名文章，称我为中国现代城市地理学创始人之一。我1986年开始担任广东省地理学会理事长，1990年担任中国地理学会副理事长、同年当选为中国城市规划学会第一届常务理事等学术职务。与此同时，我在中山大学也由任副系主任到系主任，到院长，到副校长。就在这样的背景下，我被调任广东省高等教育局局（厅）长，承担了繁重的行政管理工作。在那期间，我虽然忙碌于行政事务中，但仍坚持每周四晚上回到中山大学与学生们一起，共同学习，共同讨论，共同提高。1994年被选为中国地理学会城市地理专业委员会首任主任。

2013年12月中国地理学会城市地理专业委员会授予我"中国城市地理学特别贡献奖"（图1.3）。2015年中国地理学会授予我"中国地理科学成就奖"，

▶图1.3 2013年12月中国地理学会城市地理专业委员会颁发"中国城市地理学特别贡献奖"（我1994~2004年任该专业委员会主任）

人们称之为终身成就奖（图1.4）。2017年广东省教育厅副厅长那佳代表广东省教育厅党组向我颁发"南粤七一纪念奖章"（图1.5）。我为之感到欣慰！

▶图1.4　2015年中国地理学会给我颁发"中国地理科学成就奖"

▶图1.5　2017年广东省教育厅党组给我颁发"南粤七一纪念奖章（50年党龄）"

2018年正值改革开放四十周年，广东省教育厅要求我们老同志口述历史。我稍稍回忆一下，感到我在任厅（局）长的那些年里还是做了不少事。不论错对美丑，将其记录下来，也是一种对历史负责的表现。因此抱着试一试的态度，把过去的事记下来，即使不能出版也可聊以自慰。但我文笔不佳，文不从字不顺，加上我的记忆力越来越差，写起来还真是有点困难。但在一些朋友们的鼓励下，我试着把过去做过的事记下来，重点写那些我在广东省高等教育厅（局）抓改革促发展的一些事，写那些我最喜欢或最难忘的一些事。

二、人生轨迹大拐点

话从1991年年底说起。一天，时任中山大学党委书记的黄水生同志（现已去世，是一位我十分尊敬的长者），突然来到我作为中山大学副校长的办公室，通知我中共广东省委已商国家教委同意，安排我到广东省高等教育局接替李修宏同志的工作，任省高等教育局局长（厅级）[①]，我顿时目瞪口呆，怎么会这样？我那一颗单纯的心怦怦直跳，心想，副校长的板凳还没坐热（刚干了两年），怎么马上又去做厅长？我还清晰地记得，"六四"风波刚过，我也刚从美国回国，有一天黄水生同志突然来到我作为中山大学地球与环境科学学院院长的办公室，动员我到学校担任管教学的副校长。那时，虽然工作位置改变了，但还是在校内，对我个人和家庭影响不大，我只是怕工作做不好，影响学校。这次最主要的是要我离开学校，离开我刚刚"成瘾"的学术研究！如果说，我从20世纪70年代"复课闹革命"开始对教育革命展开探索，然后寻找经济地理学专业方向，学术研究开始起步，那么，80年代则是教育改革初见成效，学术成果开始得到国内和国际的认可，怎能在这个时刻离开中山大学，离开我们含辛茹苦办起来的学科、专业、学院和刚刚申请到的人文地理学博士点呢？离开我们精心挑选和培育起来的学术团队，而去政府部门专门从事行政管理呢？况且，当时中山大学人文地理学博士点还只有我一名导师，心里确实有点想不通。再说，我是一名从校门到校门的干部，对社会的人情事故不熟悉。还有，当时我已52岁了，也不想到外面去飘荡了，只想教好书，搞点研究，平平安安过日子。但是，在黄书记开导下，我明白了，我是一名党员，应该服从组织安排！所以我当时勉强表态：如果组织决定了，我服从安排，但是如问我个人意见，我还是希望留在中山大学任教和做学术研究，请求组织考虑我的意见。水生同志听了我的意见后表示，调任广东省高等教育厅厅长一事已经决定，不可能更改，至于如何兼顾中山大学的教学

[①] 开始机构名称为广东省高等教育局（厅级），1995年改称为广东省高等教育厅。为了前后衔接，下面一般都称广东省高等教育厅（厅长）。

和学术研究问题我们之后再研究。谈话到此结束。

晚上我回到家里开了一个小小的家庭会议，我把事情的来龙去脉说了一遍，想听听我夫人和女儿的意见。说明白一点，就是想让她们也像我一样，服从组织决定。然而，不出所料，她们一致反对。理由很简单，外面的情况很复杂，不了解。可以说外面我们不认识一个人，特别是"当官的"，见都没见过一个。天天早出晚归很麻烦，很辛苦。当时珠江只有一座海珠桥和芳村珠江铁路桥，上下班费时很长。现在大家在中山大学教书，日子过得很安稳，为什么要做如此大的变动，难道找不到人去当那个厅长吗？当晚我基本无眠，不去吧，组织上几乎是命令，作为一名共产党员，我还没有不服从组织的先例。思前想后，决定还是听组织的话吧！

过了两天，中山大学党委组织部通知，要我到广东省委组织部见古副部长。我依约，人生第一次走进广东省委组织部的大楼，那是一座普普通通、毫无奢华气息可言的旧楼，但多少带一点静静的威严！经人指引，我进了大门左转进入一条长长的内走廊，我见每个办公室都有一两个人在安静地办公，并没因我的到来而张望。我继续往前然后右拐，直到进了尽头的一间办公室。一位年近花甲，个头不高，甚至有点驼背的公务员，也就是古副部长在等待我。他热情招呼我坐下，亲自给我泡茶，然后就在他的办公室跟我谈了黄水生书记谈过的那些话，讲教育如何如何重要，如何如何需要我这样的人来做厅长，还重重地肯定、表扬了我一番！我也谈了和黄水生书记谈过的一样的话。最后古副部长强调了组织观念、服从大局的观念，边讲边起身，暗示着"就这样"，送我出门！

我当时不知是什么滋味。在我脑海里突然浮现出了一些莫名其妙的记忆。我父亲被抽壮丁，当过十年国民党的兵，是国民党党员。在那个年代，讲的是根红苗正，父亲的这些污点必然影响我们后代的政治前途。我哥哥当农村干部，平时顺风顺水，步步高升，差点当上公社书记。但一旦政治运动开始，他就退回原点，直到最后去捡破烂，砍柴烧砖做点小生意。我申请入党的过程从高中三年级（1957年）开始，直到1970年2月4日党组织通知我成为中共正式党员，党龄从1966年11月29日算起。而我的入党介绍人在"文革"

中一个被打成"反动学术权威"，一个被打成"叛徒"。虽然我后来了解到，我父亲是被抽壮丁进入国民党军队的，并且一直是在打日本人的正面战场上，差点牺牲。抗日战争结束后，他所在部队从我国西南边境调往北方准备参加淮海战役。但队伍还没有到淮海地区，淮海战役已经结束，队伍奉命南逃途中路经湖北沙市（当时毗邻荆州市，现已并入荆州市），他便偷跑回家。所以说我父亲当兵没有打过共产党。虽然如此，在"文革"年代，这些经历总还是会或多或少影响后辈的政治前途。

后来学校很快发了公文，文中说许学强同志因工作需要调任广东省高教厅厅长，免去副校长一职，但继续兼任中山大学教授、博士生导师和城市与区域研究中心主任。组织关系转到省政府而工资关系留在学校。

1992年2月13日，广东省委发文，意思是，省委批准，任命许学强为省高教厅党组书记、省委高校工委副书记兼广东省广播电视大学党委书记。于是我就这样离开了中山大学副校长的位置，来到珠江以北的广州市农林下路省高教厅上班。同年4月2日广东省人事局通知，广东省人大常委会于3月13日通过决定，任命许学强为广东省高教厅厅长，免去李修宏的广东省高教厅厅长职务。4月19日省人事局通知，省政府批准任命许学强为广东省广播电视大学校长，至此关于我的任命就告一段落。从此我就每天爬中山大学大钟楼旋转铁质楼梯，然后乘坐小汽车，从康乐园经繁忙拥堵的海珠桥到珠江以北的农林下路上下班，花费一个多小时！

到此为止，我的头上就戴上了这样几顶帽子：广东省高教厅党组书记、广东省委高校工委副书记、广东省广播电视大学党委书记、广东省高教厅厅长、广东省广播电视大学校长，还有中山大学教授、博士生导师、城市与区域研究中心主任。1995年后，广东省高校工委副书记改成书记，还增加了一个中山大学党委书记的职务。几顶帽子压得我真是喘不过气！

三、卢钟鹤副省长形象而深刻的教诲

按惯例，主管教育的广东省委常委方苞同志（图1.6）和广东省政府副省

长卢钟鹤同志（图 1.7）要接见我一次，目的一是认识，二是交待任务，提出要求和希望。去之前我还做了点功课。了解到我的顶头上司卢钟鹤副省长比我年纪还小，曾就读于中国科学技术大学高分子化学专业，研究生学历，在美国名牌大学进修两年，1966 年就加入中国共产党。1986—1988 年就开始担任广东省科学技术委员会主任、党组书记，中国科学院广州分院院长，广东省科学院院长、党组副书记。两年后就升任广东省人民政府副省长。虽然我年纪比他大，但我无论学历，还是工作经历都远不如他。当了解这些后，我对未来的顶头上司油然地产生敬意，而又多少有点自卑。

图 1.6 当时分管教育的广东省委常委方苞同志（右 1）与笔者（左 3）

图 1.7 分管教育的广东省副省长卢钟鹤同志（后为广东省委常委，再后为广东省人大常委会主任。左）与笔者（右）

当我走进卢钟鹤同志的办公室时，他正在收拾书架上的书。他一开口我就知道他已经对我十分了解，用不着那些客套的自我介绍了。他就直截了当地告诉我，高等教育系统工作的重要性、工作的难度和应注意的问题，最后说了句鼓励的话，组织上完全相信你能胜任这份工作。在谈完正事后，他以从学者到副省长的亲身体验，以谈心式的口气对我说，你当这个官就好像上了"贼船"，一切由不得你自己。当官就好像穿西装，一脱掉就什么都没有了，建议我不要完全丢掉学术研究。这句话说到我心坎里了，我是这样想的，也是努力这样做的。后来好几次我和卢副省长在一起时，他似乎对我说，又似乎是自言自语地摇摇头，"哎，误了你，不能搞学术，更当不了院士"。他也是搞科研后走上仕途，与我有着某种同感和默契。我一直十分感谢我的顶头上司卢钟鹤副省长（后升任广东省人大常委会主任）对我的关心、信任和指导。

第二节　省级教育管理机构与人事变动

一、广东省省级教育管理机构的变化

省级教学管理部门的设置，各省（直辖市、自治区）不完全相同。即使是广东省的教育管理部门自身也时有变化。在我担任广东省高等教育局局长期间，广东省省级教育行政管理部门有两个，一为教育厅，主管学前教育、义务教育、高中教育包括中职学校及扫盲等，二为高等教育局，主管高等教育、成人教育，包括广播电视教育、继续教育及中等专业教育和职业教育等。广东省政府下设两个部门主管教育，级别都是正厅级，都是政府机构。这种设置办法是改革开放以来的一种延续。广东省高等教育局的工作内容直接管到学校，各市县不设高等教育的管理机构。广东省各市自己办的高校或与广东省政府共同

举办的地方高校也需要省高等教育局与市教育局联系，共同管理。而基础教育量大面广，各市县政府均设有教育局，所以，教育厅常常通过各市县教育局实施较为宏观的管理。

对于广东省政府机构分设教育厅和高等教育局的做法，当时大家，特别是高教战线的同志们，普遍还是持肯定态度的。因为这两类教育特点不同，管理方式不一样，而且，更为重要的是，当时广东高等教育还比较落后，专设高等教育局有利于加强领导管理，快速发展。但是，每次遇到机构改革就首当其冲，成为需要考虑撤消或者合并的机构。但主管教育的卢钟鹤副省长协调能力强，认为高等教育需要快速发展，所以，到我任局长为止，高等教育局在每次机构精简工作中都保留下来了。也就是说，在广东教育战线上一直保留着一个厅，一个厅级局，有趣的是两个厅/局当时的头都姓许，一个叫许任之，一个叫许学强。

中共广东省委系统也一直设立专门机构，负责管理教育改革与发展，特别是把握教育发展大方向，贯彻党的教育发展方针，培养德智体全面发展的社会主义建设者和接班人。机构名称常有变化，我在任期间，机构名称为中共广东省委高校工委，当时省委高校工委书记是庞正同志，我兼任副书记，还有一位副书记，叫陈绍奇。省委有一名常委主管，我任职初期是方苞同志主管。凡是广东省高等教育领域的重大问题，既要向政府方面卢钟鹤副省长汇报，同时也要向省委常委方苞同志汇报。这种格局维持了五年左右，当卢钟鹤副省长荣升省委常委后，在省级层面实现了一元化领导。也就是说，卢钟鹤同志既代表省政府，又代表省委主管教育。我们做厅局长的有什么问题就可以只向卢副省长一人请示汇报。这样减少了工作程序，提高了工作效率。因为卢钟鹤同志既是主管的副省长又是主管的常委，许多问题提到省委、省政府那里容易获得解决。

二、历任高等教育局局长（厅、厅长）

1949年10月14日，广州解放。广州市军管会文教接管委员会分别接管广东省教育厅和广州市教育局。1950年1月1日，广东省人民政府成立广东省文化教育厅，主管全省文化教育工作，首任厅长是杜国庠。随着高等教育的发展，1955年7月和1957年4月广东先后成立省高等学校党委和省高等教育局，由冯乃超任书记，肖隽英任第一任局长。在"文化大革命"后期，1968年4月，分别成立"革命领导小组"，领导省教育厅和省高教局的工作，直到解放军和工人宣传队进驻为止。军管会期间由省军管会文教组领导。文教办分设教育办公室，专门领导管理教育。1973年1月又撤销教育办公室，改由省革委会科教办公室领导。接着在2月设立省教育局，专管全省教育工作，由梁嘉任局长，姚锡华任高教党委书记。1977年梁集祥任教育厅厅长。1978年2月，成立省高等教育局，先由姚锡华，后由李又华出任局长。1979年后先后由林川、李修宏任局长，直到1992年年初，我接任李修宏同志，出任广东省高等教育局局长。

三、委厅合署，全国唯一的高等教育厅厅长

到了1995年，时任中共广东省委高校工委书记的庞正同志年近六十，组织上要考虑他退休后的人事安排。同时也在考虑，退休后机构是延续分设还是要调整合并。经过一番研究，最后决定于1996年3月中共广东省委高校工委和广东省高等教育局合署办公，办公地址在广州市东风东路723号高教大厦，即原高等教育局的地址。实行一套人马两块牌子，并经中共广东省委讨论决定，任命我兼任中共广东省委高校工委书记（图1.8）。这是一种实质性的人财物的合并，其中最难的当然是两边人员的妥善安排。开始省领导有些担心。相对来说，原高校工委因代表省委主管各高校的干部、党建及政治思想工作等，因此要求其工作人员政治素质较好，政策水平较高。而原高等教育局代表省政府主管学校的事业发展，面广而具体，要求其工作人员必须熟悉业务，实干精神强，了解学校的方方面面，帮助学校解决具体问题。这样两类单位合并时，在人事安排上必须根据原有工作基础和个人特点、能力及工作需要进行妥善安排，保证工作的延续性。

▶图1.8 1995年中共广东省委高校工委和省高教局合署办公,两块牌子一套人马,笔者兼任工委书记。图为笔者和副厅长、副书记容朝新同志在揭牌仪式上

在具体操作时,先安排好厅级干部。将省委高校工委两位副厅级干部作了合理安排,一位任副厅长,一位任纪检书记,都是党组成员。原省高教局的厅级干部基本不动,组成厅党组。在厅党组的统一领导下,坚持一碗水端平、任人唯贤的基本原则,先厅党组成员统一思想,然后分别做工作。回想当时整个机关政治氛围好,没有出现跑官要官和说情打招呼的现象。事后也没有出现什么闹意见、不满意的情况。整个机关是团结的,关系是和谐的,作风是正派的,工作是努力的,是一个充满战斗力的集体(图1.9~图1.11)。合并结束后,卢钟鹤同志私下对我说,开始我为你担心,怕出问题。没想到你那么快就能平稳解决问题。我想这是广东省领导对我们工作的肯定。

那时卢副省长已是省委常委。这就意味着,主管教育的副省长也是主管教育的省委常委,委厅重要事情向卢副省长一人汇报即可。卢副省长作为省委常委成员可直接在省委常委会上提出和解决有关教育问题。广东省许多高校书记、校长都在私底下议论,这样的体制好,有利于教育问题的及时解决。

委厅合署的同时,卢副省长与有关部门沟通并征得省委、省政府同意,将广东省高等教育局更名为广东省高等教育厅。从1996年3月开始,在广东就结束了"广东省高等教育局"的称谓,将其更名为"广东省高等教育厅"。

图1.9　广东省高教厅领导班子大部分成员（1996年）

图1.10　广东省高教厅大部分干部（1996年）

图1.11　广东省高教厅春节联欢晚会，刘育民副厅长宣布得奖名单（1996年）

据我了解，新中国成立初期全国各省、直辖市、自治区，在机构设置上一般设省教育厅或教育局，"文化大革命"中后期改设文教办、科教办或教育办。改革开放后各省、直辖市、自治区基本设置教育厅。但几个高等教育比较发达的省、直辖市设置了高等教育局，如江苏、北京、上海、天津等。后来这些省、直辖市多数撤销了高教局，将其并入省（直辖市）教育厅。但也有例外，1983年5月福建省设置了福建省高等教育厅，1986年9月并入福建省教育委员会。山东省在1964年10月22日将省教育厅分设为山东省第一教育厅和山东省第二教育厅，不过很快又合并了。在我任广东省高等教育厅厅长后的五年（1996—2000）间，没听说哪个省设置有高等教育厅。所以，教育部（国家教育委员会，简称国家教委）每次下文到各省级教育主管机关时，发文题头总是写：各省、自治区、直辖市教委，广东省高教厅（图1.12）。这足以说明广东省高等教育厅是全国唯一的高教厅。那自然而然我就成了全国唯一的高等教育厅厅长了。

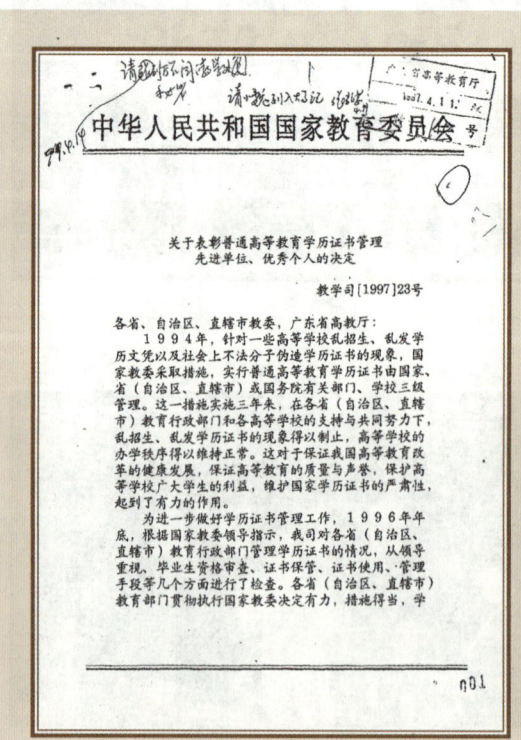

▶图1.12　国家教育委员会（国家教委）发文题头为"各省、自治区、直辖市教委，广东省高教厅："，足以说明广东省高教厅是全国唯一的高教厅

到了 2000 年，随着我因年龄关系退居二线，广东省教育厅与广东省高等教育厅合并统称广东省教育厅，广东省高教厅也就不复存在了。

第三节　平平淡淡的开局

一、平淡的见面会

1992 年 2 月 13 日在广东省委组织部古副部长的带领下，我们走进了广东省高教局的办公楼。这是一栋六层高没有电梯的简陋的办公楼，大会议室设在顶层。我们直奔大会议室，全体干部已在那里等候。主席台上就座的除了古副部长和我之外，还有广东省委高校工委书记庞正同志和我的前任李修宏局长。会议先由古副部长宣布省委任命决定，接着他充分肯定了李修宏局长的工作，肯定了广东省高等教育在过去十年中取得的巨大成就，向李修宏同志表示感谢，说明了他因年龄关系不再担任局长。接着古副部长讲到我，好好地把我"表扬"了一番，并说在我的领导下，省高教局团结全体干部，一定会把工作做得更好，推动广东省高等教育事业快速发展。搞得我很不好意思，因为这毕竟是我人生的第一次。爱听好话也许是每一个人的天性，但我确实不习惯人家当面讲我好话。直到后来，卢副省长当着众人面夸奖我时，我都无法应对。身边的同志跟我说，副省长夸你，你都没反应。自己也觉得有点失礼，但确实不知说什么好。常言道，一个睿智的人对赞扬话、恭维话要有甄别的能力，否则这些话会让你迷失方向，分不清东南西北。容易慢慢高估自己，或者容易遇人不淑。但卢副省长和古副部长对我的肯定或表扬是深思熟虑的、真诚的，也是对我的一种希望，是给大家的一份信心。

接着轮到李修宏局长讲话，我从心底里佩服他。他简单总结了过去十年工作的成绩和不足，感谢广大干部对他工作的支持和配合。他的讲话声音洪亮，思路清晰，用词准确，抑扬顿挫，很是受听。如果说整个见面会还有亮点的话，亮点就在此。

最后是我表态。虽然我教过多年的书，也参加或主持过多次国际学术讨论会，参会人数有时远远超过这个见面会的人数，但是当天我还是有些紧张。为了缓和气氛，减轻心理压力，我特意没有像参加国际学术讨论会那样西装革履，而是穿了一件浅色夹克。虽然会前我也做过一些准备，但此时此刻仍然担心讲不好，因为真是不知道该说些什么。会前省委组织部的同志们告诉我，主要是表个态，但表什么态，如何表态？按我的习惯不可能像某些同志那样，"雄心壮志""慷慨激昂"，我坚持按平时的习惯，谈了几层意思：① 感谢组织对我的信任，把这样重的担子交给我，唯恐难以胜任；② 表示要向同志们学习，多看，多听，多学，多想，在学习中争取用心、专心做好工作；③ 希望组织上，希望老局长多多指点，支持我的工作，希望同志们团结一致，齐心协力，共同完成领导交给我们的任务，在省委、省政府领导下，推动本省高等教育的改革和发展。

见面会就这样平平淡淡地结束了，看得出来，同志们多多少少有点失望。大家原以为我这位中山大学的副校长（李修宏同志由中山大学教务处长调任省高教局局长）、教授、博士生导师一定会有一个精彩的演讲，期望值太高，没想到我实际的讲话与之却有那么大的落差。难怪后来有人问起省高教局一些同志对新局长的印象如何？回答是，没有什么，平平淡淡。但是大家知道新来的局长是大学教授、博士生导师，应该是有水平的。虽然我国学位制度是从 20 世纪 80 年代中后期开始，但那时博士生导师都是由国务院学位委员会严格遴选出来的，人数还相当少。教授、博士生导师来任厅局长的人更少，据省委组织部的同志说，在广东，我可能算第一个。后来在一次广东省厅局级以上干部的法律开卷考试中，我考了 97 分，得了第一名，有人笑称，还是博士生导师的水平高。

二、新官上任没烧"三把火"

见面会后，李修宏同志带我到曾经属于他的省高教局局长的办公室，也就是我的新办公室，就在楼梯的旁边。办公室设备虽然很简陋，但收拾得很干净，他的东西已经清理搬出，留下的就是几张桌椅板凳。他很自豪地告诉我，他已建起了一栋新的办公大楼，就在此楼西侧。他开玩笑地对我说："我就没有这个福气坐新办公室了，这就算我留给你的一份礼物吧"。我表示了感谢，并肯定了他的成绩。后来我们请到岭南画派的鼻祖关山月先生，书写了"高教大厦"四个大字，牢牢地雕刻在这栋大楼正立面的墙上。

人们常说，新官上任三把火。我独自一人，傻傻地坐在办公室里冥思苦想，我该如何开局？一头雾水，无从做起。一个单位突然空降一位领导，同志们难免有各种各样的看法和想法。有的可能因我的到来使他失去了一个晋升的机会，有的可能在琢磨着我工作的风格、爱好，等等。我经过一番思考，决定先找办公室主任谈谈。办公室主任朱锦鎏同志，据说做过广东省副省长的秘书，经验丰富，办事、协调和文字能力比较强，会把关。我和他谈得不错，谈完后我又叫他带我到各个处室走走，主要是看看环境，打个招呼。然后我就逐个逐个与处长交谈。这样既认识人，又了解情况。经过一轮谈话和查看资料，初步了解到机关的一些浅层次的情况和问题。其中有些还是值得思考和应该面对的，但我总的原则是"冷处理"。

比如，有相当一部分同志反映：按规定，第一把手要变动之前，基本上应冻结干部的任免提拔。但这次机关一次竟提拔了七名处级干部。据说广东省委组织部还来调查，认为是违反了干部任免的规则。我心里十分清楚，这是敏感的人事问题，处理必须慎重。我仔细地了解了情况，觉得这七位同志从任职年限、政治表现、工作成绩、群众反映上看都还可以，并无明显不对。再说，老局长在局里工作近十年，对干部比较了解，只要按原则办事，临走时提拔几个干部，我觉得也不是一个什么大错。至于说其中有无感情因素，我觉得不必深究。我想这些同志在老局长的领导下干得不错，一定也会在我的领导下好好工作。如果到时发现确有问题再研究处理也不迟，完全没有必要全部否定老局长临退之前提拔的干部。这件事就这样"冷处理"了。

还有两位老副局长,开始对我不太了解,对我是否能胜任局里工作难免有些担心,但他们都表示服从组织决定,支持我的工作。对于我来说,我也十分需要了解全省高等教育情况,需要经验丰富的老同志支持我的工作。并且许多事情有一定的连续性,班子中有几位老同志也是十分必要的。因此我心底里十分尊重老同志,希望有经验的老同志留在班子里,共同讨论研究重要问题,避免因情况不熟而作出错误的决策。我尊重他们,他们也十分尊重我,关系一直融洽,局机关内部没有产生大的矛盾纠纷。后来因工作需要补充部分较为年轻的同志进入班子,老同志也因年龄关系退休,顺利完成新老班子平稳过渡。

后来有位朋友对我说:你最大的问题是没有自己的人。上任后应该培养自己能信任的人,并委以重用,或者从自己原来单位带少数信任的干部安排在重要岗位上,而将前任重用的人,逐步换到不重要岗位。我不以为然。我以为这样的单位必然是拉帮结派、歪风邪气盛行的单位。认真想想,什么叫自己的人呢?不外乎是听自己的话,为自己办事吗?而自己的话,自己的事不就是为了不辱使命,干好工作,促进全省高等教育的改革和发展吗?在这种思想的主导下,我上任后,机构的设置和人员基本没动,也没从中山大学调进一个人。但是,我也认识到,机关的自身建设十分重要。出于公心,公开、公平、公正地按程序提拔使用干部是关键。通过新老交替,建章立制,在工作中不断培养和提高机关干部的综合素质,形成良好的机关作风和风气,从而提高机关整体的执政能力,这才是完成任务的基本保证。

三、一切都在酝酿中

虽然机关实现平稳过渡,没有烧所谓的"三把火",但整个教育,特别是高等教育的大发展正在酝酿之中。

1978年,中共十一届三中全会决定以经济建设为中心,实施改革开放战略。广东社会经济发展走在全国的前面,取得了巨大的成就,成为全国最大的改革开放的受益者。但是，在发展过程中难免出现一些问题，在舆论上也出现了"姓资"还是"姓社"的讨论。中国是继续改革开放往前走，还是闭关锁国走回头路？正在这一关键时刻，邓小平同志开始了他的南方调研活动。

1992年1月至2月间，邓小平到武昌、深圳、珠海、上海等地视察，发表了重要的南方谈话，更坚定了全国上下改革开放的决心和信心，提出了"发展才是硬道理"、"基本路线要管一百年"、"必须依靠科技和教育"、要求广东20年赶上亚洲"四小龙"、"两个文明建设都要超过他们"等重要论断和殷切期望，给广东社会经济发展注入新的动力，将广东教育，包括高等教育带入又一个艳阳天。

广东省委、省政府的领导人，既有亲身经历改革开放的体会，又具有高度的政治敏锐性，从邓小平南方谈话散发出的信息体会到，改革开放将继续深化，广东将会迎来新一轮的大发展。而新一轮大发展必然需要更多更高水平的人才，必然要求教育，特别是高等教育有一个更大的发展。因而，广东省委、省政府主要领导把目光投向了教育，特别是高等教育。他们正在酝酿推动教育，特别是高等教育的改革和发展的工作方案。

1992年的春节（2月4日），省委书记谢非同志、省长朱森林同志、副省长卢钟鹤同志等省委、省政府主要领导同时分别到中山大学、华南理工大学、广东工学院等高校向师生员工拜年，勉励大家团结协作，开拓创新，为建设有中国特色社会主义培养更多的合格人才。这一举动是空前的，虽然不敢说是绝后的，但到目前为止也不见有第二次。这是为什么？这是省委、省政府根据当时改革开放的形势，正在酝酿一个新的大举措，推动教育，特别是高等教育的大发展，以满足社会经济发展新的需要。

第二章
适时制定高等教育发展战略

第一节　高等教育现状比较分析

在那个年代似乎全世界都重视教育。美国总统（老）布什要当教育总统，英国首相撒切尔夫人也表示要大抓教育。澳大利亚、新西兰几任总统都做过教育部长。我国邓小平同志重新恢复工作后就提出要当教育的后勤部长，李鹏总理也曾是第一任国家教委主任。各级党政第一把手抓教育已经成为共识。1992年6月29日全国教育系统党建工作会议上讲到，过去的"文盲"是地主、"文革"的影响，今后新的"文盲"就是书记培养的。要想富就得办教育，否则就拖经济的后腿。要提倡"为人民办教育"，也要提倡"人民办教育"，要改变长期形成的"国家办教育，人民建庙宇"的现象。而国家又是一抓工业、交通，二抓财政、贸易，剩余多少钱就搞多少教育！长此以往，国家就无望。

我就是在全民谈教育，全社会重视教育的时候走马上任，担任广东省高教局局长的。前面提到我是一位地地道道的从校门到校门的干部，没有一点地方和政府部门工作的经验。担任中山大学副校长工作还不到两年，除参加过广东省高教局召开的职称评定和招生工作的两次会议外，和省高教局及其他政府部门没有任何联系！在这样的时刻走到统管全省高教工作的岗位上，我感到压力很大。思来想去，只有三个办法：一是依靠上级领导，包括广东省委、省政府、教育部有关主管部门；二是团结依靠广东省高教局里广大干部，调动他们的积极性；三是靠自己的勤奋工作，多开展调查研究，迅速掌握全局情况。关于调查研究，以局内研究室高桂彪、张耀荣、梁英、黄循洛等同志为主，同时借用华南师范大学及其他高校研究室和广东省高教学会的同志们的力量，在广东省委、省政府的领导下开展调查研究，主要想了解广东全省高等教育发展现状及其问题，与广东社会经济发展是否相适应，与全国其他先进省、直辖市、自治区的差距和与亚洲"四小龙"的差距到底有多大。这是我们在行动之前就必须弄清楚的。只有心中有数，才能百战不殆！我有一个习惯，就是常常利用一些数据进行分析比较，觉得这样讲起话来有底气，有说服力。光讲道理，没有事实数据佐证，就没有力量。为此，我们曾组织力量进行了一些比较分析。下面就是我们调查研究的基本结果。

一、高等教育发展与社会经济发展需求分析

首先，我们应该肯定，改革开放以来，随着广东省经济的高速发展，广东省高等教育事业遵循"教育必须为社会主义建设服务，社会主义建设必须依靠教育"的基本原则，也相应迅速地发展起来。特别是1988年广东省委、省政府作出的《中共广东省委、广东省人民政府关于高等教育体制改革的决定》，在一定程度上调动了广东省各级党政机关、广大高等教育工作者和社会力量办学的积极性，对广东省高等教育的发展与改革，起到了很大的促进作用。广东省在办学和管理体制上试行三级办学，两级管理。在一些地级市办起了大学，如汕头大学、惠州大学、韶关大学等。开始试行招生分配、奖贷学金的改革，在教学及校内管理等方面进行了试验性的改革和探索。高校科研工作开始转上了为经济建设服务的轨道，拓展了高等教育培养人才、科技开发、咨询决策、信息服务等多种功能。还利用华侨众多的优势捐资兴办高等教育，开展了国际学术交流，初步形成了一个有一定规模的，层次、形式、科类结构趋向合理的，具有地方特色的高等教育体系。普通高校、成人高校、普通中专、自学考试四种形式的在校生从1978年的11万人增加到1990年34.21万人，增长了2倍多，年均递增9.9%，普通高等学校从1979年的29所，在校生4.1万人，发展到1991年的41所，在校生9.2万人，在校生增长

了 124%，年均递增 7.0%。

但是，必须看到，1949 年新中国成立，广东地处沿海，出于国防考虑，再加上当时中共中央中南局设在武汉，因此在广州就没办什么大学。20 世纪 50 年代的院系调整，将广州原有的部分大学或学科内迁，使得广州高等教育没有加强反而有所削弱。

广东省的高等教育虽然在 20 世纪 80 年代有了较大的发展，但仍然与广东省经济建设和社会发展的要求很不适应。1992 年广东省每万人口中普通高校在校生只有 14.6 人，比全国平均数 17.6 人少了 3 人。在改革开放的头 13 年中，广东省国内生产总值年平均增长 12.6%，人均国民收入递增 10.1%，财政收入年均增长 12.3%（均按 1990 年不变价计算）。而同期广东省普通高等教育在校生年均递增率为 6.97%，高等院校数年均递增率为 2.93%，每万人口在校生年均递增率为 5.36%。据 1990 年全国第四次人口普查资料显示，全省拥有大学文化程度的人数为 890 591 人，平均每 10 万人口拥有的大学生数为 1 338 人，比全国平均水平还少 84 人，居全国各省、直辖市、自治区的第 15 位。据 1991 年国家教委信息中心资料，广东省普通高校在校生为 92 655 人，平均每万人口在校生数 14.39 人，在全国 31 个省、自治区、直辖市（港澳台资料暂缺）中排第 16 位。成人高校在校生 78 807 人，平均每万人口在校生 12.24 人，在全国排第 11 位。同时广东省的研究生规模过小，1993 年在校研究生仅有 3 900 人，为全国在校研究生人数的 3.97%，在全国排第 11 位。可见，广东省高等教育的发展严重滞后于经济增长，高等教育远远满足不了广东省经济和社会发展的需要。

再举两个例子来说明广东省高等教育培养规模不能满足发展需要。1991 年广东省政法干部中，具有本科及以上学历的仅占 2.6%，专科学历也只占 21%。而按中央政法部门要求，到 1995 年末具有大专及以上学历占本系统总人数的比例下限是：公安系统 22%、检察系统 80%、法院系统 70%、司法系统 70%。按照此要求广东省政法系统尚有 2 万多名干警需要补上大专学历，有 3.8 万人需要通过培训取得合格证书，此外还要补上每年 2 000 人的自然减员。按照当时的办学规模，无论如何也满足不了这样巨大的需求。再如普通中学教师的需求。广东省1992年初中教师总量应增加到13.27万,但实际只有11.99万,缺口1.28万,预测到2000年,初中每年需补充1.6万人,缺口0.6万人;高中每年需要补充3 700人,缺口2 400人。职业高中每年需要补充3 400人,但当时完全没有。还要说明的是,当时高中老师学历达标率仅有47.94%,职业高中老师学历达标率只有23.18%,都远低于全国平均水平。这些数据足以说明,当时广东省高等教育规模远远不能满足事业发展需求。

从质量和水平来看,差距也十分大。下面几组数据可大致说明这点。1992年全国学部委员(即后来院士)499位,广东4位,全国博士点2 210个而广东85个,博士生导师全国5 300位,而广东159位:国家级重点学科全国416个,广东15个。这些指标广东占全国比重为0.8%~3.8%,而广东的经济总量占全国比重却在10%上下。1985—1991年首届高校出版的优秀学术著作获特等奖全国18种,广东为0,优秀奖全国149种,广东7种。第二届全国高校优秀教材(1986—1991年)特等奖全国21种,广东为0,优秀奖全国207种,广东3种。这些数据充分说明广东高校的质量和水平与全国平均水平差距甚大。

高等教育结构也亟须调整,如专业结构。根据《中国统计年鉴》(1991年8月)数据,广东省高校当年有本科专业204种,专业点318个,覆盖全国本科专业目录504种的40%。其中工科专业58种,84个专业点,工科在校大学生只占在校大学生总数的19.6%,远低于全国的比重34.1%,为全国工科专业目录181种的32%。1991年广东工科本科专业招生人数占全省招生总数的27.2%,工科专业点数占专业点总数的比重为26.4%,均远低于全国的比重36.2%,供需缺口很大。在工科内部也还有许多短线专业,如对于广东经济建设和社会发展急需的交通、能源、电子、工程材料、石油化工、港口、桥梁、海洋开发、通信以及第三产业方面的专业人才,如货币银行学、证券、保险、房地产管理、法律等方面的人才十分紧缺,远远满足不了全省经济建设和社会发展对人才的需求。这就给我们高等教育提出了一个新的课题,就是如何适应社会主义市场经济的要求调整专业结构,创造条件建立新专业,发展短线缺门的专业,增加应用型、外向型、交叉型学科专业,努力建立起门类齐全、分工合理、各具特色、效益较高的专业体系。

除了专业结构，还要有完善的层次结构和类型结构。社会、经济和科技各部门需要多种层次、各种规格的专门人才，因此，与之相适应，高等教育要健全专科生、本科生和研究生这三个层次的高等教育体系。据统计，1990年广东省普通高校研究生与本科生比为1∶16.5，本科生与专科生比为1∶0.75。为此，在发展研究生教育，提高研究生教育比重，扩大研究生培养规模的同时，要着力发展周期短、见效快、适用性强、社会急需的专科教育、职业教育，以满足中小型企业、乡镇企业和广大农村的需要。

关于类型结构，随着广东现代化建设的发展，社会各行各业的就业机会和职业种类常有变动，因此，各种转业和再就业的培训，各种继续教育都应相应发展。成人教育和各种继续教育、职业教育和岗位培训等在亚洲"四小龙"和西方发达国家，随着经济发展而应运而生，在广东高等教育结构调整中也应给予充分重视。

二、广东省高等教育发展状况与亚洲"四小龙"差距分析

广东追赶亚洲"四小龙"，主要指追赶韩国和我国的台湾省。这两者既含城市又含农村，人口与广东差不多，而香港、新加坡属于城市地区，可比性较差。根据粤海集团经济信息中心和其他的统计分析，广东高等教育与亚洲"四小龙"存在较大差距。1991年台湾省有121所大专院校，在校生人数为42.5万人，每万人口接受大专以上层次教育的在校生在210人以上。而广东省人口比台湾省多两倍，但只有大专院校42所，在校生9.2万人，约占广东全省总人口的0.15%，每万人口只有在校生14.6人，如加上高中毕业以后各种接受大专以上层次教育的人数也不过42.3万人，约占全省总人口的0.67%，仍远低于台湾省的水平。在受教育程度上，台湾省公民受教育年限为8.5年以上，大专以上学历的占人口比重为9.5%左右。而广东省人口平均受教育年限只有5.8年，大专以上学历的占人口比重仅为1.5%。

从增长速度看，上面讲到广东省高等教育增长速度远低于经济增长速度，

而台湾省、韩国的高等教育发展是超前于经济增长的。近30多年来，台湾省高等教育发展很快，1955—1975年间，高校由15所增至101所，在校生由1.8万增至29万人，平均每校由1 200名学生，增至2 870人。再如1975—1989年，台湾省在校生年均递增率为10.8%，平均每年增加1.7万人，而1978—1990年的国民生产总值的年均递增率只有8.86%。韩国从1955—1985年，高等学校数由71所增至256所，在校生由7.9万增至126万，平均在校生规模由1 112人扩至4 921人。韩国1978—1990年国民生产总值年均递增8.29%，而几乎同期，1975—1985年大专以上在校生人数年均递增16.23%，平均每年增加3.9万人，在校生已占总人口的3%。广东省在改革开放13年中（1978—1991年），GDP年均增长18.56%，人均GDP年均增长17%，而高校在校生数年均增长6.97%，高等学校数递增率2.93%，每万人口在校生数年均增长5.36%。可见，广东省与韩国和台湾省相反，高等教育事业增长速度明显低于经济增长速度。

高等教育大发展与高投入是分不开的。韩国从20世纪50年代起，教育经费投入一直占财政支出的15%~20%，1965—1974年，教育经费年均递增28%，1979年，教育经费占国民生产总值的比重达5.54%。台湾省1982年，教育经费占国民生产总值的5.54%，占财政总支出的16.5%。广东省1991年教育经费占国民生产总值只有1.8%，不仅低于台湾省和韩国，而且也比全国2.8%的平均水平低很多。

三、广东省与江苏省高等教育发展状况比较分析

广东省与江苏省是我国经济发展最快、规模最大的两个省份。1998年两省国内生产总值分别占全国的10%、9.1%，省人均GDP分别为1 343.93美元（按人民币兑美元汇率为8.3∶1折算）、1 331.43美元。广东省经济发展指标居全国第一，江苏省紧追其后。据对世界许多国家和地区进入高等教育大众化时的经济背景分析，人均GDP在1 200~3 000美元之间的时候，是高等教育大众化发展最迅猛的时期，也是高等教育规模线性增长最显著的时期。

但是，广东与江苏相比，高等教育差距很大。1998年江苏有高等学校66所，普通高校和成人高校在校生46.31万人，每万人口拥有在校生64.79人，而广东有普通高校43所，普通高校和成人高校在校生33.14万人，每万人口拥有在校生只有47人，低于50.43人的全国平均水平，比江苏少17.79人。按1995年1%人口抽样调查资料，广东大专以上文化程度人口138.28万人，占总人口的2.02%，而江苏大专以上文化程度人口185万人，占总人口的2.63%。

广东的高等教育发展水平与江苏相比，差距较大。就拿1998年来说，广东拥有副高以上职称的专任教师6 444人，江苏10 625人。广东拥有的国家级、省级重点学科分别为15个和48个，国家级、省级重点实验室分别为10个和13个；而江苏拥有的国家级和省级重点学科分别为42个和95个，国家级和省级重点实验室分别为17.5个和17个。广东拥有的博士点、硕士点分别为124个、452个；而江苏分别为248个、662个。以上情况可以看出，广东在提高高等教育水平方面应加大科研经费投入，加强学科建设，大力培养学科带头人。

在高等教育投入方面，广东的地方财政比江苏承受了更大的压力。江苏部委属高校有30所，占该省高校的45.46%，1996年中央在该省的高等教育经费投入已占了该省高等教育投入的61.29%；而广东部委属高校只有9所，中央在广东的高等教育投入只占全省高等教育投入的30.77%。广东从1993年开始，大幅度地增加了对高等教育的投入，以1997年为例，财政预算内高等教育经费支出12.71亿元，在全国各省级行政区中排第一，江苏7.08亿元，名列第三位。广东高等教育事业费部委属院校2.84亿元，地方院校7.59亿元，共10.43亿元；江苏部委属院校11.05亿元，省属院校5.97亿元，共17.02亿元。随着江苏经济发展，江苏在整个高等教育方面的投入呈现了较大幅度的增长，仅从1997年高等学校生均预算内教育事业费支出增长15.36%（同期广东这项数值为8.49%）中就可看出，江苏正在加大对高等教育的投入。

还有一点必须强调的是，广东省的人口自然增长率很高，如1995年为12.42‰，而江苏同年只有6.92‰。两省大学学龄人口数量预计将从2000年起逐渐拉开差距，到 2010 年，江苏大学适龄人口将为 530 万人，而广东则为 724 万人，比江苏多近 200 万人，多出 36.60%。这表明广东的高等教育大众化的任务将比江苏更艰巨。一直以来，江苏的高等教育发展速度快，发展基础好。1998 年江苏省委、省政府正式颁布《贯彻〈中共中央、国务院关于深化教育改革全面推进素质教育的决定〉的意见》。该意见提出，再经过 10 年努力，基本实现高等教育大众化，入学率达到 30% 左右，每 10 万人口受过高等教育者达到 8 000 人左右，省属高校扩建 10 所万人以上规模的大学，兴建 20 所民办高校，全省高校形成在校生 160 万人的培养能力，与教育部共建南京大学，使之进入世界一流大学行列。

从与江苏省高等教育发展的比较分析可以看出，广东省高等教育基础差，部委属院校少，人口出生率高，适龄人口巨大，实现高等教育大众化，建设教育强省，任务繁重。为此，广东省必须解放思想，深化改革，加大投入，以更快的速度扩大高等教育的规模，以精益求精的精神提高教育质量和办学水平。

第二节 制定高等教育发展目标的两个会议

一、1992 年 12 月广东省高等教育工作会议

广东省委、省政府领导非常重视教育，特别是高等教育。时任广东省委书记的谢非同志在不同场合多次提出，实现现代化，追赶亚洲"四小龙"，他最担心的是教育，特别是高等教育。他担心高等教育会拖后腿。广东省委、省政府领导频频到高校视察和召开座谈会，听取各方面意见。1992 年 2 月 4 日省委书记谢非、省长朱森林、副省长卢钟鹤分别到中山大学、华南理工大学和广东工学院向广大高校师生员工拜年，勉励大家齐心协力，献计献策，

为发展高等教育、培养更多合格人才而做出更大贡献。1992年6月6日朱森林省长视察仲凯农业技术学院（现称仲凯农业工程学院），并召开教师座谈会，讨论高等教育改革与发展问题。

1992年6月10—13日广东省委高校工委、省高教局在广州珠岛宾馆召开"广东省高等教育改革工作座谈会"，全省42所高校150位高校校长或书记出席了会议，省委常委方苞、副省长卢钟鹤出席会议并讲话。会议中心内容是学习邓小平南方谈话精神，探讨如何加快深化本省高等教育综合改革步伐。与会者认真讨论了《中共广东省委、广东省人民政府关于深化广东高等教育综合改革的意见（征求意见稿）》，其中基本内容包括：① 人事、劳动、分配制度改革；② 教学科研改革；③ 后勤、管理体制改革；④ 努力拓展高等教育的对外开放等。会议决定首批改革试点是中山大学、华南理工大学、华南师范大学等七所大学。

1992年11月30日，谢非同志到华南农业大学、私立华联学院视察。在座谈时谢非同志指出，高校的改革一是要面向世界，要开放，缩小与国际水平的差距，首先要追赶亚洲"四小龙"；二是要面向市场，学校有其自身规律，但如果不与经济体制协调则很难发挥其作用，如专业设置、招生分配、科学研究等都要面向市场。在视察私立华联学院时，谢非同志还指出，我们的私立高校与外国私立高校不同，我们都要贯彻党的教育方针。我们的私立高校还没有经验，希望你们大胆试验，积累经验。

经过大半年的调查研究，形成《中共广东省委、广东省人民政府关于加快高等教育改革和发展步伐的决定（征求意见稿）》。在这期间省委常委召开了两次专题会，专门讨论本省高等教育问题，制定了一系列重大政策和措施，加快高等教育的改革和发展。记得第一次省委常委会议，我列席会议。谢非书记坐在正中，朱森林省长坐在右手第一位，然后按常委排位依次就座，我们列席坐在左手边。会议开始由谢非同志讲了这次省委常委会议主要讨论高等教育的发展和改革问题，然后由我首先汇报广东高等教育状况、差距、问题和要求。开始我按准备好的稿子读。但长期做教师上讲台的我，习惯脱稿讲，哪有教师上课照读讲稿的呢？因此我喜欢脱稿讲，不喜欢照稿读，所以没读几句就开始脱稿讲了。也许省委常委会对我们列席汇报的人是有严格时间限制的，如果用的时间比预期的长，常委们讨论的时间就短了，怕解决不了问题。因此在我脱稿发言不久，坐在我对面的、主管教育的副省长卢钟鹤同志就说，照稿读吧。我很快醒悟过来，赶快照读。

我自认为这次汇报是成功的，用大量数据说明了问题。我汇报的最后一点是经费投入严重不足，并提出了具体要求和建议。接着谢非同志组织讨论，包括改革发展的目标、指导思想、措施等。最后讨论最多的是如何解决投入不足的问题。谢非同志问朱森林省长，钱从何来？两位卢副省长坐在一起，卢钟鹤副省长抢先说了一句，我们的"财神爷"（即主管财政的常务副省长卢瑞华同志）已经有办法了。接着卢瑞华副省长说，教育经费光靠社会资助，收点学费是不能解决全部问题的，要把教育作为政府大行动来抓，应有大动作。接着就将他早已谋划计算好的计划和盘托出，即核心内容是从全省各市（除贫困市外）每年第二产业、第三产业收入中提取1%用于发展教育，主要是用于高等教育（后来普通教育、政法等部门也用了部分）。这个方案一提出，大家都感到眼前一亮，同声叫好，最后一致通过。

这次省常委会议做出了一系列重大决策，概括起来有如下几点：① 1992年，省政府除保证教育经费正常增长外，从省财政另行拨出2亿多元，以解决高校的用电、用地、危房改造和科技发展基金等方面的资金使用问题。② 除保证省财政正常拨给的高等教育经费随经济增长而逐年增长外，从1993年起，向各市（除贫困地区外）筹集专项资金，主要用于发展教育事业。③ 积极改善高校教师待遇，力争在两三年内，使高校教师收入有明显提高。从1993年开始，高校教职工的公费医疗标准，提高到与党政机关干部同样的标准。在本省的部委属院校的教职工生活补贴，与省属高校教职工等同，由省财政负担。积极解决高校教师的住房问题。④ 每年从省财政拨出1 000万元专款，加强高等院校重点学科、重点实验室、重点课程建设。

经过反复讨论酝酿，特别是经过上述两次省委常委会的讨论，《中共广东省委、广东省人民政府关于加快高等教育改革和发展步伐的决定（初稿）》最后终于定稿了。于是省委、省政府决定在1992年12月25日在广州珠江宾馆召开了广东省高等教育工作会议。这次会议有3 000多人出席,是本省高教战线一次规模空前的大会。谢非书记、朱森林省长及卢钟鹤副省长都在会议上讲话,核心内容就是广东省高等教育如何追赶亚洲"四小龙"。这次会议召开的本身和会议取得的成果在全国引起了广泛影响。时任国家教委主任的朱开轩同志应邀出席会议,并高度评价这次会议。他说:"在党的十四大刚刚闭幕两个月、全国高教工作会议闭幕一个月之际,以省委、省政府名义召开如此大规模、高层次的高等教育工作会议,是一件意义重大的事情,非常鼓舞人心。"我们知道,朱开轩同志是一位非常谨慎的领导,用词达到这种高度是十分罕见了。到会的同志们一致认为,这个会议是历次同类会议中最"解渴"、最有实效的一次;这一年也是省委、省政府主要领导关心、过问高等教育领域次数最多、程度最高的一年。特别是向全省各市(除贫困市以外)筹集专款然后主要用于发展教育等一系列决策被誉为"广东创举",在全国影响极大。

1993年1月2日广东省委、广东省政府正式颁布《中共广东省委、广东省人民政府关于加快高等教育改革和发展步伐的决定》(以下简称《决定》),这是省委省政府重视、各位省领导亲力亲为的结果,也是本省广大高等教育战线上,包括省高校工委、高教局本身的同志们努力工作的结果。这就是我在省高教局工作的第一年。

二、1994年11月全省教育工作会议

追赶亚洲"四小龙"的计划实施一年多,省委、省政府又在筹划召开另一次教育工作会议,这是要对教育的发展与改革提出新的要求:即建设教育强省。我们又开始准备会议的文件。

谢非同志于1993年12月17日和20日先后到中山大学、广东工学院和华南理工大学视察,了解高校科学研究与教学情况,与校领导和部分专家座谈,听取意见,与参会者讨论建设教育强省的问题。谢非同志希望高校要一手抓人才培养,一手抓科研,为广东现代化建设做更大贡献。1994年1月8日省委常委、副省长卢钟鹤同志接受记者采访时指出:要把教育放在社会主

义市场经济大框架下，使之随着市场经济的大链条一起转动；教育改革要在机制上下功夫；要把过去计划经济下的小教育，变成适应市场经济需要的大教育；要变小人才观为大人才观，发展多种形式教育；有高等教育、职业教育以及在职人员的技术培训和继续教育，使就业教育向终身教育过渡，以全面提高劳动者素质。1994年4月19日，卢钟鹤同志又与华南理工大学、华南农业大学部分师生座谈，表示要有计划提高教师待遇，并考虑提高研究生待遇。4月20日又同广东工学院和华南师范大学师生代表座谈，指出，改革一定要拿出攻坚精神来，改革既要符合社会主义市场经济的规律，也要符合教育自身规律。改革要有新思路、新观念，不要走入误区。一方面要争取更多投入，改善待遇，另一方面要振作精神，以新的姿态和更积极、更扎实的工作精神投身于当前的改革。1994年6月9日，省长朱森林、副省长卢钟鹤与广州地区19所高校的校长和部分教师举行座谈会。主要讨论：教育如何适应市场经济需要，调整专业结构和教育改革；如何建立教师考核制度，提高教师素质；如何加强年轻教师培养，促使其早日脱颖而出；如何进行校际联合办学，达到资源共享，提高办学效益。

  1994年11月1—3日，经过充分准备之后，召开了全省教育工作会议，1 500多人出席会议。会上谢非同志做了重要讲话，讲话的题目就是"为把广东建设成为教育强省而奋斗"。他认为这次会议是一次历史性的会议，他号召全省各级领导干部一定要振奋精神，把握机遇，努力使教育优先发展，使教育真正成为全社会共识、全民的实际行动，使广东成为教育强省，确保社会主义现代化目标如期实现。朱森林省长做了主题报告，会后颁布了《中共广东省委、广东省人民政府关于教育改革和发展的决定》。决定明确指出，要逐步形成与经济和社会发展相适应的教育规模、教育层次和教育结构，建立起以政府办学为主体的多层次、多形式、多渠道的社会共同办学的体制，普遍提高教育质量和水平，全面提高劳动者的整体素质，实现教育现代化，使广东成为教育强省。到2000年，全省各种形式的高等教育（普通、成人、自学考试等）的在校生达到90万人（其中普通高校在校生19万人），年平均递增10.6%，达到每万人口拥有各种形式的高等教育的在校生126人，其中普通高校26人。如果说，1992年的教育工作会议主要解决投入不足、提高教师待遇等方面的问题，而1994年的会议则是更多强调改革，强调提高教育质量，为地方社会经济发展服务。

三、两个会议的区别

1. 背景差异

全省高等教育工作会议的背景是，邓小平同志南方谈话和党的十四次全国代表大会的召开。党和国家对广东提出了要在20年内基本实现四个现代化的要求，要赶上亚洲"四小龙"。邓小平同志强调，一个地区，一个部门，如果只抓经济不抓教育，那里的工作重点就没转移好。忽视教育的领导者，是缺乏远见的、不成熟的领导者，就领导不了现代化建设。改革开放以来，广东经济发展速度明显加快，经济结构得到合理调整，基础设施和对外经济贸易等都取得了巨大的成就。下一步要追赶亚洲"四小龙"，使经济高速协调发展，靠的是什么呢？邓小平曾说，经济发展主要靠科技，而科技发展的基础又在教育。教育作为科学技术转化为现实生产力的中介，具有促进社会生产力发展的巨大功能，因此人的知识、才能、受教育的程度，就成为生产力发展的决定性因素。于是，广东省委、省政府召开了广东省高等教育工作会议。

1994年11月召开的全省教育工作会议的背景，是党中央、国务院颁布了《中国教育改革和发展纲要》（中发〔1993〕3号）及1994年7月国务院颁布《国务院关于〈中国教育改革和发展纲要〉的实施意见》。这两个文件是20世纪90年代乃至21世纪初我国教育改革和发展的蓝图，是建设有中国特色社会主义教育体系的纲领性文件。认真实施《中国教育改革和发展纲要》，是各级党委和政府的重要职责，是我们教育行政部门和各级各类学校的中心任务。为了适应广东20年基本实现现代化的要求，加快教育改革和发展的步伐，把广东建设成教育强省，广东省于1994年11月召开了全省教育工作会议。

2. 内容不同

1992年的全省高等教育工作会议的特点是，规模空前，主题突出，任务明确，措施具体。参会人数高达三千多，讨论高等教育从未有如此多的人参加，即使全省教育工作会议也从未达到如此大的规模。广东省委、省政府主要领导和国家教委朱开轩主任出席会议并讲话。会议主题就是高等教育。任务就是要求广东省的高等教育事业必须有一个较大的发展。会议的重点议题就是"追赶亚洲'四小龙'"。高等教育要发展，排在第一位的就是要扩大办学规模，坚持走以内涵式发展为主的道路，优化高等教育结构，提高质量和水平。要扩大办学规模，首先就要改革办学体制，坚持多形式、多层次、多渠道办学，改革招生和毕业生就业制度等。要多渠道筹措资金，大幅度增加对高等教育的投入，努力改善教师待遇。按校长们通俗的讲法，这次会议"干货"很多，开得过瘾。

1994年11月的全省教育工作会议的议题，是根据全国教育工作会议精神和全国教育改革和发展纲要，研究确定本省今后教育发展的目标和任务，研究实现这些目标和任务的途径和措施，动员全省人民为把广东建设成教育强省而奋斗。因此，这次会议也是本省教育战线上一次具有历史意义的重要会议。会议的重点就是"建设教育强省"。会议要求在2000年以前，扫除青壮年文盲，普及九年义务教育，大中城市和经济发达地区普及高中阶段教育，全省各类大学生占总人口的比例达到1.26%。高等教育以内涵式发展为主，逐步扩大办学规模，提高办学质量。大力发展中高等职业教育，建立本省职业教育体系。大力发展以岗位培训及继续教育为重点的各级成人教育。全面加强和改进学校德育工作，努力提高教育质量，认真贯彻《中华人民共和国教师法》，大力加强师资队伍建设。建立多渠道教育投资机制，切实增加教育投入。可以看出，本次会议的内容比较全面。

两次会议虽然背景不同，内容有一定差异，但目的都是一个，即广东的教育，特别是高等教育一定要追赶亚洲"四小龙"，建设成为"教育强省"。

第三节 加快高等教育发展，满足社会经济发展需求

一、发展的目标体系

通过两次教育工作的大会，我们认真学习邓小平南方谈话和广东省委、省政府的指示精神，结合广东省改革开放和社会经济发展的客观要求及高等教育发展实际，明确发展目标：到21世纪初（2000年），要初步建立起与经济社会发展水平相适应，具有广东特色，与国际接轨的普通高等教育、成人高等教育、职业高等教育并举，公立高校、民办高校并兴，结构多元、层次多级、形式多样、机制灵活、全面开放，面向21世纪的社会主义高等教育体系。

《决定》对广东高等教育战略目标体系，包括规模目标、效益目标、质量目标和特色目标做了明确规定：在规模目标中明确提出，以内涵式发展为主，逐步扩大办学规模。至2000年普通高校和成人高校在校生要达到40.5万人，年均递增7.1%。其中普通高校为21.5万人，年均递增7.2%，研究生1万人，年均递增13.9%。自学考试在籍考生（取得一门以上课程合格证书的学生）50多万人。每万人口拥有各种形式大专在校生126人，年均递增8.1%。到2000年全省高等教育入学率为8.5%，略高于全国规划的8%的目标。到2010年普通高等教育在校生34万人，成人高校34万人，研究生培养规模3万人。每万人口拥有各种形式高等教育在校生320人。《决定》在效益目标中明确提出本科院校一般达5 000人，专科院校3 000人。普通高校生师比15∶1左右。各类高等学校都要不断提高教育质量和学术水平，办出特色，普通高校到2000年前后达到国内同类院校先进水平，若干所学校进入国家"211工程"行列，一批学科达到国际先进水平。

可见，广东高等教育的发展应该是规模、结构、质量、效益同时健康持续发展。但在开始阶段，从社会舆论到领导愿景，似乎总是把扩大规模放在第一位。从事物发展规律看，没有一定的规模，结构、质量、效益也无从说

起。从当时社会经济发展对人才需求及广大群众希望子女上大学的愿望来看，以及对高等教育发展的考核上，都是把规模的扩大放在第一位。先要有书读，再谈好和坏。所以在本节我们会把更多的篇幅放在规模的扩大上。但是，对我们作为政府高等教育的主管部门及我们这些懂得教育发展规律的人来说，高等教育的发展必须是规模、结构、质量和效益的综合发展，否则将会把高等教育的发展引入邪道。因此我在本节多讲点规模，而在下面各章节中将会多谈结构、质量和效益问题。

二、规模的扩大

广东为了实现力争20年基本实现现代化的目标，根据当时专门人才需求宏观预测，全省专门人才应从1990年的105.5万人增至2000年的225.8万人，平均年递增7.9%，至2010年为535.6万人，年均递增9%。任务艰巨，广东的高等教育在规模上必须有一个大的发展。高校必须扩大招生。高校扩招不是权宜之计，也不只是一两年的事。而是在今后一段时间内都要扩招，扩大到一定规模后再稳步发展。对于原有高校，扩招主要还是走内涵式发展的道路，克服"等、靠、要"的思想。扩招带来的一些问题主要通过改革，挖掘内部潜力，充分利用现有设备设施条件来解决。在认识上要求各高校要自觉地扩大招生，而不能认为扩招是上级压任务而成为被动的行为。

省领导关心办学质量，但在一定程度上说，当时更关心招生规模，因规模更具有显示度。例如，在一次省政府成员会上，许多领导对招生规模偏小很有意见。有的领导说："高等教育人才培养问题，主要是招生规模一直过小。1993年全国普通高校招生93.5万人，在广东只招5万人，为全国的1/20，而广东的GDP和地方财政收入均占全国1/10左右，明显不合情理"。卢瑞华副省长说："（广东省）普通高校招生数为什么赶不上全国的平均数？要认真研究一下，不然不好向省人大代表讲清楚"。朱森林省长说，"认真解决高等教育规模问题，上下都要有紧迫感。省委号召建设教育强省，高等教育要起码排在全国省级行政区（除京、津、沪之外）前五名之内。"对于省领导这些讲话，我们深感压力巨大。广东省从1993年才开始增加投入，有的经费还没到位，办学条件还没有得到充分改善，接纳学生的能力还十分有限，国家教委下达的招生指标又是根据各省级行政区办学条件划拨的，所以，招生规模小也是有原因的。

1992年全省高考报名考生139 713人，普通高校在广东省招生39 697人，比1991年增加4 249人；1993年全省高考报名考生137 402人，招生数60 861人，比1992年增加53.31%。但1994年考生大幅下降，只有109 170人，招生数63 554人，录取人数仍有所增加。此外中专学校还从高中毕业生中招收11 481人，招生数与录取数之比为1∶1.45。按理说增长率也算不错了。但领导仍不满意，我们作为主管部门也只能多次向国家教委反映，争取扩大招生规模。由于上下努力，本省高校办学规模迅速扩大。

根据我的体会，虽然国家教委给了权力，但在落实时还必须尽全力去争取。如1998年国家教委、国家计委、人事部下达给广东省省属高校（包括科研机构和党校）硕士研究生国家任务招生计划300名，总招生规模400名。但据统计，当年广东省硕士研究生合格生源为588名，为争取增加188个硕士研究生指标，我们以粤高教规〔1998〕27号文上报国家教委，说明按照国家教委放权第二条规定，广东可根据需求和条件确定研究生招生计划，报国家教委备案。并且广东省政府近几年加大投入，今年合格生源充足，正是广东省发展研究生教育的好契机，为此恳请增加硕士研究生招生计划188个指标。后来国家教委（教育部）有关部门满足了我们的要求。

到了1998年以后，"扩招"一词变得十分显眼。中央领导从缓解当时就业压力出发，希望将高等学校作为"蓄水库"，把社会上的就业压力向后推迟4～5年，因此主张高校尽可能扩大招生。当时社会舆论讨论的主旋律是"要解放思想，扩大招生规模"，这种舆论甚至超越了"要增加投入"。当然，也有人提出："扩大高校招生规模是否会影响高等教育质量"，"扩大招生规模是否会造成毕业生就业困难，影响社会稳定"等等。对这类问题的讨论一直持续不断。但加快发展，扩大招生规模仍然是主流意见。国家教委在前两年提出的"三不：不讨论学校升格，不讨论建新校，不讨论高校更名"的稳定发展的方针很快不声不响地终止实施,为扩大招生规模让路。

三、规模的扩大渠道

1. 扩大招生渠道的讨论

如何扩大招生呢?国家教委在北京郊区召开了一个小型会议,征求对扩大招生规模的方法、问题及解决问题的意见。出席会议的人员并不多,主要是各省、直辖市、自治区主管招生规模的规划处处长,少数几个管高等教育的局长(厅长),我是其中一员(图2.1)。国家教委发展规划司司长纪宝成同志主持会议。国家计划1999年常规性招生计划120万人,比1998年增加12万人,增长10%。此外,另扩招10万人,是中央指导性计划,具体招生、培养、就业方案由各省、直辖市、自治区制订,具体由学校负责。

会议认为,"扩招"要用"三多一改"的办法来解决。即采用多种形式、多种模式、多种机制,用改革精神来安排。将本科和专科招生计划定下来,将高等专科学校除少数学校,如高等医专、航海高专的名称仍保留"高专"外,其他均改为高等职业技术学院。扩大招生的渠道,一是现有高校(包括本科和专科)挖潜;二是有条件的省、直辖市、自治区兴办部分大专层次的

▶图2.1 笔者(左)向教育部副部长周远清同志(当时为高教司司长。右)汇报工作

职业技术学院；三是在成人高校和部分质量较高的中专学校中招收部分大专层次的职业技术型的学生。这些意见大家都十分赞同，没有什么不同意见。争论最多的是，这部分大专层次的职业技术学生要不要实行"三不"的政策。

所谓"三不"，即对这部分扩招进来的学生实行"不带户口、不包分配、不发派遣证"的政策。与会者多数不赞成这个"三不"计划。认为这部分扩招进校的学生基本是高职教育性质的学生，不能让高职教育一出世就受到歧视，划入另类。这样将会严重打击这部分学生的自尊心，把职业教育扼杀在摇篮之中等。经过讨论，与会人员一致表示不同意这个方案。主持会议的纪宝成司长接受了大家的意见，形成了后来的方案。纪宝成司长最后总结说，这部分扩招的高职生与原普通高校招收的学生是同等待遇的。在计划、招生都是一样的。他们都经过了统一高考、统一招生，学历证书是等值的，国家对他们是一视同仁的。

但是，关于高等职业教育的争论一直延伸到会外。讨论的焦点是，高职教育与普通高等教育是类型不同，还是在于高低等级之别。高职教育是否也应该有专科、本科、硕士、博士等。

2. 兴办高等职业技术学院

有条件的地方开办职业技术学院，既适应经济发展对职业教育人才的需求，又可为扩招做贡献。如深圳作为我国最早、最大、最成功的经济特区，随着经济的快速发展，经济结构的转型升级，越来越感到需要中高级职业技术人才。早在1992年中共深圳市委就决定办一所高等职业技术学院，并任命原深圳教育学院副院长俞仲文教授为筹备小组组长。可以这么说，深圳职业技术学院是我国第一所高起点、高投入、高标准、国际化的职业技术学院。当我考察这所学校时，学校基本建成。不仅其外观令人震撼，而且其内涵也不能不令人惊叹。其电子与通信工程、机电工程、生物技术、数字创意与动画、计算机工程、传播工程、艺术设计等专业学科不仅与深圳经济发展水平相适应，而且有些部分还走在产业的前面，对深圳的社会经济发展可起到重要作用。无论是其硬件，还是软件，都早已达到本科院校的水平，但受中央六部委关于公办的职业技术学院暂不升本政策的影响，该校一直未能升本。

但一直担任深圳职业技术学院院长的俞仲文同志也随着深圳职业技术学院的发展而成为全国有名的职业技术教育的专家,在职业教育理论方面有着很好的造诣(图2.2)。我国这方面的专家还是太少了。

▶图2.2 深圳职业技术学院升本论证会(前排左3为院长俞仲文同志,左4为笔者)

再举一个例子。改革开放初期,广州市番禺市的经济发展迅速,被称为珠江三角洲的"四小虎"之一。番禺市政府为满足社会经济迅速发展对人才的需要,决定办一所以工为主、文理兼容的专科学校,取名叫番禺理工学院(那时番禺还没有撤市设区)。负责筹建的张碧辉同志是一位研究软科学的教授,曾在华中工学院(现为华中科技大学)任教二十余年,1994年从武汉市科委主任的位置上卸任,南下广东,负责筹建并任该校首任院长。他思想活跃,雷厉风行,筹备工作进展顺利。1997年新校区部分竣工,我们考察该校

(图2.3，图2.4)。经专家组评审，省政府批准，报国家教委批准备案，该校成为全国首批、广州市属公办职业技术学院之一。

其他如广东顺德、江门、中山等经济较发达的市陆续兴办职业技术学院，为扩大办学规模做出了较大贡献。

▶图2.3　考察番禺职业技术学院

▶图2.4　讨论番禺职业技术学院的发展规划（前排自右起：笪朝新副厅长、张碧辉院长、许学强、张泰岭副厅长）

3. 老中专升格办职业技术学院

虽然兴办新校是远水救不了近火,但是,有些老中专积累了丰富的办学经验。特别是有些部属中专师资力量很强,既有丰富的实践经验,又有相当的理论修养,教学经验丰富,完全有资格兴办大专职业技术学院。这批学校的主管部门和学院领导及老师都有提高办学层次的愿望。因此我们决定将部分老中专升格为大专层次的职业院校,而且将符合条件的成人干部培训学校转制为职业技术学院。

于是我们又把目光转向中专学校。首先我们去考察了广州有色金属工业学校(图2.5)。这所中专地处广州大道北,创办于1957年,是一所历史较长的老中专,原隶属于中国有色金属工业总公司。我们去到学校,参观了校园、实验室和图书馆等,并举行了座谈会,询问了学校教师、设备、图书等情况,觉得他们的机械工程、电气自动化、计算机工程、工程测量等专业很强,这

▶图2.5 考察广州有色金属工业学校(后升格为广东工贸职业技术学院)(前排左起:林副院长、钟韶、笔者、唐子峰书记、高桂彪)

些是广东省急需的专业,完全可以办大专,马上招生。根据当时的规定,经过与有色金属工业总公司协商,将管理权由中央部委划转给省政府。在还来不及办理审批手续的情况下,与南华工商学院商讨,决定从1999年开始挂靠南华工商学院招生,承担高等职业教育任务。宿舍不够,他们租用附近农村新建住房,加强管理。2002年正式升格为高等职业技术学院。经过十多年发展,现在校园有69.2 hm^2 的占地面积,43个专科专业,674名专任教师,目前全日制在校生规模15 000人,成人学历教育9 000人。2017年该校隆重举行了建校六十周年庆典活动(图2.6)。事实证明,着力发展这类学校是当时解决扩招难题的重要途径,他们为扩招做出了重要贡献,扩招也大大加速了这类学校的发展!我和当时该校的老书记唐子峰谈起此事,彼此都感慨万分。

▶图2.6 广东工贸职业技术学院六十周年庆典(从成立中专算起)

再如中国民航广州中等专业学校,该校属于中国民航广州管理局管理,从1980年建立技工学校算起也有近二十年历史,办学条件较好,也有能力招收、培养大专人才,而随着民航系统业务的发展,中专生已难以胜任工作,

第三节 加快高等教育发展，满足社会经济发展需求

需要大批大专人才，于是，也就在"扩招"的大环境下，该校升格为广州民航职业技术学院，招收大专生，不过因民航职业有一定特殊性，所以没有交给地方管理（图2.7）。

▶图2.7 民航中专学校升格为大专职业技术学院

再举两个例子。早在20世纪50年代就开始建立的广东交通学校，几经周折，到70年代复办中专班。1999年广东交通学校和广东航运学院合并升格组建广东交通职业技术学院。早在20世纪50年代，广东有一所珠江水利学校，也几经更迭，于1979年更名为广东水利电力技术学校，1999年7月经广东省政府批准、教育部备案，升格为广东水利电力职业技术学院。这也为扩招做出了贡献。

4. 有条件的干部管理学院转制

不少部门都曾办过干部管理学院，有的条件好，比较正规，符合转制的条件，可以办成普通高等职业技术学院。学院当局和教职工也希望搭上这班

车，转制为普通高校的职业技术教育系列。这有利于师资队伍水平的提高，有利于学校稳定发展，也是扩大招生的一个好办法。

例如，广东农垦管理干部学校。早期是农垦部门举办的职工学校，最初举办四年制的半工半读的中专班，20世纪80年代改为广东农垦管理干部学校，以举办大专层次的成人教育为主。1993年更名为广东农工商管理干部学校。该院院长、书记符坚同志，是海南人，是一位十分热心教育，工作十分努力的好院长、好书记。他要将学校由成人教育系列转变为普通高校系列，我完全支持。我俩的分歧是校名。他反复要求将"农"字去掉，改成广东工商职业技术学院。而我却坚决不同意，双方的理由都是十分清楚的，都是为了工作，他为了好招生，我为了我们国家农业教育理念不能丢，不能开这个头。我说，只要你保留"农"字，其他我什么都同意。坚持一段时间后，符坚同志让步了，最后定名为广东农工商职业技术学院，由成人高校系列转入普通高校系列（图2.8）。后来，每当我路过广州市粤垦路看到这个学校的牌子就想起这段故事，就想起可爱的符坚同志。不过，也许他还在骂我，没让他去掉"农"字呢。

▶图2.8 广东农工商管理干部学校改办为广东农工商职业技术学院

5. 原有高校挖潜

为了扩大招生，建立新校是一种途径，但建新校也需要一个过程，因此开始的扩招主要还是靠现有学校挖潜。要确定各个高校能挖潜多少必须进行调查研究，各个学校也根据自身条件，向我们报告能承担多少数量。我们根据总的招生指标，考虑学校的性质、条件，合情合理安排。如在安排任务时，一些高水平大学，如中山大学，本应以提高质量为主，不应扩招太多。但为了完成扩招任务，又有"共建"的责任，也不得不根据学校的潜力，适当压给他们一定指标。

招生指标分配下去后，又怕学校条件不具备，学生进校后安排不好，造成学生有意见、社会不稳定。所以我们分头到学校查看学生进校后住哪里，在哪吃饭，在哪上课。其实各学校领导都在夜以继日地做工作，保证新生进校后学校秩序有条不紊。

印象深刻的是陪卢钟鹤副省长到广东商学院去检查。广东商学院是省属重点高校，其专业热门，适应社会主义市场经济的要求，扩招任务重。但该校校园面积小，省里又无力支持他们就地扩大校园。他们想尽办法，沿校园围墙建了一排平房作为学生宿舍。虽然搞得整整齐齐，干干净净，光线充足，空气清新，但我内心还是有一种说不出的感觉。尽管如此，我们还是充分肯定了学校的积极性，称赞他们的准备工作做得很好。我们走到校园北边，放眼远望，看见一片农田，不禁喃喃自语："如果有钱将这片土地划拨给学校该多好啊。"

经过上上下下的努力，到2000年，广东省高等学校在校生人数达到50.09万人，其中普通高校在校生29.95万人，另外博士生和硕士生1.3万人，都超过了1992年的规划目标，即40.5万本科生、21.5万普通高校在校生、1万博士生和硕士生的目标。

四、优化结构，提高质量和效益

在强调扩大招生的同时，必须同时强调优化结构、提高质量和办学效益。也只有如此，扩招才是成功的，社会才能认可，扩招才有生命力，教育才会在社会上更有信誉。

本章第一节已经对广东省高校的专业结构、层次结构和类型结构不适应本省社会经济发展的需要，办学质量水平和效益，无论与亚洲"四小龙"相比，还是与全国平均水平和比较发达的省、直辖市、自治区相比都有很大差距，做了详细的分析，在此不必赘述。规模的差距还可以通过大力增加投入，努力在短期内迎头赶上，而优化结构和提高质量却非一日之功，谈何容易。这就给我们高等教育提出了许多新的课题，比如高等学校如何适应社会主义市场经济发展的要求，如何适应科学技术和学科的发展，适时调整专业结构，创造条件建立新专业，发展短线缺门专业，增加应用型、外向型、交叉型学科专业，努力建立起门类齐全、分工合理、各具特色、效益较高的专业体系，等等。

专业结构调整的基础首先是人才结构，其次是教师知识结构。没有对口的人才也就无法办起新专业。所以结构性的调整首先要从人才引进与培养开始。

除了要有良好的专业结构外，还要有完善的层次结构。社会、经济和科技各部门需要各种层次、各种规格的专门人才，因此健全专科生、本科生和研究生这三个层次的高等教育，是社会经济发展的需求。根据当时本省的普通高校培养人才的层次结构来看，我们必须抓两头：一方面要加强研究生教育，以适应产业升级转型和学科发展的要求；另一方面要发展周期短、见效快、适用性强、社会急需的专科教育，以满足中小型企业、乡镇企业和广大农村的需要，这就成为层次调整的重要任务。

关于类型结构，随着现代产业结构的调整和升级转型，各种转业和再就业的培训，各种继续教育相应发展。加上我们处于信息时代，知识爆炸，知识更新之快前所未有。因此成人教育和各种继续教育、职业教育和岗位培训等在亚洲"四小龙"和西方发达国家应运而生，在广东省高等教育结构调整中对此也应给予充分重视，为高等教育与终身教育接轨创造条件。

如何提高办学效益也是我们高等教育改革与发展的目标体系中的重要组成部分。20世纪90年代的上半期办学效益已有一定提高。如到1996年，仅5年时间普通本科院校平均规模达到4 701人，专科院校平均规模达到2 426人，超过了国家教委制定的标准，在规模上超过了1992年制定的追赶亚洲

"四小龙"的规划目标。生师比由6.1∶1提高到9.4∶1，超过全国平均水平。但是，远没达到我们的预期。

如何进一步提高效益？人是最重要的因素，只有将人的潜力充分发挥出来，才能达到最好的效益。在1997年教师节，我们召开了劳模教师座谈会。一位教师说，他的潜力最多只发挥了50%，一周上4节课，就那么几个学生，并且讲一学期，休息准备一学期。如果多开课的话，工作量可比现在提高2~3倍。我想，由于没有建立一套激励竞争机制，人力资源的作用未能充分发挥出来，效益就不可能提高。在资源配置和使用方面也是一样，如何建立一套制度，宏观调控和充分利用校内资源，基础设施在整个校内开放，不要再分你的我的，都是学校的、国家的。甚至在学校集中区域，教育资源还可跨校使用，那样办学效益将会真正提高。

关于高等教育的水平、结构、效益等问题，我们在下面各章节中还会专门讨论。

第四节　加大投入是确保教育优先发展的根本措施

一、教育经费是发展教育的物质基础和保障

1992年12月25日，在广东省全省教育工作会议上，朱森林省长在报告中总结说："我省10多年来教育发展的实践证明，增加投入是确保教育优先发展的根本性措施。"这个总结是他的切身体会，也是某种规律。教育经费的投入和落实直接关系到教育事业的发展速度和水平。教育经费是国家发展教育事业的物质基础和保障。一谈到教育经费投入就自然而然地想到一个指标，即国家财政性教育经费支出占国民生产总值的比重。1993年中共中央、国务院颁布的《中国教育改革和发展纲要》明确指出，应逐步提高国家财政性教

育经费支出占国民生产总值的比例，到2000年达到4%。朱森林省长在讲话中也明确指出，一定要落实《中国教育改革和发展纲要》和《中华人民共和国教育法》规定的"三个增长"，使教育经费在全省财政支出中所占比例高于20%，努力争取到20世纪末，财政性教育经费支出占国民生产总值的比重达到4%。据我所知，这个目标至今没有完全达到。实际情况是，由1993年的2.51%增加到2002年的3.41%。

要想高速高质高效发展高等教育，首先必须解决的根本问题是投入不足。长期以来广东省高等教育经费投入严重不足是广东省高等教育落后于社会经济发展的根本原因。20世纪50年代院系大调整，使广东省的高等教育伤筋动骨。"文化大革命"十年广东高等教育备受摧残，甚至于学校停止招生，老师被批斗，被下放干校，不少校园被分割，被侵占，仪器设备、图书资料等教育资源被损坏。到1978年恢复高考，高等学校一片凋敝，困顿不堪。广东高校在校大专层次以上学生由1979年的41 376人逐步增加到1991年的95 833人。而1979—1991年间高等教育总支出为133 731.7万元。这13年的13亿元支出主要用于30所高校事业费，或者说维持费，平均一所学校一年300多万元，能做什么呢？而用于基建的费用仅7.4亿元，平均每所学校一年190万元，主要用于修补"文化大革命"十年中的损坏。因此长期以来高校教育经费投入严重不足，学校教师待遇普遍不高，办学条件缺口实在是太大了。虽然20世纪80年代后期投入逐年有所增加，但增幅不大，远远不能满足发展需要，更说不上追赶亚洲"四小龙"。如1987年高等教育总支出12 478万元，1988年12 571万元，1989年17 903万元，1990年17 315万元。这样的投入要办好高等教育，真是巧妇难为无米之炊。

二、"创收"和"教育产业化"的隐患

对高等教育的投入，实际是对繁荣未来经济和增强综合国力的最重要的投资之一。要加速高等教育的发展，必须大幅度增加对高等教育的投入。首先要增加政府对高等教育的财政拨款，提高高等教育经费在政府财政支出中

的比重。那些年高等学校教育经费除政府直接拨款外，开始有少量计划外收入，包括学校成人教育、办培训班、社会服务、科研专项、社会捐赠、校办产业、收取部分学杂费等产生的收入。如1992年底的统计数据显示，北京67所高校的校办产业已达500多家，预计年产值可达12亿元，利润可达2亿元。总结广东省西江大学（职业大学）的办学实践，可以说他们走出了一条高等教育进一步为中小企业、乡镇企业、三资企业和广大农村服务的新路子。该校地处粤西北，为两个市和九个县服务，在1985年至1992年10月的总投资中，师范专业依靠省投资，而非师范专业主要靠广开学路，即校办产业和收取部分学杂费的收入，这占非师范专业办学总经费支出的62.7%。也就是说，西江大学除师范生外，其他办学经费来源主要是自筹。在当时这也是没有办法的办法。

但是，事实上，也不是所有高校都像北京高校和西江大学那么幸运。由于改革开放时间还不长，学校自我发展能力还有限，而学校特别是省属院校创收能力更差。据1992年10月左右调查，广东省属院校华南师范大学计划外收入765万元，广东医学院149万元，广东商学院498万元，广东机械学院211万元，广东美术学院179.5万元，广东工学院405万元，广东体育学院166万元。计划外收入一般占学校总经费的15%～20%，远远不能满足学校正常运转和发展的需要。部委属高校一般由国家部委拨款，那个时候部委院校比省属院校日子好过一点，而市办高校主要由市级财政拨款，省财政补助一点，日子更不好过。当时我们也非常担心，社会上、学校内也有不少有识之士为此发表许多不同的看法。他们认为，如果学校把过多精力用于发展产业，用于"创收"，必然导致高等教育偏离正确方向，影响德智体全面发展的人才培养模式的运行。再加上缺乏规章制度，就有可能使学校变为滋生腐败的温床。

三、教育经费主要还是依靠政府

当时全国不少有识之士为教育投入不足而到处呼吁。按国际惯例，教育投入一般占国民生产总值的比重为4%。根据联合国教科文组织《世界教育报告》1993年公布的数据，1990年美国教育投入占国民生产总值的比重为5.3%，英国、苏联8.2%，日本4.7%，韩国5.0%，法国5.4%，澳大利亚5.4%，巴西4.6%，埃及6.7%，印度3.5%，而中国是2.3%，广东只有1.8%左右。在全国教育工作会议上总理承诺，教育投入将逐步提高，争取尽快达到4%的水平。广东的讨论很激烈。有一种观点认为广东国民生产总值基数大，不可能实现4%的标准。当然这种观点显然是不对的。国民生产总值基数大，说明广东省社会经济发展快，规模大，结构种类也复杂，对人才的需求不仅规模大，而且要求质量水平高，专业、层次多样化。因此，只有对教育给予更大的投入，才能更快地发展高等教育事业，否则，教育发展如何与社会经济发展相适应呢？教育如何为社会经济发展服务呢？

　　当时各省、直辖市、自治区都在寻找扩大教育投入的途径。有的省、直辖市、自治区提出床板费的问题，也就是说从酒店旅客所交的住宿费中提取一定比例用于发展教育。对于广东省来说缺口太大，任何单一的解决办法都只是小打小闹，无法解决问题。广东省委、省政府主要领导头脑非常清醒，认为解决高等教育的经费问题一定要尽可能依靠政府，并且不能小打小闹，一定要有"大动作"。上面提到，时任常务副省长，分管财政的卢瑞华同志在广东省委常委会会议上提出的方案是，从1993年起，全省各市除贫困地区以外，均应按上年第二、第三产业的国民生产总值的1%集资上缴省财政，主要用于教育事业，特别是高等教育。1993年这笔专款达9亿元，其中用于高等教育的为4.5亿元。另外，从1993年起，省财政每年至少拨出1 000万元专款，支持高校重点学科建设。在学校总支出中，要努力争取人员经费在经常费中的比重逐年下降，力争最终下降到40%。同时随着经济发展，群众生活水平提高，逐步实行大学生缴费上学的制度。此外，各高校要发挥学科和人才优势，加强科技开发，兴办校办产业，开展各种对外有偿服务，以增加学校收入。要继续发动和广泛接纳企事业单位、社会团体和个人，包括港澳台同胞和海外侨胞的捐资和集资，支持广东省高等教育事业。

　　按照这个方法，对高等教育的投入大幅增加。1992年高等教育总投入4.56

亿元，1993年为8.54亿，1994年为9.06亿，两年翻了近一番；1995年为15.66亿元，1996年为19.7亿元。4年高等教育的投入增加了3倍多。到了1998年高等教育总投入达到40多亿元。经过几年过渡，原来集资上缴财政的办法改为直接财政拨款办法。

还有一个数据也可说明本省高校投入增加的情况。1995年全国普通高校生均预算内事业费5 442元，比1994年增长7.8%。同口径广东省1995年为6 513.68元，1994为6 449.32元，高出全国平均水平。1995年全国普通高校生均预算内公用经费支出为2 339.73元，比上年增长13.39%，而广东省为3 466.23元，增长10.10%。虽然增长率低于全国平均水平，但是绝对数远高于全国平均水平。

有时年底高校根据自身发展需要，还会向省政府报告增加预算外的投入。如1995年省高教局以54号文向省政府报告，为佛山大学、中山大学、华南理工大学、广东外语外贸大学、广东工业大学、广东商学院和五邑大学争取了3 120万元拨款，分别用于各校的升格补贴、电增容、科研补贴、购买设备图书等项目支出。

由于教育投入大幅增加，广东省高校办学条件明显改善。比如，1996年与1991年相比，全省普通高校校舍建筑面积由490万m^2增加到703.5万m^2，年增长7.5%，其中省属高校的校舍建筑面积由266万m^2提高到420万m^2（不含多个在建项目）。全省高校仪器设备固定资产由2.01亿元增加到10.18亿元，年均增长38.3%。生均校舍、生均教学仪器设备赶上了全国平均水平。

四、高等教育财政经费的投入与实现"三个增长"的问题

广东高等教育经费投入大幅增加，增加投入的模式为全国首创，引起了强烈的反响，引起各省、直辖市、自治区的教育同行们的羡慕，纷纷组团来广东省考察学习。时任国家教委副秘书长的郝克明同志带队来广州，听了我们的介绍后，非常高兴地说：高教高叫，高声大叫，让全社会都知道，教育投入不足，导致教育滞后，拖了社会经济发展的后腿！

应该充分肯定，那些年，省政府不断加大对高等教育的投入，成效显著。每年省级财政教育事业费递增12%，专项经费每年4.6亿元。但从1993—1998年高等教育经费增长情况来看，符合《中华人民共和国教育法》三个增长规定的年份只有1994、1995年两个年度，其余年份均未达到《中华人民共和国教育法》规定的要求。如1994年和1995年全省财政收入的增长率分别为13.81%、28%，而高等教育事业费增长率为29.30%、28.72%。但是，1996、1997年，全省财政收入的增长率分别为25.4%、13.45%，而高等教育事业费增长率仅分别为8.71%、8.73%，没有达标。1998年全省高等教育财政支出只占GDP的0.2%，离广东省委第八届常委会第五次会议通过的《广东省高等教育管理条例》规定的"使全省高等教育经费支出占全省国民生产总值的比例逐年提高，到本世纪末达到4%"的目标还有很大差距。为了实现这一目标，省政府必须从1999年开始，每年提高0.02~0.06个百分点。否则这一目标无法实现。

我在全国政协分组讨论会上曾有一个发言，讲学校扩招应有一个度。扩招后师资不足，生师比达到20∶1以上，有的教师一周要上十六七节课，负担过重，严重影响教学质量。由于扩招，在校生规模大幅增长，政府投入虽有增长，但生均财政性拨款却大幅下降。如1995—2000年广东省政府对省属高校财政性拨款由37 787万元增至61 431万元，增长了62.57%，而生均财政性拨款由9 181万元降至4 984万元，减少了45.71%。其结果是广东省生均财政性拨款与一些省、直辖市、自治区相比又开始落后了。如2000年生均财政性拨款江苏6 838万元、浙江5 900万元、上海8 100万元，而广东4 984万元。所以投入不足仍然是一个重要问题。

五、"学会使用未来钱"——向银行贷款

在政府投入不足的情况下，学校各出奇招，其中韶关大学的做法引起了我们的注意。韶关大学是地方大学，地方政府投入不足，学校发展十分困难，当时该校又面临升本任务，需要大幅增加投入。经学校领导研究，并经韶关

市政府同意，学校与银行协商，准备向银行贷款。银行当时实力雄厚，正寻找投资对象。而高校前景普遍看好，以学费还贷和政府还贷为保障措施，因此双方一拍即合，银行贷款给学校。当我们将此事向卢钟鹤副省长汇报后，他也十分欣赏和高兴，并对记者说，"学会使用未来钱"！为慎重起见，我于1998年专门到时任省长助理的武捷思同志的办公室听他的意见，因为他是经济学博士，曾任深圳工商银行的行长。他热情接待了我，听我介绍后他提出了两个问题，即还贷方式和还贷能力。我们打算的还贷方式是学费，随着人民生活水平提高，学生规模扩大，还贷能力将会增强。另一方面经济发展形势看好，政府投入会增加。因此还贷能力是有保证的，不会有什么风险。武捷思同志基本同意这个看法。后来还组织了本省高校贷款建设可行性专家论证会。综合各位专家的意见，比较一致的看法是，贷款行为要向社会、向政府负责，要注意到我们教育的社会地位。省属高校贷款最好控制在15亿元以内，并且应由政府贴息。后来不少学校向银行贷款，"大学城"的部分高校也是如此。有的由政府还贷，有的由政府贴息，也有少数由学校全部负担。这类全部由自身还贷的学校最辛苦，甚至于他们教师奖金的发放也受到影响。

今天回忆20世纪的那个年代，常常为了一百万元、几百万元反复打报告，向政府反映，真是难。最近从网上看到有的高校年底结算，结余40亿~50亿元，真是感到无比震撼和羡慕！

第三章
办学体制改革与多种形式办学

第一节 创建"中央、省(直辖市、自治区)、中心城市三级办学新体制"

一、"三级办学体制"的提出

改革开放初期,我们实行的仍然是中央、省(直辖市、自治区)两级举办高等教育的体制。这些中央、省(直辖市、自治区)出资举办的高等学校的地区分布一般与区域经济布局和人口空间分布基本一致。就广东而言,经济和人口分布主要集中在以广州为中心的珠江三角洲地区,其次是以汕头为中心的粤东地区和以湛江为中心的粤西地区。因此,中央和广东省举办的高等学校主要集中在广州,少量几所布局在粤东、粤西地区。如粤东地区,广东省在汕头办了汕头大学、汕头医学院(后并入汕头大学)、在潮州办了韩山师范学院。粤西地区,广东省在湛江办有省属广东医学院、湛江师范学院,农业部办的有湛江水产学院和省属农业专科学校。粤北地区因经济滞后,虽有少量矿产资源开发,但规模小而分散,所以没有中央和省举办的普通高校,只有教育学院和卫生学校等中等学校和培训教育机构。在那个年代,一般中心城市的市级财政都没有举办普通高等学校,一直实行中央、省(直辖市、自治区)两级办学。

改革开放之后,珠江三角洲得天时地利人和,成为先富起来的地区。一方面经济实力逐步雄厚起来,有条件拿出一部分钱发展教育,不仅是发展基础教育，也可以发展一定数量的高等教育。另一方面，社会经济发展，需要更多的高级人才，而位于省城的高校培养的人才数量少，连省城的需要都满足不了，更无法顾及地级城市及以下的人才需求。同时，由于人们生活水平提高，青少年学生接受高等教育的愿望更加迫切，生源数量剧增。这就从需求的角度说明，在有条件的地级中心城市新建高校是必要的，也是可行的。三级办学的体制就是在这样的背景下提出的。

具体而言，1983年为了适应区域经济发展对人才培养的需求，广州市和深圳市率先突破了原有的两级办学体制，办起了由地方政府投资，以服务地方为办学宗旨的广州大学和深圳大学，迈开了新时期广东省高等学校办学体制改革的第一步。但严格说来，这还不算中心城市办学。因为他们一个是省会城市，一个是经济特区。为了调动各级政府办学的积极性，1985年《中共中央关于教育体制改革的决定》提出"实行中央、省（自治区、直辖市）、中心城市三级办学的体制"之后，在经济发展较快的珠江三角洲地区，形成地方政府大力投资兴办高等学校的新局面。之所以有这种积极性，主要是由于地方经济发展，迫切需要大批人才。而中央、省（直辖市、自治区）两级办学体制发展慢，基础薄弱，欠账较多。这使省城高校培养的人才难以往下走，下去了也难留得住。从高等教育的自身发展来说，由于中央、省（直辖市、自治区）两级体制办学，财政不堪重负，限制教育资源的多元开发，不利于高等教育事业的发展。从中心城市来说，随着城市人口规模扩大，需要多元化发展，特别是文化、教育、科技作为自身发展的引擎，作为城市的地标，作为城市凝聚力的核心，有的甚至成为城市旅游和向外宣传、改善投资环境的名片。中心城市办学是顺应潮流而动的创举。

1993年1月2日颁布的《中共广东省委、广东省人民政府关于加快高等教育改革和发展步伐的决定》，在改革办学体制一章中，第一段话就是：继续坚持多形式、多层次、多渠道办学方针，进一步完善和发展中央、省（直辖市、自治区）、中心城市三级办学体制，积极鼓励有条件的市、县和部门、企业、社会团体及社会人士联合或独立创办各类高等学校。同年广东省第八届人大常委会第五次会议通过的《广东省高等教育管理条例》，亦明确提出"实行国家、省（直辖市、自治区）、中心城市三级办学和管理体制"。1994年颁布的《中共广东省委、广东省人民政府关于教育改革和发展的决定》，进一步指出：完善中央、省（直辖市、自治区）、中心城市三级办学体制。同时，为了促进区域经济协调发展，必须合理布局高校，进一步发展、提升以广州为核心的珠江三角洲地区的高等学校，同时必须在粤东、西、北地区新办大学，在各中心城市新办高等学校，提高办学层次。

完善三级办学体制，重点和创新点在第三级，就是地级中心城市办学。因为地级中心城市办学是新生事物，办学经验不多，管理人才不足，有的学校的兴办工作准备不足。同时我们还应根据中心城市自身的财力，产业的水平和结构，基础教育普及的程度，兴办教育的传统和热情将中心城市划分为不同的类型区别对待，不宜一哄而上。第一级中心城市如广州、深圳、汕头、湛江、江门、珠海等。这些城市不是省会就是经济特区城市，或是超大区域的中心城市。第二级是一部分老的地级中心城市，如佛山、梅州、韶关、惠州、肇庆和工矿城市茂名及改革开放的明星城市东莞等。第三级是一批新设立的地级中心城市，如阳江、汕尾、揭阳、云浮、清远、河源、中山等。

二、中心城市办学的特色

中心城市主要依靠市级财力，从零开始，或者是从一些规模小，且分散的成人教育或省级财政举办的师专教育起步。当时主要任务是整合资源，调整结构，逐步发展。我们需要做的工作特别多。总结起来，中心城市办学有如下几个特点。

1. 接地气

中心城市办学的第一个基本特点是接地气，一定要"面向地方，服务基层"，必须培养适应地方经济社会发展需要的各类专门人才。从培养目标、专业设置、课程安排到教学实训内容都以地方需要为依据，培养留得住的技艺型、应用型人才。由于学校立足地方，学生也多来自本乡本土，因此这类办学方法有利于地方政府和企事业单位参与和支持办学。

2. 角色多样化

中心城市办学的第二个特点是角色的多样化。这些学校的整体水平与省属或部属高校相比，虽然差距较大，但在中心城市那么一片土地上，作为唯一或基本唯一的一所高等学校，地位可高呢。中心城市的大学首先当然是培养人才的基地。一个中心城市麻雀虽小，五脏俱全，需要多专业、多层次、多类型的人才，那么学校就需要多学科、多层次、多形式办学。普通教育、成人教育、短期培训常常都要同时进行。中心城市在经济社会发展中出现的一般性的技术和理论问题常常就近找本地大学解决。因为这些大学毕竟是当地技术、知识密集的地方。校园文化建设会带动一方沃土，改变城市形象，校园会成为城市的地标性建筑，优化投资环境。据广东韶关的同志们说，韶关大学校园成了外来旅游的主要景点之一，也成为了本地人闲暇时的好去处。五邑大学成为凝聚四方华侨的核心。

3. 机制灵活

中心城市办学的第三个特点是办学机制灵活，办学模式多样。中心城市常常结合当地实际，开展中外（以及境外）合作办学、校企结合办学、与兄弟院校合作办学、与当地人事部门、组织部门及用人单位合作办学。例如，惠州大学在香港旭日集团杨钊先生的资助下，与香港理工学院、西北纺织工学院联合创办了服装学院。聘请香港资深教师任教，派出年轻教师到香港、英国进修。该校先后与惠州寿华科学园联合办学，与华发联合开发总公司、韩国三星电子集团、TCL电子集团都有良好合作，创立了"企业先开花，专业后结果"的设计院——土木系办学模式。为了推广他们的经验，我们还在惠州大学召开现场会议，让其他中心城市举办的学校向他们学习。

4. 层次低，教育资源亟待整合

早期办的高校有几种情况，一种是如深圳大学、汕头大学、五邑大学等。深圳、汕头都是经济特区城市，汕头当时是广东第二大城市，人口规模较大。江门五邑地区是我国著名侨乡，海外华侨众多，热心支持办学，因而办学起步较早，起点较高，一般均按本科大学建设。后来国家教委对本科层次的学校有了严格规定，包括对用地、校舍、图书、教师队伍等都提出了具体要求，所以后来中心城市办学一般都先办专科学校、教育学院、成人培训机构或中专等，然后经过教育资源重组创造条件再逐步升为本科。

三、整合教育资源，提高办学层次

（一）第一级中心城市

1. 广州

广州作为广东省的省会，中央和广东省财政兴办的高等学校绝大部分都位于这里，其毕业生就业也优先选择广州，因此对办大学似乎没有什么紧迫感，加上财政也困难，因此广州一直没举办一所像样的大学，当他们认识到要新办一所大学时又十分匆忙，一般采取"边筹备、边基建、边教学"的建校办法。但是，当我们去广州市属的华南建设学院（西院）考察时，我们看到了希望。那就是该校防震专家周福霖教授及其团队的工作。他于1993年在汕头市主持设计建成了我国首栋采用夹层橡胶垫的多层隔振商住楼，它是当年世界上最高最大的隔振住宅楼，1992年3月动工，1993年9月完工。1994年联合国工业发展组织（UNIDO）在汕头召开了有18个国家、120名专家参加的国际会议，对该项目进行现场示范介绍。联合国的代表对此项目给予了很高的评价，认为汕头多层隔振房屋的成功建设，是世界隔振技术发展的第三个里程碑。1994年，台湾海峡发生一次里氏7.3级的地震。在同地段的传统结构房屋发生剧烈晃动的情形下，该隔振房屋里面的人却毫无震感。

1994年底，周福霖教授负责在华南建设学院（西院）建立了华南地区唯一的工程抗震研究中心，引进了具有世界先进水平的美国MTS公司生产的6自由度模拟地震振动台。依托研究中心的科研队伍和振动台的先进设备，周福霖研究出了几大工程结构减振控制技术。这样一所不起眼的学校能研发出这样高水平的成果，使我们对广州大学的未来充满了期待。

后来广州市政府下决心，决定集中力量，整合资源，办一所像样的广州大学。新广州大学由广州师范学院、华南建设学院（西院）、广州大学、广州师范专科学校、广州教育学院、广州城市职工大学、广州建筑总公司职工大

图 3.1 考察华南建设学院（西院），该校后来并入广州大学

学，以及广州联合职工大学电信学院、纺织学院并入组建（图3.1）。1999 年 6 月 7 日，广东省高教厅出面组织关于组建新广州大学的论证会。专家组认为，广州是我国南方重要省会城市之一，其综合经济实力居全国大城市前列。该市社会经济快速发展要求高等教育水平与之相适应，但目前高校数量虽然不少，但规模小，办学层次低，专业结构也不太合理，办学效益不高。因此专家组非常赞同广州市政府重组高等教育资源、调整布局结构的提议，一致认为重组方案可行，并且该方案很快得到教育部的特批。时逢"广州大学城"正在酝酿规划建设，所以广州市政府按高标准、高起点、国际化的要求在广州大学城选址建设了新广州大学。

2. 深圳

深圳市领导在改革开放大潮中认识到必须举办一所像样的大学，并且规划该校的发展应当基本与经济特区的发展同步。1983 年 1 月深圳市政府通过决定举办大学，2 月材料上报国务院，5 月被批准，9 月开学。新大学，即深圳大学，"当年创办，当年招生，当年开课"。学校从开始建设时就坚持高标准、高起点，立志办成经济特区高水平大学、窗口大学、实验大学。中央和教育部对深圳大学十分重视，动员全国许多大学支持深圳大学的建设。如北京大学援建中文、外语类学科，清华大学援建电子、建筑类专业，中山大学也派出了不少管理干部充实深圳大学的各级领导班子。我到省高教局（厅）工作后也十分关心深圳大学的发展，经常和武捷思副市长、姜书记和谢校长讨论深圳大学的发展问题，希望深圳大学为广东高等学校的发展创造经验（图3.2）。

▶图3.2　陪同卢副省长与深圳副市长武捷思（左2）、谢校长（左1）一起讨论深圳大学问题

我有一次同几个处的同志去考察深圳大学。当然美丽的校园能吸引我们的眼球，但更使我们难以忘记的是引进学科的模式。大概是机电产品和控制工程中心还是机电一体化方面的实验中心，从西北某大学引进了一位学科带头人和全部团队，深圳大学按很高的标准建起了实验中心，也同步安排好了专家们的生活后勤，使得学者们一到该大学就能开始工作，并干得非常开心。后来还经论证和批准，将深圳师专并入深圳大学，提高深圳大学对师范生人才培养的层次。我们邀请刚刚上任的教育部部长陈至立同志到深圳大学指导本省在深圳召开的"优化校园育人环境"的会议，促进校园育人环境建设（图3.3），还在深圳大学召开大学生运动会，促进学校体育设施建设。这些措施有利于促进地方政府增加投入，完善学校各类配套设施，提高办学水平。我们曾和深圳有关部门讨论了一个关于生源地的问题。一所学校，生源质量高或不高，会很影响这所学校的办学水平，如果将生源局限于深圳，可能会

图3.3 笔者（左）陪同教育部陈至立部长（中）考察深圳大学（前排右边为深圳大学党委姜书记）

出现两个问题。其一，可能生源数量不够，因深圳是一个移民城市，在某一段时间里适龄学生不一定很多。其二，生源质量也不一定能保证。因此建议深圳大学不要将招生区域范围仅限定为深圳或广东，但深圳市计划委员会的同志认为，深圳大学用的是深圳纳税人的钱，理应保证深圳子弟入学。我觉得，他们说的不无道理。但是，为了把深圳大学办出水平应该在内地省份招收一定比例的优秀学生，这对于提高整体学生水平十分重要。再说一个经济学的道理，招外地学生，培养四年留在深圳工作，是一件非常合算的事。生源地负责了学生从幼儿园、小学、中学十几年的培养费用，最后输送到深圳，培养四年为深圳效力，何乐不为呢？当然要把握一个度，不要影响纳税人的利益也是应该的。

3. 汕头

汕头在改革开放前和初期一直是广东省第二大城市，当时人口就有30多万，改革开放初期也被定为经济特区城市。在20世纪80年代省政府就决定在汕头举办一所大学，并成立了以吴南山、林川等同志为首的筹备小组。我那时还在中山大学任教，曾应邀陪同梁溥教授到汕头为汕头大学选址。如今林川老局长虽然已到耄耋之年，但还经常谈到我们一起去选址的情况，说我们为汕头大学做了贡献。1981年教育部批准成立汕头大学，1983年开始招收本科生，并将广东省属汕头医学院并入汕头大学。

但汕头大学仍然依靠广东省级财政办学，后来李嘉诚先生热心办学，给予了汕头大学不少资助（图3.4）。为此，汕头大学成立了董事会，李嘉诚、分管教育的副省长、省高教局局长及汕头市的书记、市长，还有老领导吴南生、林川同志等都进入了董事会，每年都召开董事会会议讨论汕头大学的发展问题（图3.5）。应该说，李嘉诚先生对举办汕头大学是尽心尽力的，在此无法详说。他每年在毕业典礼上的演讲，总是深深打动学子的心！

▶图3.4 与原广东省委书记吴南生同志（右）、李嘉诚先生（中）讨论汕头大学的发展问题

▶图3.5 汕头大学部分董事会成员和嘉宾

4. 江门

江门市的情况又有所不同。随着改革开放，江门市委市政府充分发挥侨乡的优势。早在20世纪80年代江门市就依靠华侨捐资办学，建立了五邑大学。该校得到国家和广东省政府的大力支持，现已成为以工为主的综合性大学（图3.6）。五邑大学在建校过程中得到了北京、广州许多大学的支持。特别值得一提的是，原北京航空学院（现北京航空航天大学）党委常委、副院长叶家康教授因教学管理经验丰富，被调至江门任五邑大学第一任党委书记、校长。作为五邑大学的重要创建者之一，他为突破学校资金短缺和师资匮乏的困境而四处奔走，为五邑大学赢得了海内外同胞逾两亿元的无偿捐赠。

我到省高教局工作后，几次到该校考察。有一次陪同教育部副部长韦钰同志去五邑大学研究如何为地方经济社会发展服务，如何促进学科发展（图3.6）。韦钰同志有句名言："有所为，有所不为"，不要求全，要求特色，这对指导中心城市办学有很重要的意义。

珠海本来也是经济特区城市，但因没得到教育部批准，没有办起来珠海大学。但珠海市委、市政府本着"不求所有，但求所在"的精神，邀请全国许多著名大学在珠海举办分校或校区，给予这些学校很优惠的条件。如我就

▶图3.6 陪同教育部韦钰副部长（左2）与叶家康校长（右1）等讨论五邑大学的发展问题

曾参加中山大学在珠海办分校的签字仪式。还有北京师范大学、中国人民大学等也计划在珠海建分校。中国人民大学后因种种原因没有在珠海办成分校。

5. 湛江

湛江也应属这类城市。我们考虑到，广东是沿海省份，海岸线长达3 368 km，占全国海岸线的1/6，居全国各省级行政区第一位。沿岸浅海和滩涂面积达127万 hm^2，占全国1/5，居全国第一位。广东地处热带亚热带地区，适宜海洋生物生长。南海油气和海滨砂矿资源丰富，港湾众多，适宜发展沿海旅游和海上运输，是我国东南沿海地区的口岸。但海洋经济落后，其原因是海洋科技人才缺乏。湛江水产学院"划转"广东后，我们就想举办一所海洋大学。湛江农业专科学校虽属专科学校，但校园面积大，达233 hm^2，两校合并后，在湛江农业专科学校校园内重新进行了规划，组建为海洋大学，这既有利于两校的顺利合并，有利于两校的发展，也有利于粤西高校布局，从而增强本省高校实力，促进海洋科学人才培养。但是一所一般的本科院校和一所专科学校合并，一步就想跳到"大学"，按当时情况国家教委是不可能批准的。但是，我们还是要努力争取。一方面做好规划，充分说明办海洋大学的必要性和已具备的必要条件。不足的地方设法弥补。如在办学水平、专业结构方面，计划依托老校办学。依托中山大学联合开办海洋生物、海洋地质等专业；依托华南理工大学开办海洋与海岸工程等专业；依托广州航海专科学校开办海洋船舶驾驶等专业。

另一方面做解释说明工作，赢得国家教委及全国高校设置评议委员会的专家同情支持。争取到全国高校设置评议委员会会议在广州珠岛宾馆召开，我们做了一些工作，特别是作为委员的广东省高教局李修宏老局长也做了不少工作，但发觉还是没有把握，于是向时任政治局委员、广东省委书记谢非同志汇报，他非常重视，专门会见全国高校设置评议委员会主任何东昌同志及全体专家并讲话（图3.7，图3.8）。他说：广东经济发展很快，但高等教育落后，没有几所像样的重点大学。广东省委、省政府决心办好湛江海洋大学。在投票时许多专家表示，政治局委员都出面了，应该支持！结果，湛江海洋大学获得了通过（图3.9）。为了加快新校园的规划建设，选派了华南理工大

▶图3.7 在全国高校设置评议委员会第二届第一次全体会议主席台上合影。自左依次为广东省政府副省长卢钟鹤同志、广东省委书记谢非同志、全国高等学校设置评议委员会主任何东昌同志（教育部原部长）、许学强

▶图3.8 全国高校设置评议委员会第二届第一次会议全体代表合影

▶图3.9 湛江海洋大学建设工程奠基典礼

学党委副书记陈年强和中山大学研究生院常务副院长胡日章教授去湛江海洋大学任书记和校长。陈年强同志家里有点困难,我亲自到他家里做他及他夫人的工作,并承诺让他做完一届就回广州工作。最后得到他们的理解和支持,他高兴地赴湛江任湛江海洋大学党委书记,五年后回广州任广东工业大学书记。湛江海洋大学举行挂牌仪式的那天阳光灿烂(图3.10),湖光岩旁红旗招展,除省长黄华华等省市领导出席仪式外,时任国家主席的杨尚昆同志正在南方视察,也应邀参加了盛典。

▶ 图 3.10 湛江海洋大学挂牌仪式

这些城市在建校过程中所遇到的各种问题,人才不足的问题容易解决,可以大量从内地,包括北京、广州等地引进,从校长到中层管理员,到教师都可以引进。经费也一般不成问题,市级财政有钱。如深圳,在建校的头一年就投入基建和设备资金各一亿多元。有的则有华侨港澳同胞的捐资,如五邑大学、汕头大学(汕头大学主要靠李嘉诚先生资助和省级财政投入),有的则靠广东省财政投入,如湛江海洋大学等。问题是这类学校如何定位,如何形成独有的运行机制、办出特色、办出水平。这些问题需要长期努力,甚至几代人的工夫。

（二）老的地级中心城市

在几个老的地级中心城市，如佛山、韶关、惠州、梅州、肇庆及新型石化城市茂名等，在原来的广东高等教育省级区域布局方案上，都由广东省财政拨款办起了高等师范专科学校，和纳入成人教育系列的教育学院，为本区培养或培训中小学校师资。后来这些城市又采取多种办法，由市财政出钱或大企业自己出资办起了大专层次的职工业余大学，或脱产的职工大学。如初始的韶关大学、惠州大学等。这些中心城市就面临着一个重要的问题，即如何整合教育资源，提高办学层次。

佛山临近广州，处于珠江三角洲的核心地带，在整合教育资源、提高办学层次方面先走了一步。我们多次到佛山与地方部门商量（图3.11）。佛山农牧专科学校早期是华南农业大学的分校，其中某些农科专业，包括禽医类水平较高，而且校园面积较大，有一定发展空间，特别是校园边有一片漂亮的湖泊，景色优美，适宜办学。我们与佛山市政府商量，将省属的佛山农牧专科学校和佛山师范专科学校成建制地划归佛山市政府管理，与佛山大学（专科）合并，统一办学。1995年经省政府批准，报国家教委备案，该校升格为本科层次的佛山科学技术学院。

图3.11 1993年5月部分省市高教主管部门负责人在佛山大学举行座谈会。

根据上面我们的规划设想，在原有的老地级中心城市，如惠州、梅州、韶关、肇庆、茂名等，通过整合资源，提高层次，实施专升本，举办一所综合性本科院校，根据其经济状况和发展需要再举办一所大专职业技术学院。对那些20世纪80年代后，由于行政区划变更形成的一批新的地级中心城市，如揭阳、阳江、云浮、河源、清远等，先举办一所大专层次的职业技术学院。按国家教委给广东的放权通知，广东省政府有权审批专科层次的高校，而专升本必须经国家教委审批。因此，我们工作的重点自然而然地放在了提高办学层次上，争取多有几所学校升格为本科。

为了提高中心城市办学的层次，本厅有关业务处室做了许多工作，各地方政府和学校都做了很大努力。如市政府出资征地扩大校园，建设校舍，购买仪器设备和图书，引进人才，等等。省财政也增加了对师专部分的投入，提高整体办学水平，达到或基本达到国家教委制定的本科院校标准。特别是学校内部努力做好顶层设计，明确定位，建章立制，精细管理，努力从本地实际出发，提高应用型本科人才的培养质量。经过反复的比较研究，觉得嘉应、韶关、惠州、肇庆、茂名五所大专层次的高校可以升格为本科，实现此目标的时间希望在1999年或21世纪初。

决策和实施方案的部署，只是做完了第一步，更为重要的是要确保决策和部署的落实。为此，督促检查就显得十分必要。省高教厅有关负责同志和处室的人员经常下去检查督促。记忆深刻的是1998年10月底，我带了基建财务处、规划处、高等教育处、办公室等处室七位处长，乘坐一辆小巴从粤东地区到粤北地区、粤西地区走了一圈，检查了这五所学校的情况，顺便还考察了其他学校。记得一件有趣的事是，天气很热，有一名处长自告奋勇地到路边店买矿泉水，其他几位也跟着去看看，透透气，伸伸腰。不一会他们买了一箱怡宝矿泉水高高兴兴回来，并感慨说路边店价格真便宜，只卖多少多少钱一瓶。司机小方看都不看，就大声说，肯定是假货！因为真的不可能这么便宜。大家半信半疑，但认真一看，原来真是假的！不是"怡宝（寶）"而是"怡赛"！于是有了"七个处长路边买假货"的笑话！

我们每到一个学校，先听取汇报，考察学校，然后找出问题，商讨对策。

行程中特别安排顺访了位于潮州的韩山师范学院（图3.12）。韩山师范学院是整个粤东地区唯一的一所师范院校，为整个粤东地区培养中学师资。潮州市是一座文化底蕴深厚的城市，在学院旁边就有一座韩文公祠（纪念韩愈）。我在和学院领导座谈时，得知这所办了好几年的本科学校只有4个正教授，感到十分惊讶。我在总结讲话时狠狠地批评了该校在师资队伍建设上的问题，多少带有一点火药味。后来我每当想到这件事，内心总有几分愧疚。这位校长孤身一人，奉命从华南师范大学来到这片贫困地区当校长，一来就几年，本来就很不容易了。山区贫穷，工资低，我们投入又不多，怎么能够引进人才，留住人才呢？师资队伍不稳定，水平不高，能怪他吗？每次想到这儿，我总会陷入深深的自责。

▶图3.12 考察韩山师范学院（前排右2为汤院长）

惠州处于珠江三角洲地区的东部边缘，随着珠江三角洲地区的改革开放，社会经济迅速发展，许多大型企业和外资企业落户惠州。新中国建立初期，政府在惠州兴建了一所惠州师范学校。1978年经教育部批准，省财政在惠州注资，在惠州师范学校的基础上举办了一所高等师范专科学校。1980年省政府在惠州兴建了一所教师进修学校，后该校改名为惠州教育学院。1989年与西北纺织学院合作兴办西北纺织学院惠州分院。1992年经省政府批准，三校合并，正式筹办惠州大学，属专科层次，部分为成人教育性质。三校合并实力增强，惠州市政府又征地 60 多公顷，加上原有校园，惠州大学共有 180 多公顷的校园，是这次准备申报专升本的五所院校中，校园面积最大的一所。加上惠州民营企业、外资企业较多，学校与企业联系密切。陈优生同志一直担任惠州大学校长，他开拓进取，善于总结提升，学校一直办得不错。所以升本应该没有什么问题（图 3.13）。

▶图 3.13　考察惠州大学时合影（右 1 为周鹤明副局长、右 3 为陈优生校长、左 1 为企业家）

梅州是客家人聚居地区，是叶剑英元帅的家乡，海内外华侨众多，但仍属贫困地区之一。不过与其他贫困山区相比，梅州人受教育程度较高，男人热心外出打工，寄钱回家养家糊口。我在湖北沙市三中读高中时，就有一位梅州籍的地理老师。他文质彬彬，干干净净，一表人才。讲话、上课从不拖泥带水，很招人喜欢！我就是在他的鼓励和引导之下，报考了中山大学。像梅州这样一个具有悠久历史的中心城市应该举办一所本科院校。梅州早在 1913 年就办有一所梅县女子师范学校（民国时期，梅州称为梅县）。到 1949 年改为广东梅州师范学校，后更名为嘉应师范专科学校。当时梅州还有三所高中等学校，一是嘉应教育学院，培训中小学教师，资金由省财政负担；二是嘉应大学，属大专成人教育性质；三是梅州农校，属中专。为了使其实现专升本的目标，必须整合教育资源，将四所学校合并，并借助海内外侨胞的力量。虽然在这次全省准备升本的五所学校之中，其指标相对较弱，如校舍建筑面积只有 17.6 万 m^2，教学仪器设备只有 1 957 万元，专任教师偏少，高级职称比例最低，只占 26.9%。但我们相信，专家们对这样一个华侨众多的革命老区和贫困地区一定会同情、支持。结果，不出所料，新嘉应大学升本没有遇到任何问题（图 3.14）。

▶图 3.14 1995 年 10 月 29 日在嘉应学院研究校园规划

1995 年 11 月 3 日傍晚，我们从梅州嘉应大学风尘仆仆赶到了揭阳普宁，要顺便听取揭阳学院筹建工作的汇报。揭阳属于新的地级中心城市，市里决定在普宁办一所大专层次的职业技术学院，邀我们顺便实地考察。我们到达目的地时已是黄昏，时任揭阳市市长的林木声（后来任省委常委兼秘书长），副市长孙锐卿及市教育局等相关部门的领导同志早已在那等候，热情寒暄几句之后，我们就围坐在一间十分简陋，甚至可以说是破旧的学校教室内。他们铺开校园规划图纸之后就开始汇报。林市长、孙副市长的汇报，使我们了解了筹办进程、办学方案等，更使我从他们的汇报中，深深体会到了揭阳市委、市政府及全体揭阳人民办学的决心和热情，我们作为高等教育主管部门没有任何理由不支持、不同意。因此我充分肯定揭阳市委、市政府的信心和决心，表示坚决支持。揭阳 500 多万人口，完全应该兴办一所大学。我希望市政府对建校资金和今后的正常经费来源做一个承诺，制订一份可行性报告和规划书，安排熟悉高等教育事业的人才参加筹备工作等。匆忙话别，我们又往下一个目的地行进，但我内心的波澜久久无法平息！短短三个钟头使我更加了解到地方对中心城市办大学的热情，也说明了三级办学体制的正确性及生命力。

我们一行穿过河源市来到韶关市。韶关是广东最贫困的地区之一。韶关大学的前身是 1958 年办起来的韶关师专。1962 年成立韶关专区教师进修学校。1979 年为培训教师成立韶关教育学院。几经周折，1989 年合并了其他几所学校，组建成韶关大学。校园里吸引我们眼球的是绿树成荫、鸟语花香的景象，校园环境优美，我们深感该校获得"广东省文明单位""广东省文明校园""全国绿化模范单位""韶关新十景之一"等殊荣是实至名归！韶关大学不仅校园美，而且注重内涵式发展，特别是他们的学科建设、专业设置、教学水平、师资队伍和党建工作都比较理想。人们会问，贫困地区的高等学校为什么办得这么好？回答是领导重视，各方努力，特别是因为学校领导团结了广大教职工共同努力。当学校建设资金缺乏时，他们率先向银行贷款。后来总结他们的经验，卢钟鹤副省长向媒体说："高校发展要学会使用未来钱。"后来几乎所有学校都在不同程度上向银行贷款，缓解一时资金缺乏的困难，加速学校发展。为了提高韶关大学升本实力，我们讨论了将省属教育学院并入韶关大学，教育学院部分资金仍由省财政负担的方案。后来又将韶钢职工大学改制为普通高等职业学院，即广东松山职业技术学院。1999 年 6 月广东省高校设置评议委员会派出专家组对筹建中的韶关学院进行评估。专家们充分考虑了粤北山区经济欠发达，发展的关键在于人才培养，举办一所本科院校非常必要，并且办学条件基本达标——两校合并校园面积 61 公顷，校舍 22.6 万 m^2，教学仪器设备 3 300 万元，图书 59 万册以及专任教师数等基本达到标准，专家们一致同意升格为本科（图 3.15）。

西江大学位于肇庆，肇庆是一座风景旅游城市，离广州较近，我们去得比较多，情况也比较了解。该校已在风景区附近征地，校园建设也挺好。原西江大学的前身是肇庆地区师范学校,由广州教育行政学院于1970年下放到肇庆地区新兴县而得名。为扩大实力,市教育部门在肇庆景区附近征地,将肇庆教育学院与西江大学合并。这样新学校的办学实力明显增强,特别是引进师资工作做得好,高级职称占专任教师的比重在30%以上。所以我们不担心其专升本的问题。1999年6月16日省高校设置评议委员会派出专家组对西江大学和肇庆教育学院合并升本的方案进行评审。专家们认为,两所学校办学历史较长,有办好本科高校的基础,硬件设施也基本达到升本要求,因此也没提出很多的意见(图3.16)。

▶图 3.15 韶关大学校长何思安(右1)、书记张达辉(前排左2)陪同笔者(右4)考察韶关大学

▶图 3.16 考察西江大学(前排右1为邱校长,左2为谢书记)

茂名又是另外一种情况。茂名石化公司是国有大型企业，各方面条件都十分优越。该公司于1954年办了一所石油化工高等专科学校，这所学校不仅硬件条件好，师资水平高，管理也较规范。该校石化特色鲜明，以石油加工、化工机械、自动化为主。1984年以地方为主兴办了一所茂名教育学院，主要目标是培养中小学教师。茂名石化公司还于1983年兴建了茂名石化公司职工大学，该校属于夜校、成人培训学校。从各方面看后面两所学校与前面一所学校的差距都较大。经过多次协商，茂名石化公司将其属下的茂名石油化工高等专科学校划转给地方管理，实行"共建"，推动该校与地方高校合并，另行择地组建新的茂名学院。为此事我们多次去茂名，最后意见达成一致。这次去，主要是看新校区建得如何，能否上报国家教委实现升本目标。看后觉得十分满意，应该经得起审查评估。此外，在茂名还有一所建筑中专，在政府的大力支持下，校长陈超然带领广大教职工，自力更生，把学校办得不错。时任茂名市委书记的林华景同志带着我们考察校园。那时的校园实际是一个大工地（图3.17），到处是泥土飞扬。我们深为他们执着的追求精神而打动，并深信他们完全能够办成一所像样的职业技术学院。

回来后省高教厅党组经过讨论，一致同意，同时上报这五所学校由专科

▶图3.17 考察茂名学院的施工工地

层次升级为本科院校,并要求各校尽快申报材料。嘉应、韶关、肇庆、茂名的材料按要求如期送达省高教厅,但惠州在一再催促下都没能上报材料,而截止日期快到了,我们只好将前面四所学校的材料报给省政府同意后,上报国家教委。截止日期已过,惠州领导才醒悟过来,表态一定要报。经过上下做工作,国家教委才勉强同意。在专家考察组已出发的情况下,国家教委才向南下的专家考察组追加惠州大学的考察任务。

四、"升本"大丰收

为使高等学校的设置和升级更加科学合理、公平公正,国家教委成立了全国高校设置评议委员会。评议委员会的专家们先分组对各省、直辖市、自治区申报设置和升格的学校进行实地考察,逐个评审拿出初步意见,交给全国高校设置评议委员会全体会议讨论评议,投票表决,将其结果交国家教委最后决定。为了让专家们更好地了解广东社会经济发展状况和高等教育水平不相适应的矛盾,我们邀请1999年全国高校设置评议委员会三届三次会议在广州松园宾馆召开。会期是2000年2月22—24日,会务工作由我们负责。我们认真研究,充分准备,提供热情周到的服务,使会议秩序做到有条不紊,代表们十分满意。据我们了解,大家对广东省五所高校专升本方案基本持同意态度。只是有个别专家认为惠州大学是走上层路线,"走后门"才取得考察评审资格的,所以表示要投反对票。其中特别是一位较年轻的专家反对意见十分强烈。恰好他患了感冒,我亲自参加照料,同时跟他详细解释说明原因,争取他的同情和支持。功夫不负有心人,最终他改变态度,支持五所院校升本。

2000年2月24日是一个我不会忘记的日子。当天上午9时省高等教育厅在会议室召开全体干部大会,宣布免去我广东省委高校工委书记和省高等教育厅厅长的职务,因为我已超过退休年龄,并做满了两届。郑德涛同志接替我,这都是早已安排好的,所以这个宣布没带来任何波动。下午本来因为江泽民同志视察高州市,途经广州要接见省正厅级以上干部,省高教厅已报名我参加该活动并且有关部门已经审查同意。按道理我愿参加并应该参加。但考虑全国高校设置评议委员会议下午投票总结，直接关系到五所高校能否顺利升本。因此，我决定请省委高校工委副书记、副厅长答朝心同志参加接见活动，而我则继续参加全国高校设置评议委员会会议。投票结果公布，我们广东省专升本的五所学校全部通过，其中4所是全票，即38票，只是惠州大学少了1票（图3.18）。我们心中的"石头"终于落地了，达到了预期目的。大家都说，一个省（直辖市、自治区）同时有五所院校升本是从未有过的事，纷纷向我们表示祝贺。我当即向省长做了汇报。

▶图3.18　2000年2月24日笔者在全国高校设置评议委员会投票结果旁留影，本省五所学校实现专升本目标

其实我一直带病来完成这件我作为省高教厅长的最后任务。那几天我一直低烧，加上我为做通那位持反对态度而又身患感冒的专家的工作，拖延了休息和治疗，因而我感冒加重。晚上，在广州市体育东路广州酒家宴请专家时，我做了简单致辞，向各位专家表示衷心感谢，并把我的继任人郑德涛同志介绍给大家。郑德涛同志也表示，许厅长送了一份大礼给我，但也给我留下一项重要的任务，即要把这五所院校建设好。但这却并非易事。席间大家都十分高兴，而我一直撑着，希望不要马上病倒。席间听人建议之后，我喝了两杯可乐加啤酒，期望降热退烧。

饭后，我的身体完全垮了。回到宾馆躺在床上，规划处刘玉兰副处长帮我盖上三床棉被，我还是冷得直打哆嗦。最后他连夜把我送进了南方医院。在医院我上吐下泻，病得一塌糊涂。第二天转到省中医院二沙分院治疗。

虽然专升本方案在全国高校设置评议委员会那里通过了，但我们仍担心国家教委那里有变，于是我们派人去了解结果，有关领导同志传来话说："请许学强同志放心，我们一定会让许学强同志画上一个圆满的句号。"到2000年6月3日，经国家教委批准，广东茂名石油化工高等专科学校、韶关大学、嘉应大学、西江大学、惠州大学 5 所普通专科学校与当地教育学院合并升格为本科院校，其升格后的校名分别为茂名学院、韶关学院、嘉应学院、肇庆学院、惠州学院。我心里的一块大石头终于落地了！东莞市很快也有了本科院校。这样，广东省除了刚成立的揭阳、汕尾、阳江、云浮、清远、河源六个地级市之外，其他地级市都有了本科院校。

五、承诺 20 亿元的投入，东莞理工学院升本

东莞理工学院升本虽然是在我从省高教厅长位置上退下后完成的，但工作是在我任厅长时就开始开展，并且国家教委批准东莞理工学院升本时，我还是广东省高校设置评议委员会主任、全国高校设置评议委员会委员，我还继续为学校升格和更名发挥了作用。

东莞市主管教育的姚锦柏副市长，对办教育热心、诚心、用心，曾多次到我办公室找我谈东莞理工学院升本的问题，立志一定要兴办一所本科院校。1997 年 7 月 15 日晚，姚副市长带着张校长到我办公室，汇报东莞理工学院升本的问题。我热情接待了他们，听取他们的意见和要求。当时我认为，东莞位置毗邻港澳和深圳及广州，趁着改革开放东风，"三来一补"、"自下而上"，迅速发展，经济建设取得举世瞩目的成就，经济实力大增，可以而且有必要举办一所本科院校。我在肯定他们办学的热情，已取得成绩的同时，提出了对专升本的具体要求，指出了该校的不足，如该校用地不足、师资队伍没有达标等，希望他们积极准备，希望东莞市政府好好研究，大力增加投入，统一规划。我从厅长位置退下来之后，于 2001 年 3 月 15 日，以广东省高校设置评议委员会主任的身份，与高桂彪同志一起到东莞理工学院实地考察，并与时任东莞市委书记的李近维（后升任省人大常委会副主任）同志会面（图 3.19、图 3.20）。我对李书记表示，希望东莞市委、市政府高度重视，加大投入，大力引进高职称、高学历的教师，做好规划，准备迎接全国高校设置评议委员会专家来东莞考察。

当全国高校设置评议委员会专家来考察时，东莞市委、市政府做出了重要承诺——投入 20 亿元建设新校区。我作为全国高校设置评议委员的专家出

▶图3.19 笔者（左）和时任东莞市委书记的李近维同志（右）商讨东莞理工学院"升本"的问题

▶图3.20 和省高教厅副巡视员高桂彪（左1），东莞市委书记李近维（左5），东莞理工学院的校长（左6）、书记（左3）等合影

席了2001年12月在桂林召开的第三届全国高校设置评议委员会第五次会议。按本科院校设置标准，东莞理工学院有三个重要指标均不达标，分别是占地面积22公顷（标准33公顷），藏书26.9万册（标准50万册），专任教师231人（标准280人）。在大会开始时，全国高校设置评议委员会副主任兼秘书长牟阳春同志做了一个引导性发言，其中针对东莞说了一句话："东莞有钱，承诺投入20亿元建设新校区，那我们就等他们投入了再同意升本"。我一听就急了。散会后我去住地找他，向他申诉。我申诉的内容主要有两点：一是东莞理工学院现状已不错，基本达到了本科标准，二是过去评审其他学校也并

没有说等承诺完全兑现了才同意升本。我列举了好几所学校的例子。牟副主任当时没正面回答我，但看得出，我的意见他听进去了。第二天投票之前，牟副主任又在大会上做了简短发言。他说，有的地方承诺投入20亿元，如你们相信投入会兑现，也可投赞成票。我一听就松了一口气，心想东莞理工学院升本有望了。不出所料，投票结果通过了。在此，还是要感谢牟副主任恰到好处的补充发言。后来东莞市委市政府履行诺言，增大投入建设新校区，原有的校址办成了独立学院。

这样，广东省三级办学体制及高等院校区域格局基本形成。以广州为核心的珠江三角洲地区是高等院校的集中地。西有湛江，东有潮汕，一般一个地级中心城市布局三所以上的高等学校，包括综合性学院、师范学院、医学院等。历史较长、规模较大的老的地级中心城市有一所本科院校和一所职业技术学院。新设的中心城市至少有一所高等职业技术学院。我退下厅长职务后，组织安排我任广东省高校设置评议委员会主任。我又带几位专家到新设立的几个地级市去评估专科层次的职业技术学院，如阳江、云浮（罗定）、清远、连州、汕尾、河源等。这些城市有的是将卫校改办为高职院校。

当时，我们展望未来，认为本省东（潮、汕）、西（湛、茂）和北（韶关）高校数量还不够，可适当增加一两所高校，提高办学层次，发挥省域二级区域中心作用；老的地级中心城市可适当增加1~2所专科，甚至本科高校；新的地级中心城市至少要办一所本科高校，以促进区域经济、文化教育的平衡发展。这些当然是后话了。

第二节　积极扶持民办高校发展

在1993年1月2日广东省委、省政府颁布的《中共广东省委、广东省人民政府关于加快高等教育改革和发展步伐的决定》中有这么一段话：继续坚持多形式、多层次、多渠道办学方针，进一步完善和发展中央、省（直辖市、自治区）、中心城市三级办学体制，积极鼓励有条件的市、县和部门、企业、社会团体及社会人士联合或独立创办各类高等学校，逐步形成以政府投资为主、学生缴费和社会集资为辅，以学生缴费和社会集资为主、政府资助为辅，民办自费，企业单位集资办学和国际合作办学等多种办学模式。因此，民办高等教育就成为办学体制改革的又一个重要亮点！

一、民办高等教育发展的动因

1. 历史基础

广东在历史上曾是教育很发达的地区之一。在宋代，岭南书院的发展胜于其他地区。至清代，岭南书院已雄踞一方，令全国民众刮目相看。据《中国书院史话》统计，在整个宋代，珠江流域的书院占全国的21%强。到了明代，岭南书院更加兴盛，珠江流域占全国的30%。按省份排列，广东居全国第三。清代岭南书院再次快速发展，据《中国书院史话》统计，在新建书院中，珠江流域所拥有的书院数占全国的比例已超过45%。1824—1888年间，是清代岭南书院的高峰期。清同治三年（1864年）李鸿章在广州创立同文馆，教授翻译技能，外派留学生。康有为创办的万木草堂，具有西方近代教育的元素。广东西式学校的发展也走在全国前列。在民国时期，广东私立高等教育就比较发达，到1949年时有私立岭南大学、广州大学、国民大学、文化大学和广州法学院（后面4所高校1951年合并组建华南联合大学）、广州中医药专科学校、南华财经专科学校等。新中国成立后，先是把接受美国教会津贴的私立岭南大学，改为中国人自办的岭南大学。从1951年开始，我国学习苏联由国家举办教育的经验，逐步接管各级私立学校，改私校为公办。经过7个月的调查酝酿，拟订调整方案，于1952年10月底，把12所私立大专院校调整为公办的6所，即综合大学1所（中山大学），专门学院4所（华南工学院、华南农学院、华南医学院、华南师范学院），专科学校1所。从此，广东没有了私立高等学校。虽然如此，广东人热衷办学的传统并没有改变。

2. 世界趋势

纵观全球，高等教育的普及化、大众化是社会发展的必然趋势，发展私立（民办）高等学校的现象也十分普遍。如美国四年制的大学或学院，私立的占72%（1994年），泰国占61.5%（1995年），菲律宾占80.2%（1995年），印度尼西亚占86.6%（1994年），韩国占82.2%（1994年），印度占73%（1988年）。并且往往比较好的大学是私立大学。再如，日本的高校可分国立、公立和私立三种类型。以1991年为例，日本私立学校占高等学校总数的比例是：大学73.5%，短期大学83.9%，高等专科学校60.3%。日本私立学校的发展，为社会做出了重要贡献。日本政府制定了《私立学校法》，成立"日本私学振兴财团"，给私立学校公费资助，加强对私立学校的监督与指导。可见无论是发达国家还是发展中国家，无论是大国还是小国，私立学校都是高等教育的重要组成部分，甚至占了大部分比例。

3. 民营经济发展

广东地处改革开放前沿，在体制创新方面负有先行先试的责任。随着我国社会主义市场经济体制的确立，经济成分的多元化，民营经济的发展，民间资本从逐步积累到大量闲置，四处寻找投资出路。已出现不少资本流向教育的趋势。前面已述，广东有民间办学的传统和积极性。

4. 社会需求

由于社会经济发展，人民生活水平普遍提高，对接受高等教育的需求越来越迫切，高等教育大众化势在必行。这样高等教育迅速发展与政府财政支持乏力之间就必然形成了一对矛盾。虽然政府采取了许多措施，加大了投入，但仍然难以满足高等教育迅速发展的需求，于是民办高等教育就应运而生。

5. 政策鼓励

鼓励支持社会力量和公民个人办学，引进外资办学，培育高等教育发展新的增长点，这是广东省高等教育追赶亚洲"四小龙"、建设"教育强省"的战略措施和制度创新之举。1995年广东省在全国率先颁布《私立高等学校管理办法》，几乎同时颁布了《社会力量创办非学历高等教育管理办法》（时任陕西省副省长陈中兴同志在接受记者采访时说：1996年陕西省在全国率先颁布《社会力量办学条例》，此说应该有误），积极为民办高校发展和社会力量办学创造依法办学的环境。

当时《南方日报》报道，自广东省委、省政府做出《中共广东省委、广东省人民政府关于加快高等教育改革发展步伐的决定》后，广东省社会各界办学热情高涨，一些地方政府、企业、部门、团体以至个人，纷纷申请办大学。到1994年初，以书面形式申请办学的有28家，有的是企业集团提出办学方案，更多的是民众个人自费办学。申办者有退休教授，有民主党派人士，有港澳台同胞，也有海外人士。申办私立高校，更多的是申办技术培训性质的非学历办学机构。我在充分肯定各界办学积极性的同时，提出三个值得注意的问题：① 无论是创办新校，还是老校扩大招生，其宗旨都是培养更多的合格人才，不是仅仅为追求经济目标。教育的盈利是从长远和全社会来讲的，主要是社会效益，不应完全从教育学生方面去赚钱。② 创办新校或扩大招生规模，都要确保具备办学条件，保证教学质量，培养真正合格的人才。③ 高等教育有其自身规律，既要积极，又要稳妥，一定要防止大起大落（图3.21）。

▶图3.21 许学强（右）就民办学校的发展接受记者采访

到2001年7月为止，本省经批准参加招生的民办普通高校有7所，其数量在全国各省（直辖市、自治区）中排第一位（上海、福建各6所），占全国77所的10%，包括民办南华工商学院、私立华联学院、民办白云职业技术学院、民办培正学院、广东岭南职业技术学院、民办潮汕职业技术学院、民办新安职业技术学院等。至于非学历教育机构，如华南高等英语专修学院、岭南美术专修学院等等，那就更多了。随后在我卸任广东高等教育厅长而任省高校设置评议委员会主任期间，在省教育厅的指导下，评估审核的民办普通高校有近40所。全国民办教育协会前会长陶西平曾高度评价广东民办教育发展，他说："广东是我国民办教育事业的摇篮，广东民办教育发展对全国民办教育发展产生了深远影响。"

二、培育民办高等教育机构

在讨论民办普通高校之前，先谈谈非学历教育的民办高等教育机构，因为非学历民办高等教育机构也是民办高等教育的重要组成部分。它以数量多、单个规模小、形式多样、非学历（通过自学辅导参加自学考试而取得学历）等特点而区别于民办普通高校，但又往往是民办普通高校的前身，民办普通高校多靠办非学历教育机构进行资本积累。到1999年6月，广东省正式颁发《办学许可证》的非学历高等教育机构共有283个：其中民办专修（进修）学院58个，举办高等教育学历文凭考试试点专业16个；自学考试助学辅导机构225个，其中自学考试辅导学院17个，辅导中心145个，辅导学校28个，辅导站35个，开考专业100多个，在学人数10多万人。

这类办学机构由于规模小，灵活分散难以管理。但是社会上又有不少青年没有读大学或考不上大学而接受这类高等教育机构的教学和辅导，然后参加自学考试，考完某专业必修科目并合格后获得专科或本科学历证书，这也是实现高等教育大众化、构建学习型社会的重要措施之一。因此我们作为主管部门对这种形式的教育活动也总是采取鼓励、扶持、规范管理的态度。

这类民办高等教育机构自身存在许多缺陷，如：办学目的不明确，商业化倾向较严重，内部管理章程、规定未制定，或有章程或规定未执行，内部管理方式往往为家长式或家族式管理；资金投入不到位；擅自变更办学地址，多处设分教点；有的专修学院未经主管部门核准，擅自印发或刊登内容不实的招生简章或广告误导考生、家长，采用不正当手段招揽学生，甚至有个别学院擅自印发新生录取通知书造成不良影响；收取学费标准不统一，一旦收取了学费，学生不读又不愿退还学费。从政府层面看，存在我们对这种民办高等教育机构重视扶持的力度不够，政策法规不健全，各种优惠政策不到位等问题。当然，大多数非学历教育机构办得不错，如侨光教育集团、白云职业技术学院、南洋自学考试辅导大学等专修学院。他们遵纪守法、严格管理、社会声誉好、生源有保障。这类办学机构往往经过几年的积累之后，申办大专层次的职业技术学院。

但也有非学历办学机构一直坚持主要举办非学历教育，如侨光教育集团。侨光教育集团的举办者是中国民主促进会（简称"民进"）广州市委员会。热心教育的"民进"成员，早在20世纪80年代就开始自筹资金办起了私立文化补习学校、文化技术学校，以"服务社会，培养人才"为宗旨，以"政府放心，学生满意，社会受益"为最高目标。侨光教育集团逐步发展，经主管部门审核批准，办起了广州侨光财经专修学院、广州广播电视大学侨光分校、广州侨光财经职业技术学校及广州培才高级中学。他们"以教养教"，不断扩大投入，改善办学条件，逐步规范管理，遵纪守法，努力提高办学质量，赢得了良好的社会声誉。现有各类学生近万人，学校进入了良性循环，步入了可持续发展的快车道。

为了推动这类教育机构健康发展，作为政府主管部门，我们抓紧制定相关法规文件，依法管理。如我们制定了《广东省社会力量举办非学历高等教育管理办法》，经省政府法制局审定后执行；制定《广东省社会力量举办专修（进修）学院的审批暂行办法》，把好入门关；制定社会力量办学的收费标准，报省物价局核准执行。与此同时，我们制定有关教学文件，规范教学管理，提高教学质量，提高参考人员通过率，增强其学习的信心。如制订高等教育学历文凭考试专业的教学计划；制订这些专业统考课程的考试大纲；制订这些专业的招生计划和新生录取办法，以抓好招生计划和新生录取的审批工作。除了上述工作之外，从根本上看还必须抓好对举办人（院长）的培训，提高他们的政治思想和业务素质，促使他们依法依规办学，对考生负责，对家长、对社会负责。

三、民办普通高校办学发展的四种模式

广东省民办普通高校经历了起步、缓慢发展、快速发展三个阶段。大多数民办高校都经历了由小到大,由非学历教育机构或培训机构(专修学院等)积累资金和办学经验,最终走向办普通高校,即"以教养教"的路子。很少有大企业家一次性注巨资,一步到位兴办一所合格的普通民办高校。他们在观望,在等待时机。进入21世纪后才有实力较强的私营企业,注巨资与实力较强的原有公办大学合作举办独立学院,如南方学院、广州汽车学院等。从投资主体、运作和管理模式上可划分为以下四类:

1. 公有民办

严格来说,凡非省市财政投资兴办和管理费用的学校均称社会力量办学。按这个定义来说,民办南华工商学院属于此类。1993年前,广东省总工会办有一所省总工会干部学校,其职能是总工会干部培训,属成人培训机构。1993年5月27日国家教委正式批准广东为高等教育改革试点省级行政区,有权审批建立大专层次高校。当年7月22日省政府批准,在省总工会干部学校的基础上,组建南华工商学院,列入民办普通高校系列,当年开设酒店旅游管理和法律两个专业。由于其办学和投资主体是省总工会,非政府财政拨款,所以属社会力量办学(民办)性质。但省总工会又非一般社会团体而属政府社团,故办学模式可视为"公有",而办学的经常性费用主要通过收学费运作,按民办高校的规范管理,可视为"民办"。

2. 民办公助

广义而言,中国的民办高校都属于民办公助。因为,所有民办高校都在不同程度上得到不同形式的"公助"。这里指的"公助"是专指政府在资金、土地方面给予学校无偿支持和划拨,对学校发展起了重要作用。如民办培正商学院属于此类。梁尚立先生曾担任广州市副市长、越秀集团董事长,热心教育,最大心愿是办一所民办大学(图3.22,图3.23)。他从领导岗位退下来后,发挥其影响,游说海内外培正校友会校友和热心教育的人士投资办学,选址广州花都赤坭,争取花都市政府无偿划拨27 hm^2 办学用地支持办学,学

校运作由校友会代表任董事长,完全按民办模式运作。深圳民办新安学院也可属此类。已故主管教育的副省长从领导岗位退下后,利用其影响,得到深圳市南山区政府支持,以广东省教育促进会和深圳市南山区政府的名义合作共同举办。南山区提供了原区委、区政府两座办公楼及其附属建筑,利用附近的公共体育场所作为该院首期办学基地,于1998年秋季正式招生。开学时有4个专业,320名学生。

图3.22 陪同卢钟鹤副省长视察民办培正商学院

图3.23 陪同广东省原省长朱森林(前排左1)参加民办培正商学院庆祝活动

3. 民有民办

绝大多数民办高校属于此类。首先谈谈私立华联学院。侯德富是华南师范大学外语系教授,并被推选为学校工会主席、学校分房工作委员会主任。

退休后想发挥余热，曾尝试下海经商办厂，均不成功。1990年9月，他和他的朋友们决定自筹资金，借用华南师范大学教工俱乐部几个房间，创办一所"华联实用外语科技职业学校"，其性质为非学历教育机构。以"高考落榜不用愁，路在脚下自己走"的广告词先声夺人，当年招收100多名学生，开始迈出办学的第一步。在广东省受邓小平南方谈话精神鼓舞，追赶亚洲"四小龙"，在鼓励社会力量办学的大背景下，1992年10月19日，广州市教委同意私立华联大学筹建。1992年11月30日我和庞正同志陪同省委书记谢非同志视察私立华联学院（筹），充分肯定该校办学的热情和方向（图3.24）。1994年4月26日正式批复，同意成立私立华联学院。其校园建设经历了"借窝生蛋"到"租窝生蛋"，再进入"建窝生蛋"的阶段。无独有偶，全国民办高校发展得较好的西安市，第一所民办高校西安翻译学院也是由外语专业教授，即西安石油学院外语教研室主任丁祖诒教授创办。这也许是外语社会需求大，教育成本低的缘故吧。

▶图3.24 陪同省委书记谢非同志（前排左3）视察私立华联学院（筹）

岭南职业技术学院（岭南教育集团）也基本属于这种类型。董事长贺惠山先生曾这样概括他的办学历程：办学初期，一无所有，困难重重，唯有靠细心摸索，艰苦奋斗。资金要借贷，场地要租赁，师资和人员则逐个聘请退休人员来做或请在职人员兼职。办学条件不足，只能依靠联合办学这种方式。第一步是开办各类技能培训班。1993年2月，经广州市天河区教育局批准，广州天河岭南文化技术学校成立，实施短期培训，如珠算考证、会计考证等，开设教学点17处，总人数最多曾达2 000多人。1994年5月经广州市天河区政府批准，该校更名为广州天河岭南工商学校，成为中专层次的自学考试教育单位。第二步是合作举办中专与自考大专文凭班。1994年开始招收自学考试大专班，1995年分别与广东省农业科学院、华南理工大学合作举办大专层次的自学考试助学班，1996年正式更名为广州岭南职业培训学院。第三步由举办学历文凭教育向普通高等教育过渡。1998年9月广州岭南职业培训学院更名为广州岭南工商专修学院，开始举办学历文凭考证班，形成自考和学历文凭并存的格局。1999年与国营新塘农工商联合公司合作联合办学，从此有了稳定的办学场地，2001年经省政府批准，成立广东岭南职业技术学院，正式纳入普通高等教育行列（图3.25）。该校逐步形成以学历教育为主，同时继续开展成人教育和远程教育、多种形式的技能培训、社区教育等，形成岭南教育集团。

▶图3.25 在贺惠山董事长的陪同下考察岭南职业技术学院

4. 校企联办

为了积极发展高等教育，扩大培养规模，在2000年后又出现了一种新的形式，即现有公立的、有一定实力的普通高等学校与企业在校外合作举办独立学院。普通高校负责教学及管理，维护正常教学秩序，保证教学质量，企业提供办学条件及设施。这类企业多数有一定的经济实力，学校也应是省级重点及以上层次高校。如中山大学南方学院（珠江投资公司）、新华学院（东宝集团），华南理工大学的广州汽车学院，华南师范大学的康大学院（香港康大公司），广州外语外贸大学南国学院，广州大学松田学院（松田实业公司），广东商学院（后为广东财经大学）华商学院（广州太阳城集团）等。学校名称后面括号里的内容是办学的企业。由于独立学院所依托的母体学校一般是省属重点以上层次高校，教育资源优质，社会认可度高；加上企业有一定实力，校园建设一般一次性完成，环境较好，因而生源较好，学生报到率也较高，多数发展都较好。但是，随着独立学校实力的不断增强，对母校依赖程度明显减弱，两者之间的矛盾时有发生。

这类校企合作也有两类情况：一类是企业董事长亲自抓，另一类是董事长不出面，指派一位董事会成员专管，效果当然也不一样。前者如广东财经大学华商学院是广东财经大学与广州太阳城集团有限公司合作举办的独立学院，董事长廖榕就先生亲自担任广州财经大学华商学院的董事长。他是中国改革开放时期第一代成功的企业家，经营范围横跨地产、金融、旅游、纺织等多个产业。他在实业处于鼎盛时期看到了民营企业，尤其是中小企业缺乏人才的问题，已经成为企业做大做强的瓶颈。于是，他义无反顾地选择了办教育。在建设和办学过程中，他心无旁骛，亲力亲为，兢兢业业，一丝不苟，把全部心血都投入到校园建设中。我带专家去考察学校时，惊讶地看到学校一草一木、一砖一瓦都是经过精心挑选和布局的，既现代又精致。这所学校建设标准高，发展快，质量高，荣获广东省十佳独立学院、最具社会认可度学院等称号。

另一类是董事长不出面的合作模式，如中山大学南方学院。它是中山大学与广东珠江投资集团合作办起来的独立学院。也许集团家大业大，董事长无暇顾及这所学校。我们一行去考察这所学校时，觉得校园建设标准比较低，比较粗糙，教室还是砖木结构。因而有人怀疑，老板是不是留有后路，学校如办不成就准备搞房地产呢？但中山大学南方学院毕竟是与中山大学合作的，在中山大学一批退休老干部、老教师的努力下，学校也还是办得不错的。

四、民办高校的四大贡献

民办高校的贡献是无法在这样有限的篇幅里说清楚的，并且它的贡献随着时间推移会变得更大，影响会变得更深远。这里我们只简单介绍几点。

1. 为国家分担筹措高等教育经费的困难

在民办高等教育兴起之前，我国的高等教育是国家一手养大的，校舍、设备、图书、人员工资等无不依赖国家财政。无论从哪个角度讲，高等教育始终是吃国家财政的大户。而当时国家财政困难也是人所共知的。1978年改革开放以后，经济快速发展，但财政收入并没有随着国内生产总值增加而同比例提高。如1978年，国家财政收入占国内生产总值的比重为32.3%，1991年则降为18.2%。虽然如此，中央和省级政府都大幅度增加了对教育的投入。但是，随着人民生活水平大幅提高，对高等教育，特别是优质教育资源的需求大幅度扩大，同时，教育成本迅速提高，因而政府投入增加并不意味着高校的日子好过了，恰恰相反，高校的经费捉襟见肘，高校领导总是为经费吃紧而犯愁。我在任省高教厅厅长期间也总是不断打报告向省政府要钱，解决学校困难。当然，我作为政府组成人员也十分理解省政府的困难。

所以，1993年1月出台的《中共广东省委、广东省人民政府关于加快高等教育改革和发展步伐的决定》明确提出，"对高等教育的投入坚持以财政拨款为主，多渠道集资"。而鼓励支持民办高等教育的发展，就是多渠道筹措高教经费的最重要途径。民办教育大发展，将大大节省国家财政支出，提高国家教育资源增量。经过近二十年的发展，民办高校的在校生占广东省高校在校生总数的1/4。也就是说，广东省每四名在校大学生中有一名基本不占用国家一分钱的办学经费。有人做过粗略统计，到2000年为止，广东省吸纳了社会约8亿元资金（应该远不止这个数）用于举办教育。张铁明教授曾算了一个账：从生均预算内教育事业费的支出来看，广东民办教育每年为政府节省的预算内教育事业支出达124亿元；从公办民办学生同等待遇来看，广东民办教育每年为政府节省314亿元；从公办教育生均成本来看，广东民办教育每年为政府节省396亿元。从就业岗位（教职工）人头费来看，民办教育每年为政府节省39.5亿元。从前三项的平均数加上最后一项，估计共为政府每年节省320亿元左右。全省民办学校占地125 km^2，相当于三个广州大学城的面积。还有人计算，全省民办教育吸纳的社会资金高达300亿元，相当于为广东新贡献出一个容纳12万个学位的"广州大学城"。这些计算不一定很准、很全面，但足以说明兴办民办高等教育是筹措教育经费的重要途径，为解决高等教育的发展经费做出了重要贡献。

2. 探索发展高职教育的道路

经济发展和转型催生了职业技术教育的发展。而职业技术教育正是为了提高劳动者素质，把成熟的科学技术转化为现实的生产力，从而促使经济结构从劳动密集型向知识技术密集型转化的最有效、最快捷的途径。然而那种"千军万马挤过独立桥"的模式，使得大量高、初中毕业生考不上大学，直接走上就业岗位，势必影响新增劳动力的素质。据当时的统计，广东省新增劳动者中接受过中级以上职业技术教育的仅占15%（以中等为主），而经济发达国家，如德国，则占70%，并且大专以上的比例较高。90年代初，作为我国最先发展的经济特区深圳，由于经济发展的需要，投放巨资在全国率先办起了深圳职业技术学院（办职业技术学院的投入比规模相当的普通高校还多）。我多次去调研过，深受教育和鼓舞。深圳职业技术学院成为全国职业教育的一面旗帜，作为首任院长的俞仲文同志在职业教育界也赫赫有名。

职业教育的发展，在教育理论界也引起了一场不大不小的争论。即职业教育是代表教育的一种层次，还是一种类型？前者认为，在高等教育体系中，职业教育是一种层次较低的高等教育，就是大专层次，最多也只有本科。当时国家六部委颁发了一个文件，规定公办高职院校一律不能申办本科。所以深圳职业技术学院虽然硬件软件条件都已达到国家教委所规定的设置本科院校的要求，但一直不能升本。另一种意见认为，职业教育是与普通高等教育并列的一种类型，既可有大专层次，也可有本科层次，还可有硕士、博士研究生层次。当然人才的需求量是随社会经济发展而增加的，对这两种类型的人才都是需要的，并且对职业教育类型的人才的需要量可能更大。

在2004年第四届全国高校设置评议委员会第二次会议上，委员会主任张孝文同志提到，高职教育要不要本科层次？什么是职业教育？用专业学位？还是用职业学位？很可惜当时在会议上没有针对这些问题进行充分的讨论。20世纪90年代MBA专业学位风起云涌地出现，1998年后陆续产生了建筑工程、医学临床、教育、法律等专业学位。MBA教育的重点不是培养"管理学""经济学"的知识分子，而是造就"能力分子"，是加强实践环节，培养实用型人才，也可称之为职业教育系列的研究生教育。

2005年1月25—27日，在全国"两会"之前，召开了第四届全国高校设置评议委员会第三次会议，评议民办高校申请升格本科学校。申报的学校共17所，还有3所学校筹建到期准备"去筹"。这次会议任务不重。之所以赶在全国"两会"之前召开，就是想向"两会"代表和委员透露一个信息，那就是国家高度重视民办高等教育的发展，以职业教育为特色的民办高校也可以升本科。虽然公办的高等职业技术学院（如深圳高职院）因六部委文件规定不能升本，但民办高职院校却可以升本。当年在全国申报升本的17所学校之中广东有广东培正学院和广东白云职业技术学院，广东培正学院条件较好，全票通过，而广东白云职业技术学院占地面积不达标，不足27 hm^2，排在最后一位，有可能通不过。我在会上一再解释，说正在办理之中。并通知广东白云职业技术学院马上将征地文件传真到会上。文件一展示到会上就得到了大家的谅解，该校最终以28票通过。后来不少朋友戏言："好在那次是国家要你升本，要求没那么严，要是放在今天就没门了。"但是，话又说回来，广东白云职业技术学院除校园占地面积不足外，其他条件是完全够格升本的，是一所真正实施职业教育的学校（图3.26）。

前面已提到，民办高等教育机构开展的业务活动主要为职业培训，许多民办高校也是从职业培训开始，或由民办中等职业培训学校升格为大专层次的职业技术学院，即使升格为本科也坚守应用型本科的办学模式，即本科职业教育。如广东白云职业技术学院，在开办早期就形成了招生、培训、考证、推荐就业一条龙服务体系，采用多种渠道与企业沟通、合作，了解人才需求

▶图 3.26 陪同卢钟鹤副省长考察广东白云职业技术学院合影

信息,通过调整专业和教学内容来适应社会需求。可以说,民办高等教育从诞生的第一天起就是一种十分接地气的教育,走的是一条高等职业教育之路,对广东省发展高等职业教育起着重要的示范作用。

3. 高等教育大众化的重要承担者

提高高等学校毛入学率,逐步实现高等教育大众化,是我们追求的目标,也是社会发展的必然。特别是广东地处改革开放的前沿,要"率先"、要"先行",就必然产生更大的时间压力,资金需求的财政压力,产业转型的结构压力,产业升级的质量、水平压力,等等。根据广东省拟定的2020年大学毛入学率50%的目标测算,平均每年要增设9所万人大学,每年共需投入698亿元,相当于2003年广东全省国内生产总值的5.2%,占全省财政总收入的21.3%。光靠政府这是绝对无法实现的。事实上这些年民办高等教育已经和正在做出更大贡献。

广东省从1993年批准兴办第一所民办高校起,到2000年批准兴办了9所,再到2010年批准了47所,其中有16所为万人大学;在校生由2000年的11 361人增加到2010年的404 632人;民办普通高校在校本专科学生占整个普通高校在校本专科生总数的比重,由2000年的7.48%增长到2008年的

30.57%。也就是说,接近1/3的本专科学生的教育是由基本不用政府财政一分钱的民办高校提供的。可见,要是离开了民办高校,哪里能讲高校教育大众化呢!

此外,我们也不能忽视民办非学历教育机构、民办成人高校的作用。在1993年《中共广东省委、广东省人民政府关于加快高等教育改革和发展步伐的决定》的奋斗目标中,要求广东省到2000年每万人拥有的在校生为126人,其中普通高校(包括民办)的在校生只占26人,而剩下的100人是靠成人高等教育、高等自学考试(包括大量民办的非学历教育机构)等完成的。社会力量举办进修、培训、助学辅导性质的高等学校(进修学院、专修学院等)和教育机构直接由省高教局审批,这类学校和机构发展很快,在推进高等教育大众化、形成多形式、多途径、多层次学习的学习型社会的过程中起着十分重要的作用。据2004年不完全统计数据,广东省民办职业学校有103所,在校生有6万多人,其中部分人可经努力取得大专学历;专修学院61所,在读学历文凭考试和自考助考班5万人;其他民办非学历教育机构1 170所,在籍学生66.46万人(图3.27)。这些都在高等教育大众化过程中起了十分重要的作用。

▶图3.27 1999年广东省成人高校院(校)长研讨班留影

4. 办学制度创新的尝试

由政府一统天下包揽举办高等教育的单一模式到初步转变为以政府办学为主、社会各界共同参与办学的体制，是一种制度创新。其作用不仅仅是分担了国家教育财政上的困难，提供了大量就读学位，安排了大量就业岗位，推动社会资源合理布置，推动社会和谐发展，拓宽高等职业教育发展的渠道，推动经济结构转型，而且是一种办学制度创新，影响深远。公办和民办高校的共存，形成高等教育的一种公办、民办良性竞争的发展局面，有利于教育公平的实现，有利于满足国民对教育选择的需求，有利于现代化特色学校百花齐放，有利于提高教育质量和降低教育成本。

公办高校实行的是党委领导下的校长负责制，而民办高校实行的是董事会领导下的院/校长负责制。首先，民办高校决策环节少，机制较灵活，有许多重大改革在公办高校难以办到，而在民办高校却可以办到。有时同一些由公办学校转到民办学校当院/校长的同志聊天，问他们为什么到民办高校当院/校长，他们的回答是，想到民办学校做点在公办学校想做而做不成的事。他们的回答就说明，他们看重的是民办高校办学制度的灵活性。其次，公办学校依靠政府财政，生存和发展的危机感不强，没有紧迫感，一切按部就班地执行，行政化的趋向明显，而民办高校靠的是自己的真金白银，生存和发展的危机感、紧迫感和竞争意识很强。他们日夜保生存、求发展，对稍许的失误或浪费均有切肤之痛，力求降低成本。有时为了达到目标，甚至敢于铤而走险。

民办学校有着先天的改革和发展动力，培育了一种教育经营的理念、教育服务的理念。他们以质量求生存，以特色求发展，以奉献求支持，力图加快发展，赢得社会的良好口碑，力求成为一家百年老店。口碑也是一种品牌，好的口碑就是财富，就是环境，就是办好一所高校的基础。民办高校的这种实践和探索，在办学观念、经费筹措、管理模式、甚至教师聘用制度、后勤服务等方面积累的经验教训，无疑可供下一步高等教育制度改革借鉴，也能推动公办高校改革的进程。

五、对民办高等教育的思考

从民办高校的举办者开始兴办高等教育时算起,至今已有三十多年的历程,经历了起步、探索、超越发展的过程。一路上风雨兼程,披荆斩棘,酸甜苦辣,冷暖自知,而岭南文化所蕴含的实干、苦干、创业、创新的精神,使得民办高等教育的开拓者们,克服一个又一个困难,谱写了一曲又一曲与时俱进的凯歌。其历程总是要经历一个从非正规到正规、从低层次到高层次、由小到大的发展过程。

(1) 他们的办学条件由简陋提升到高水准。大部分民办高校一开始虽有办教育的冲动,但没有办教育的实力。校舍大部分是租用厂房、民居和改建办公旧址而成,地皮是租用来的,面积窄小,硬件设施东拼西凑,仓促上马。有的几易校址。经过一段时间摸爬滚打,有的民办高校多方筹措资金,甚至银行贷款,就地或另择地方征用土地,建设新校园。之后他们不仅校园面积大了,而且从校园规划、建筑设计、环境绿化到硬件设施都力求按国家教委颁布的高校设置的标准建设。校园建起来了,但老板却欠了一屁股债。我参加过广东省内外四五十所民办高校的考察评估,也听过不少民办高校举办者的倾诉,甚至哭诉。有时好几座校舍已经封顶,学校想赶在开学时新生使用,但因某个手续不完备而被强行铲平。有的急于招生开学,有的手续没办齐而先斩后奏,导致违法行为发生,等等。对于此类情况,我往往采取同情的态度,能帮则帮。在评估时酌情放宽,因为以教养教,早点招生就可以早点有投入,就会慢慢改善办学条件,否则就是死路一条。但是,如果弄虚作假那就另当别论。到后期有一定实力的企业家投身兴办高校或与公办高校合作兴办独立学院,其投入巨大,校方一次性按标准,甚至超标准建设校园,备足各项设施和图书等。这类学校为民办高校树起了标杆,在竞争和发展中走了一条捷径,发挥了老校带动新校,公办高校带动民办高校的作用。这个变化过程给我们的既简单而又朴实的启示是,办大学是一件费钱的事。老实说,绝大部分民办学校举办者的初始动机是营利。但历经探索之后发现矛盾多多、困难重重。在竞争磨砺中,许多举办者思想情操得到了陶冶,视野不断拓宽,逐步改变了初衷。不少老板有了远见卓识,把兴办教育、造福后代、功在千秋当作毕生高尚的事业来追求。为了办好学校,他们不断加大投入,不求回报。这样的学校越办越好。当然也有少数举办者盲目扩大规模,四处投资,追求盈利,最后以失败告终。

(2)他们的办学类型由自学辅导发展到正规大学。大部分民办高校的前身都是从事自学辅导、岗位培训,或者属于专修(进修)学院、成人教育、中专中技学校等,由此积累资金和办教育的经验。在此之前,有的老板也许连教育主管部门的门朝哪边开都不知道,甚至自己也没进过大学门。他们经过一些年的"摸着石头过河"的办学经历,逐步对教育有所了解,初步懂得了举办高等学校除了要按社会主义市场规律办事外,还必须遵循教育规律。有的老板已经或正在将自己磨炼成民办教育专家。当然有的老板原本就是大学教授,通过办学过程历练,砥砺前行,成为了教育家。这类老板在后来正式批准设立民办高校后,参与管理学校事务比较多。这类高校有的逐步创造条件,升格为本科。至于后期与公办高校合作举办独立学院的老板们,因为学校一批准就是本科,缺乏长期办学过程的磨炼,对教育本身的了解甚少。因此,虽然他们是一个优秀的企业家,但仍极少直接参与学校管理,而由有教育经验的教授去管。这个变化过程告诉我们,高校还是由熟悉教育的人管为好。陕西省副省长在以"花儿为什么这样红"为题的一篇报道中也谈到了这点。如西安翻译学院的丁祖诒(原是西安石油学院教授)、西安外事学院的黄藤(原是西安大学教授)、西安欧亚学院的胡建波(原是西安大学教授)、西京职业学院的任万钧教授、西安培华女子大学的姜维之教授等。如果没有这些高素质的、目光远大的民办教育家也就没有陕西民办教育的今天。可见找到一位好校长十分重要。董事长、校长分好工,定好位。老板开明,负责完善办学硬件和营造办学外部环境,校长利用民办机制灵活的优势,经过几年努力就可以实行以质量求生存,以特色求发展,以奉献求支持的发展模式,办好学校。

(3)他们的教师队伍由临时型转向相对稳定型。大部分民办教育机构和民办高校开办初期主要是聘请一些大学退休的老教师,以及少量刚毕业还没有找到理想工作的大学毕业生，他们把这里当跳板，一旦找到好的工作就辞职走人。这样形成民办高校的教师队伍是两头大中间小，十分缺乏相对稳定的中年骨干老师和学科带头人。高校退休老教师虽然经验丰富，责任心强，深受学生欢迎，但毕竟年迈，精力有限，返岗工作仅属于发挥余热。由于现行的退休福利制度所致，民办高校与公办高校处在一条不平等的竞争线上。民办学校好不容易培养一位中年骨干，很快跑到公办高校去了。在这种不利状况下，许多民办高校的老板深知问题的重要性，于是采取各种措施招聘一位好校长。一位好校长可以带来一批好老师。与此同时采取种种办法吸引人才，如提高报酬，奖励房子、车子，解决家庭困难。特别是有意识地形成一种良好的氛围，以老板、校长的人格魅力感染人，用对教育的执着感动人，以真挚的感情留住人等等。经过一段时间的努力，一部分正式批准并且办学时间较长，特别是已升本的高校，慢慢建设起一支合格的、相对稳定的教师队伍。这个过程说明，有教师就有学校，教师是办学质量的保证，是学校的生命。广大民办高校的老师逐步认识到，公办与民办的差别只是投资主体的变化，但对学生、对家长、对社会的责任是一样的。这些学生走向社会，奉献社会，作为他们的老师，其内心的欣慰感也是一样的，有时甚至更强烈。

（4）民办高校由高等教育的"有益补充"转变为重要"组成部分"。当时，民办高校产生的背景主要是，政府在自"文化大革命"以来累积的国家与民生建设的巨大欠账导致财政困难、对教育投入严重不足。教育，特别是高等教育资源稀缺，不能满足社会经济发展对人才的需要，不能满足广大人民群众渴望接受高等教育的需要。因而，彼时彼刻，各种民办高等教育机构和民办高等学校应运而生。1997年国务院颁布施行的《社会力量办学条例》，使民办教育进入依法办学、依法治理、依法行政的初级阶段。民办高等教育被定位为国家高等教育的"有益补充"，但限制还是较多。尽管如此，由广东人的"不争论""重发展""埋头干"的文化秉性所致，社会力量投资办高等教育的热情有增无减，并向规模化、集团化、高层次化方向发展。特别是一些经济实力较雄厚的企业家，进入教育领域，与公办高校合作举办本科层次的独立学院，使得民办高校在校生占整个高校的份额达到了1/4~1/3，得到社会的广泛认可，改变了政府包揽高等教育的格局，形成了以政府办学为主，社会各界共同参与办学的体制。2003年施行的《中华人民共和国民办教育促进法》规定："民办教育事业属于公益性事业，是社会主义教育事业的组成部分"，"民办教育是民办事业单位，民办学校与公办学校具有同等的法律地位"。这个过程的结果说明，民办高等教育在法律层面上的地位和作用明确了，但地位完全落实还有待政策到位。目前民办高等教育存在的诸多问题，究其根源，一方面是学校的举办者要提高自身的人格修养、法律意识、教育规律的认识，另一方面是政府应当将已定政策逐步完全落实到位和与时俱进，营造促进民办教育发展的环境。

第三节　积极发展成人高等教育和自学考试

一、成人高等教育的地位和改革与发展

前面已讲过，高等教育如按投资主体来划分，有公办教育和民办教育两类。如按受教育对象和教育方式来划分，可分为普通高等教育和成人高等教育。成人高等教育是指由传统学校教育向终身教育发展的一种教育制度，对不断提高全民族素质、促进社会经济发展有重要意义。特别是在知识、技术日新月异的今天，要求每位公民活到老，学到老，因此发展成人高等教育对建设学习型社会显得尤为重要。早在1977年，邓小平就明确指出："教育还是要两条腿走路。就高等教育来说，大专院校是一条腿，各种半工半读的和业余的大学是一条腿，两条腿走路。"后者就是各种类型的成人高校。成人高等教育是我国高等教育的重要组成部分。

据1996年的统计数据，广东省从事成人高等教育的学校和机构有：具有举办高等学历教育资格的独立设置的成人高校61所，其中管理干部学院14

所，职工大学、业余大学 31 所，广播电视大学 3 所，其下设分校 110 所；主要培训中小学教师的教育学院 13 所；在广东 41 所普通高等学校中，有 38 所院校经批准举办了函授、夜大、干部专修科和教师本、专科班，高等教育自学考试；3 所民办成人高等学校试办以"学校办学与国家考试相结合、宽进严出、教考分离"为特点的高等教育学历文凭考试班；社会力量举办的非学历高等教育办学机构，如培训学院、专修学院和辅导大学等 30 多所。可见，从事成人高等教育的学校、机构数目多，类型复杂，分布广泛。目前，广东已形成了一个覆盖全省，从省会到地级市再到县城，遍布全省城乡的多类型、多层次、多形式和多科类的成人高等教育体系，这是一类难得的教育资源。在 1993 年初，广东省委、省政府颁布的《中共广东省委、广东省人民政府关于加快高等教育改革和发展步伐的决定》所提出的发展规划和战略目标，把发展各类成人教育摆在十分重要的位置上。其目标为：到 2000 年，全省各种形式的高等教育的在校生达到 91 万人，其中普通高校在校生 19 万人；到 2010 年，在校生增加到 260 万人，其中普通高校在校生 37 万人，即广东成人高等教育包括自学考试在内的培养任务，在 2000 年是普通高校的 3.8 倍；到 2010 年是普通高等教育的 6 倍多。可见成人高等教育在广东省建设教育强省，实现高等教育大众化的历史使命中要起到举足轻重的作用。我们必须按照邓小平同志的要求，实施两条腿走路的方针，在抓好普通高等教育的同时，认真抓好成人高等教育。

为此，在 1993 年，广东省委、省政府颁布《中共广东省委、广东省人民政府关于加快高等教育改革和发展步伐的决定》后，同年 6 月，广东省政府批转了广东省高教局《关于深化我省成人高等教育改革的意见》。该意见明确指出，"成人高等教育对象的广泛性、形式的多样性、内容的针对性，决定了成人高等教育具有普通高等教育不能替代的作用和功能。在当前我省改革开放新形势下，积极发展成人高等教育有着更加重要的现实意义""把面向基层，为乡镇企业培养人才作为成人高等教育的主要任务。大力发展大学后继续教育和高等职业技术教育。学历教育以专科为重点，形成专科、本科、第二专业教育、在职研究生教育的成人高等教育新体系"。

我们在该意见中提出了十条改革和发展的措施。其中最为重要的是以下九条：① 坚持正确的办学方向；② 逐步建立资格培训证书与学历证书并存并用制度；③ 改革招生制度，计划主要由学校提出，由广东省计委和省高教局平衡下达，放宽报考条件和招生对象的限制，实行业余、脱产相结合的预科学习方式，扩大预科班招生试点；④ 试行第二专业学历教育，加快对各类复合型和外向型经济与管理人才的培养，扩大专科升本科教育；⑤ 试办成人高等教育改革试验区，在试验区内开放招生、办学政策；⑥ 改革办学形式，本着有利于企业在职员工学习的原则，灵活安排；⑦ 强化成人高等学历教育质量控制机制；⑧ 拓宽和发展高等教育自学考试，推进自学考试与广播电视教育、业余教育的互相沟通；⑨ 鼓励和支持社会力量举办进修、培训助学性质的高等学校和高等教育机构等。

在实施过程中，除抓好现有成人高校外，在有条件、有积极性的地方和部门成立成人高等学校，如在1994年经广东省政府批准成立顺德永强成人学院、南海成人学院和南方成人经贸学院。南方成人经贸学院是广东省委党校发挥其潜力举办的一所成人学院，可以进行学历教育，成立时广东省委副书记张帼英同志（后任广东省人大常委会主任）和我共同为学校揭牌（图3.28）。1995年，为了推进成人高校更好地为职业教育服务，广东省高

▶图3.28 省委副书记张帼英同志（右4）与我（左4）共同为南方成人经贸学院揭牌

教厅里成立"广东省职业教育协调领导小组"。经批准，广东省科技干部学院、广州市职工大学、广州市财贸管理干部学院、广州市建筑总公司职工大学、深圳高等职业技术学院、佛山市职工大学、南海市成人学院、顺德永强成人学院被确定为高等职业教育的试点学校，开展职业教育试点工作。全面推行"弹性学年制"，文史类学制由原来的2~3年延长至4~6年，理工类由原来的3~4年延长至6~8年。1996年确定首次实施标准化考试，试行招收"资格生"和"往届生"，并组织力量对独立设置的成人高校和普通高校举办的函授部、夜大学进行评估，加强管理，提高办学质量。广东省高教厅制定《广东省高等教育学历文凭考试试点实施办法（试行）》，批复同意广州白云职业培训学院、广州侨光财经自学考试辅导学院、南洋自学考试辅导大学为高等教育学历文凭考试首批试点学校进行试点。1999年又有一批职工大学和中专合并组建职业技术学院，加强了职业技术教育。如佛山职工大学与佛山煤田地质学院、佛山机电学校合并组建佛山职业技术学院，广州铁路职工大学与两所全日制铁路系统中专学校合并组建广州铁路职业技术学院，韶关钢铁职工大学与一所中专学校、技工学校实现联合办学，为合并做准备。此外，如前所述，广东农垦管理干部学院也转为职业技术学院。这些合并组建过程是复杂的，首先必须划转到地方，这是一个复杂的谈判过程。另外，中专、中技合并后升格为大专，按规定是不行的，但考虑到有许多老中专，其设施、师资和教学质量都不会比"职工大学"之类的学校差，加上大专设置权限已下放到省一级政府，因此，我们采取了果断措施，加速了高等教育的发展。

为了实现成人高等教育的社会功能，必须逐步建立与社会主义市场经济相适应的、以学历教育为基础的、以岗位职务培训为重点的多形式、多层次办学新格局。成人高等教育机构应当更新专业，切实在应用型、技能型上下功夫，坚持办好成人大专班，培养"适销对路"的人才；根据大量在生产第一线的劳动者亟须通过培训，提高业务素质和专门技能的形势，成人高等教育机构必须把岗位职务培训作为重点；或为弥补那些工作单位与所学专业不对口学生的不足，或为学生谋求新职业作准备，或因管理新理论、新技术、新信息层出不穷,成人高等教育机构纷纷开办第二学历教育,或进行高层次岗位培训,培养复合型、高层次人才。

二、大力发展自学考试

高等教育自学考试,是对自学者进行以学历考试为主的高等教育国家考试,是个人自学、社会助学和国家考试相结合的高等教育形式。自学考试的任务,是通过国家考试促进广泛的个人自学和社会助学活动,推动在职专业教育、初高中后专业教育和大学后继续教育,造就和选拔多层次、多规格、德才兼备的专门人才,提高全民族的思想道德和科学文化素质,推动社会主义现代化发展。自学考试制度创立于20世纪80年代初,1982年全国人大五届五次会议通过的新宪法,写入"鼓励自学成才"的条文,为自学考试制度奠定了法制基础,是我国教育史上的创举。为了加强对自学考试的领导,广东省成立自学考试委员会,由主管教育的副省长卢钟鹤同志任主任,我和主管成人教育的副厅长任副主任。自学考试委员会每年都要召开一两次会议,听取自学考试委员会办公室的工作汇报和研究决定重大问题。

从1981至1993年,自学考试在全国培养了本、专科毕业生约90万人,20世纪90年代,全国每年将近500万人次报考,12万多人获得毕业证书。我国是发展中国家,人口众多,举办了世界上最大规模的教育。自学考试是发展中国家办大教育的一种重要方式。与其他教育形式相比,自学考试具有开放、灵活、工学矛盾小、投资少、效益高等优点。应考者不受年龄、性别、职业、原有学历和居住区域的限制,凡有相当文化程度的中国公民,都可以根据工作、事业发展的需要和兴趣爱好,选择报考已开考的专业,不需要经过入学考试。考试采用学分累计制,考合格一门就得一门的合格证书和学分,不合格可以重考,积满学分就可毕业。学习方式以自学为主,社会助学为辅。报考对口专业,还可工学结合,互相促进。发展自学考试,可节省大量教育经费投入,而且不受招生人数限制,扩大高等教育规模,提高效益,是普通高等教育和成人高等教育无法替代的一种高等教育形式,因而得到蓬勃发展。

广东省自考始于1984年12月，10年报考者累计人数近76万人，其中获得1门以上课程合格证书的在籍考生有317 854人，本科毕业生有1 161人，专科毕业生有39 006人，获得大专层次专业证书的有2 942人。20世纪90年代每年都有20万人次报考，7 000多人毕业。自学考试还受到港澳同胞的欢迎。到1994年上半年，港澳报考人数累计2 503人，87人取得本、专科毕业证书。自学考试还引起了美国、英国、加拿大、澳大利亚等国家的重视，承认了自学考试的学历和课程成绩。总之，自学考试对于缓解人才紧缺局面，提高劳动者素质起了重要作用。同时，对提高自学能力、陶冶情操，对形成尊重知识、尊重人才等社会风尚都起到积极作用（图3.29）。

▶图 3.29 表彰自学考试优秀考生

为了追赶亚洲"四小龙"，建设教育强省，适应社会经济快速发展对人才的需求，我们提出了新的目标，即力争以在籍考生数达到50万人的目标跨入21世纪。实现这一目标，关键在于深化改革，加强管理，全面提高自学考试的质量和效益，主要是扩大自学考试的服务面和提高考试质量。1996年开始，广东省考试委员会对广东省自学考试现有开考专业和课程考试标准进行了全面调整，1997年完成，这为进一步提高广东省自学考试的发展速度奠定了十分重要的基础。在此基础上，根据广东省经济建设、社会发展的需要和办考能力的实际可能，积极开考社会急需的新专业。同时在地域覆盖面方面，积极创造条件，把自学考试由大中城市向农村、基层和边远地区延伸。这既是发展自学考试、扩大服务面向的重点，也是难点。但是，考虑到农村、基层的重要性，再困难我们也必须采取措施使自学考试逐步向农村、向基层、向边远地区延伸（图3.30）。质量是自学考试这种新型教育形式的生命线。要提高质量，必须做好自学考试的各个环节。个人自学是基础，要加强对个人自学的指导，改善教材供应和咨询服务。社会助学是桥梁，必须大力支持和正确引导社会助学活动，使自学考试的教育功能得以充分发挥。国家考试是主导，是选育合格人才的关键。制订专业考试计划、确定考试标准、制定课程考试大纲、组织命题制卷、实施考试、评卷登分等各个工作环节都要严格把关、保证质量。对那些令人深恶痛绝的违纪舞弊行为要坚决制止。"教考分离"的原则必须坚持，做到"办考者不办学，办学者不办考，命题者不辅导"，其中的关键是主考学校。正确处理办考与办学的关系、社会效益与经济效益的关系，确保自学考试这一新生事物健康地发展。同时要加强对自学考试的科学研究，加快考试手段的现代化过程，提高办考能力和工作效率。

图3.30　广东省自考委与工作人员合影

三、构建学习型社会

构建学习型社会，当然不是仅靠自学考试就能做到的。第一，构建学习型社会的首要任务，就是要逐步建立和完善终身教育体系，既要着眼于知识经济、网络时代的挑战，又要从国情、省情出发，坚持实事求是的原则。第二是坚持把基础教育作为教育的重中之重，为终身学习创造基本的社会条件。第三是提倡、鼓励企事业单位、社会团体及其他社会组织和公民等社会力量依法参与办学。第四，充分发挥大众媒介、互联网、社会文化设施和各种社会活动的教育功能，逐步建立社区学习体系。第五是改善和加强政府对教育的宏观管理，为建立终身教育体系提供基本保障。

最后一条，即第六条十分重要，也体现了自学考试在其中的作用。也就是要提高高等教育的开放度，使高等学校和高等教育机构成为实现继续教育、终身教育的重要基地。要在办好本科、研究生教育，特别是若干所一流大学的基础上，充分利用现有的教育资源，大力发展高等职业教育和成人高等教育，包括发展大学后的继续教育、高等职业教育，使这二者互相沟通衔接，使学历教育与非学历教育并重。要积极发展远程教育，充分发挥广播电视大学的辐射作用，加快信息化基础设施建设，形成系统、完善的现代多媒体远程教育网络。值得强调的是，前面所讲的高等教育自学考试制度是将个人自学、社会助学和国家考试相结合，突破了普通和成人高等教育在时间、空间、规格内容等方面的局限，打破了门槛，做到了宽进严出，形成了花钱少、效益高、能解决工学矛盾的优点，是我国实施终身教育体系的创举。要认真总结这方面经验，探索进一步完善高等教育自学考试制度，为构建学习型社会做出更大的贡献。

第四节 实施高等学校多形式、多层次联合办学

广东省高等教育在贯彻实施《中国教育改革和发展纲要》和《中共广东省委、广东省人民政府关于加快高等教育改革和发展步伐的决定》的过程中，改变了以往条块分割的状况，积极推行多种形式、多种层次的联合办学，逐步建立起适应社会主义市场经济体制需要的、充满活力、注重效益、优势互补、资源共享的多形式、多层次的联合办学新机制，增强了学校的办学实力，给广东高等教育的改革和发展增添了新的活力。

一、实行校际联合办学

广州石牌地区有 6 所普通高校，即华南理工大学、华南农业大学、暨南大学、华南师范大学、广东机械学院（后合并至广东工业大学）和广东民族学院（后更名为广东技术师范学院），当时共有在校学生 4 万多人，占当时广东全省普通高校在校学生总数的四分之一。虽然 6 所普通高校都是地域相近的"老邻居"，但过去长期形成的条块分割、小而全、封闭式的办学模式，使教育质量和办学效益的全面提高不同程度地受到限制。从 1994 年开始，这 6 所高校坚持互助、互补、互利、自愿的原则，在隶属关系和投资渠道不变的情况下，实行具有实质性内容的联合办学。为了做好此项工作，成立了以我为组长，6 所高校的校领导组成的联合办学协调领导小组，下设办公室、教学、图书、人事、科研和后勤协作组，广东省高教局每个处室的负责人都加入对口的协作组。1994 年 6 月 10 日在广东省高教局举行联合办学签字仪式。签字仪式后，卢钟鹤副省长代表广东省委、省政府表态和提出了要求：一是 6 所高校尽管隶属关系不同，但省委、省政府对他们都是一视同仁，省高教局在安排经费时要从联合办学的模式出发，统一规划；二是联合办学的最终目的是要提高教与学的质量，因此，如何提高学术水平，如何提高学生的学习质量是 6 所高校的校长要经常交流和考虑的问题；三是通过联合办学进一步加强学校管理。

6所高校合作办学的主要内容有：

第一，教师跨校互聘兼课，互相承认工作量，学生跨校选课，相互承认学分。鼓励教师在较好完成本校安排的教学任务的前提下应聘到其他学校兼课，应聘手续由两校人事部门商定，酬金标准由两校及与其本人协商，受聘教师的工作量按其所在学校同类课程的标准计算，在职称评审中予以承认。1995—1996年，6校对外开课105门，跨校选课学生1 500人次，在1997年达2 500多人次。6校利用周末双休日，联合举办了"面向21世纪名师系列讲座"，3年参加学习的学生和年轻教师有7 000多人。

第二，联合申报科研项目，共同攻关。制定一套管理、鉴定制度，对联合申报科研项目，实施管理，联合攻关。由各校科研处协调，组成团队，明确各自的职责与权利。

第三，办理6校通用的教师、学生借书证，实行图书资料共享。6校发放了1 000个教师通用证，各校分别订阅外文书刊，出版了《六校期刊现刊目录》纸质版和电子版，并上网公开。协调订购期刊3 000多种。在图书经费紧张的情况下，基本上做到了合理分工，保证了期刊订购、资源共享。

第四，合作培养研究生，以已有某专业硕士授予权的学校为主，其他学校同类专业教师同时参加硕士生培养，既增加了培养研究生的力量，又培养了新的硕士生导师。

第五，合作培养青年教师，青年教师优先选择跨校申请在职攻读硕士、博士学位，发挥各校优势，开展青年教师岗前培训，开展国内访问学者、骨干教师进修班、助教进修班、研究生课程进修班等。

第六，加强后勤合作，建立后勤信息共享网络，在物资采购、供货渠道等方面协作，逐步使饭票通用，教职工就近看病，合理收费，互相认账。为了保证合作项目能顺利实施，方便6校师生往来，还专门投资购买专车（分别放在华南师范大学和广东民族学院），每天在6校间不停地穿梭，方便师生来往于各学校之间。

实施校际间联合办学对于加快高等教育的改革和发展有积极意义。首先，通过联合办学，充分挖掘了高校现有的办学潜力，发挥了各自的办学优势。如广州石牌地区6所高校，在类型和学科上都比较齐全，专业覆盖面也较广，有综合性大学、工科大学、农业大学、师范大学，有部委属高校、也有省属高校，各校各具特色和长处，各校虽然近邻，但由于隶属关系不同，长期以来在条块分割的办学体制下，形成了小而全、自我封闭的办学模式。各校的人力、物力资源没有充分发挥作用，不少学科专业重复设置，教学设施使用率低，办学效益不高，人财物浪费严重。开展联合办学后，各校实行优势互补、资源共享，从而提高了综合办学效益。其次，通过联合办学，有效发挥老校和部委属高校的龙头作用，带动了地方高校的发展，为今后高校提高教学质量，组织学科群建设打下了良好基础。再次，通过联合办学，有效地提高了教育资源的综合利用率，使各高校在办学过程中，避免了重复引进工作量要求不大而又必要的教师，避免重复购置设备和图书的状况，节省了教育投资。为了促进联合办学，广东省决定在广州石牌地区的高校里建设四个高校教学提高型共用实验室，如在华南师范大学建立现代物理技术实验室，在暨南大学建立现代电子技术实验室，在华南农业大学建立现代生物技术实验室等，由广东省统一投资，其产权不是"你的、我的"，而是省里的，实行一校管理，多校共用，以提高实验室的综合利用率，促进各校教学、科研水平提高。最后，实行联合办学，增强了各校的教学科研能力，促进了教学科研水平的提高。广州石牌地区6所高校联合办学后，联合承担了"广州沙河涌污水源调查和污水治理技术研究""石油化工中新型催化材料、新的反应技术和新原料路线的研究""生物技术生产功能食品基料的研究"等重大课题。由于联合攻关力量大，受到省市的重视，有的项目在广州大都市建设中立项，有的申请到省级自然科学基金。

因为这种联合不搞形式主义，是一种真正有实质性内容的联合，对于打破原有体制、条块分割和学校科类单一的弊端，可能是一条很好的途径。要减少单科性高校，但又不可能把每一所学校都办成综合性大学，那就应该走这种联合办学的路子。时任广东民族学院党委书记的马世品同志高兴地对记者说，该学院刚从海南迁来，基础薄弱，恰在其时，联合办学开始，教师不够，到"邻居"那里聘请，做实验到华南师范大学，学计算机到华南理工大学，就和到了自家一样。各高校负责人都表示，联合合作要向纵深发展，如治安联防、科技校产、后勤等方面，还要办文化节、科技节、运动会，把广州石牌地区办成大学城、教师村。说起教师村后来真的建起了教师村。至于大学城我也确实想把广州石牌地区办成大学城。事实上广州石牌地区就是一座大学城，只要配套设施跟上就有可能实现。因为当时广州石牌地区拥有全省40%~50%的高等教育资源，华南农业大学等校园的土地资源也十分宽裕，其中广东省农业科学研究院占有相当大的面积。为此我专门请示了卢钟鹤副省长，可否下决心将广东省农业科学研究院搬迁出去用于发展高校。当时卢副省长觉得动作太大，他既分管科技，又分管教育，"手心手背都是肉"，因此觉得很难实施，不太可行。后来在广州番禺小谷围建设大学城。广州石牌地区在当时建设大学城就不太可能了。

广州石牌地区6所高校的联合办学受到了国家教委（教育部）充分的肯定和表扬。特别是6校的教学合作1997年被评为国家级教学成果二等奖。1998年教育部批准广州石牌地区6校为国家级的文化素质教育基地。

二、实行学校与地方政府或政府部门联合办学

在改革开放浪潮的推动下，广东省许多高校不断解放思想，先后不同程度地与地方政府和政府部门联合办学，收到了较好的效果。

一是学校与地方政府合作办学。如中山大学根据中山市社会经济发展需要，与中山市政府合作办起了中山大学孙文学院。地方政府出钱，学校出师资及管理人员，为地方培养社会经济发展所需人才。后该校独立，更名为中山学院。

二是学校与政府部门合作办学。如前面所讲的华南理工大学先后与广东省电力局和广东省交通厅联合成立华南理工大学电力学院、交通学院，该校获得了1.3亿元投资。广东工业大学、佛山科技学院分别与广东省公路局合作建设公路和桥梁专业；中山大学与审计署合作建设审计专业，与广东省财政厅联合建设财政学专业；广东商学院与商务部合作建设会计学、烹饪工程等专业，与广东省建设银行合作建设投资管理专业等。

讲到华南理工大学与广东省交通厅合办交通学院（二级学院）一事，那就有一个故事，可以多说两句。当时广东大力发展交通运输事业，兴建高速公路网，需要人才，广东省交通厅想举办一所独立的交通学院。我们知道这个消息后，认为最好的方案是广东省交通厅与华南理工大学合作，建立二级学院，这既符合当时除教育部管理学校外，不提倡其他部门举办和管理高校的政策，也符合实际，华南理工大学有基础，两家合作可多快好省地培养人才。为此我带了两位处长到广东省交通厅讲明合作的好处。那时广东省交通厅有钱，很"牛"，都没让我们坐下，我简单说明了来意，对方不高兴，我们就离开了。后来政府通过沟通，还是采取了我们的方案，在华南理工大学办起了二级学院。

三、实行学校与企业及境外机构联合办学

这是一种更具开放性和探索性的办学尝试。例如华南理工大学与汕头超声电子集团公司合办超声电子信息设备工程研究中心，总投资6 000多万元，基础部分放在校内，开发部分放在企业。该校还和广州乙烯公司合作建立了广州化工科技研究开发中心，基础部分放在校内，开发部分放在广州乙烯公司。广东工业大学与粤宝电子合作公司联合办学，为该公司培训人才，提供技术服务，该公司设立"粤宝奖励基金"，并为学生提供实习基地服务。此外，还有惠州大学与TCL电子集团合作办学等。

再如华南师范大学多年来一直与澳门中华教育会在澳门联合办学，为澳门培养师资和公务员，加强两地的文化交流与合作。暨南大学与日本爱普生（EPSON）公司合作成立"暨南-EPSON电脑中心"。该中心又与加拿大注册会计师协会和香港大学进修学院合作开办国际会计培训教育，其专业会计文凭和证书可得到香港及国际认可。华南理工大学与葡萄牙ISQ研究中心合作，建立中葡焊接技术研究中心，开发该校七五攻关项目。该校还与美国IBM公司合办华南计算机与信息网络研究中心。广东工业大学与香港隆辉集团有限公司创办番禺隆辉分院，为当地工业培训人才。惠州大学在香港旭日

集团杨钊先生的资助下，与香港理工学院、西北纺织工学院联合创办惠州大学服装学院，聘请香港资深教授，制定人才培养规范，编写教材，亲自任教；派青年教师到香港、英国去学习深造。惠州大学与韩国三星电子集团等企业合作，创建了企业先开花，专业后结果的设计院－土木系办学模式，受到了国家教委及有关部门的肯定，广东省高等教育厅为此在惠州大学召开研讨会，专门研讨产学研合作问题（图3.31）。

▶图 3.31　广东省产学研合作研究会代表合影

四、实行联合办学的作用

实践证明，高等学校实现多种形式联合办学对促进高等教育的发展有着十分积极的意义。第一，通过学校与企业、部门的联合办学，充分调动了企业、部门投资高等教育的积极性，广泛地拓宽了教育集资的渠道，使办学双方以较少的投入取得了较大的效益。第二，实行联合办学后，学校与有关联合办学单位的领导和专家组成多种形式的咨询、审议、规划等机构，共同研究决定学校的办学方向、专业设置，以及学校建设上的一些重大问题，使联合办学单位、社会各界直接参与高等教育的决策和管理，从而增强了企事业单位、政府有关部门与高等学校联合办学、投资高等教育的信心和自觉参与高等教育决策和管理的意识，促进教学、科研和生产三结合。第三，增强了高等学校对社会的适应性。由于联合办学单位是按照自己的实际需要开设专业的，因此联合办学增强了学校专业设置和人才培养的针对性和适应性，使高校培养的人才更加适销对路，并能更加紧密地结合实际，及时地按照联合办学单位和社会需要调节专业方向，改革教学内容，提高教育质量，适应社会经济发展的需要。用人单位普遍反映，毕业生基础知识比较扎实，能安心从事基层第一线工作，动手能力和社会责任心较强。第四，通过联合办学，将学校的理论教学和实践教学紧密地结合起来，不仅加强了教学的直观性和示范性，而且使学生在掌握理论知识的同时，培养了动手能力和适应能力，为高校教学科研活动提供了良好的实验条件和实验基地，成为高校科研成果尽快转化为商品的重要手段和方式，成为一种科技创新的动力，有效地促进了经济建设。第五，与境外联合办学一方面为学校的改革和发展筹集了大量外资，改善了学校办学条件，有效利用了国外高等教育资源，培养了社会急需的了解国际惯例、懂外语和专业水平高的外向型人才。另一方面也促进了我国高等教育面向世界，与国际高等教育接轨，吸收境外学校、企业先进管理方法和规范，形成自己的办学特色，提高办学水平。此外，与境外联合办学，加强与境外官方和民间沟通，促进了双方教育文化交流与合作。

第五节 办好电大，大力发展现代远程网络开放教育

一、广播电视大学的发展与改革

广播电视大学是邓小平同志大力倡导并于1978年亲自批示同意建立的一种新型的高等教育形式，是一个从中央到地方的统筹规划、分级办学、分

级管理的全国性远距离高等教育系统，培养了大量的应用型人才。据统计，1982—1993年全国有大专毕业生1 098万人，其中广播电视大学毕业生达176万人，占将近20%。这说明广播电视大学的建设和发展在高等教育中占有十分重要的地位。广播电视大学教育第一次成功地把高等教育延伸到县一级（部分到乡镇），第一次大面积运用广播、电视、卫星传送媒体等现代教育手段，制作了大量多学时的音像教材，降低了教育成本，方便了受教育者，扩大了教育规模，积累了现代教育改革的经验。

但是，广播电视大学（简称电大）在发展过程中存在管理体制混乱的问题。有的市县电大由政府直接管理，有的由当地教育行政部门管理，有的由当地党委组织部门或宣传部门管理，有的甚至由几个部门管理，其实谁也不管。1988年广东省政府明确提出省、市、县三级广播电视大学都是同级政府所属的高等学校。省电大为省属本科大学建制，市、县电大一般为同级政府的局级建制。各级广播电视大学要在当地政府领导下，实行统一政策、统一规划、统一教学要求、分级办学、分级领导、分级管理的原则。各级电大归口由同级政府的教育行政部门主管，教学业务接受上级电大指导。省政府这一决策，明确了各级电大的性质、地位及其隶属关系，理顺了各级电大的办学管理体制，进一步增强了办好电大的信心和决心。

1992年初，广东省委、省政府任命我为广东省高教局局长的同时，也任命我为广东省广播电视大学的校长和党委书记。这是我的前任留下的模式，顺理成章。究其原因，广东省电大要指导下面各市县电大业务工作，每年广东省电大召开会议时，下面市县电大负责人都必须参加。为显示广东省电大的这种特殊使命，所以自有电大以来就采取这样的模式。其实，这种管理模式无法达到其目的。因为省高教局"局长"这位置实在太忙，无暇顾及广东省电大工作，最多只能去参加广东省电大的办公会议，平时仅由广东省电大常务副校长主持全面工作。同时广东省高教局里还有一位副局长主管广东省电大及其他成人教育的工作（图3.32）。当常务副校长上来汇报工作时，不知找谁汇报，有问题该谁负责？这种模式是不利于广东省电大工作的。所以自从我卸任后就不再采用省高教局长兼任校长的模式了（图3.33）。

▶图3.32 召开广东省广播电视大学工作会议（自右起：副局长李冠创、省高校工委书记庞正、副省长卢钟鹤、许学强）

▶图3.33 广东省电大新老领导合影

在国外这类大学许多就叫公开大学。也就是说，其主要特色是办学的开放性，师生异地，教与学的活动分离，不仅表现在教育对象的广泛性，也表现在教育资源的开放、教育要素的流动和教育方式的灵活上。因此这类大学被人们称为"没有围墙的大学""送上门的大学"。另外，电大教育汇集了全国优秀教师担任电大课程的主编、主讲，实行统一的教学计划、统一的教学大纲和教材，统一利用主要课程的主讲教师，统一考试，教考分离，严把质量关。电大为了适应市场经济的瞬息万变,专业更替的快速性,教师队伍往往没有做配套性配置,这就要求电大教师从传统的"单一型"向"复合型"方向发展,成为既懂教学、又懂广播电视教育的现代远距离教育专家,要求他们不仅仅是单纯的执教者,同时又是广播电视教育网络的构造者、维护者和编导者。电大要培养、稳住这支队伍很不容易,而这正是办好电大的关键。

20多年来,中国广播电视大学取得了举世瞩目的辉煌成就,成为今天世界上最大的远程教育系统,显示出它在中国的强大生命力和广阔的发展前景。从1996、1997年黄山、上海会议之后,电大加大了开放办学力度,明确了省市电大的新思路,相继提出了"注册视听生""专升本""人才培养模式改革和开放教育试点"等新的探索和试验。

国务院批转的教育部《面向21世纪教育振兴行动计划》,明确提出"实施现代远程教育工程"的发展规划,其中提出广播电视大学必须充分利用现有的技术网络基础,形成远程教育网络,推动改革和发展,提高质量,构建开放的学习体系和终身教育体系。这一方向和目标,给电大工作者指出了生存和发展的空间,给电大的发展带来了机遇和挑战。1998年我们在广东省高等教育工作会议和广东全省电大教育工作会议上,根据广东"增创新优势,更上一层楼"和率先实现现代化、科教兴粤、建设教育强省的精神,明确提出,广东广播电视大学改革和发展的目标是,充分利用广播、电视、计算机网络等远距离教育技术手段,扩大办学功能,建立以提高公民素质为主的多形式开放办学模式,把广东广播电视大学办成现代化、大众化、终身教育体系的远程开放大学。无论是中央电大提出的电大改革和发展的基本思路和整体目标,还是广东省教育行政部门对电大提出的具体目标要求,都是一致的、正确的和必须实行的。然而我们通过几年的实践和探索,发现实施起来仍然很艰难,主要困难有三:一是观念,二是体制,三是素质。通过几项试验和几个试点体会到,要建设广东现代远程开放大学必须树立适应开放办学的现代理念;建立适应开放办学的机构或运行机制、教学制度和管理模式;建设便于学员灵活、自主学习的教学资源、传输手段和支持服务系统;抓好适应开放教育的三支队伍建设等。我们在激烈的竞争形势面前,提出了广东省电大面向 21 世纪改革发展思路：以邓小平理论为指导，以现代教育技术为平台，坚持四个面向（面向农村、面向基层、面向边远地区和面向民族地区），发展现代远程教育，巩固提高珠江三角洲和沿海地区的办学水平；深入粤北和东西两翼山区，开拓远程开放办学的发展空间，为加快山区社会和经济发展，促进广东高等教育大众化，建设教育强省，推进建设广东现代远程开放大学的进程，做出我们的创新和贡献。为此，着重抓好三件大事：一是做好三个转变，二是启动三项工程，三是实现三个突破。

二、以现代远程开放教育观念为核心，逐步做好"三个转变"

在传统教育向现代教育的转变过程中，教育思想观念的变革具有核心作用。就现实的电大教育改革而言，体制和制度的改革固然是关键，而为了实现这一变革，必须以电大工作者的思想解放和观念更新为前提，否则机构名称变了，运行起来将还是老一套。教育观念的转变主要有以下三个方面：

（1）做好以教师为中心的"重教"向以学生为中心的"重学"的转变。教师要从上好集体同步面授课的传统工作职责向以指导开放学习，编制课件，做好重点、难点辅导等为主要职责的观念转变；学生要从传统的在学校集中听课，被动接受知识向在教师指导下自觉运用多媒体技术进行分散、自主的学习，主动猎取知识转变。

（2）做好课堂教学环境向业余、分散、自主学习的网络学习环境的教育现代化观念的转变。

（3）实现从传统大学－封闭时空管理观念向开放大学－开放时空管理观念的转变。

要想做好上述三个方面的转变，必须做到以下五点。第一，组织电大系统的教职工学习现代教育理论和"人才培养模式改革和开放教育试点"项目研究的目的、意义和要求，掌握现代远程开放教育的基本观点及其特点、规律。第二，组织广东省电大教师、干部到开展试点的市县电大调查研究，听取基层电大教师和学生对开放教育的意见和学生自主学习对教师的要求。第三，召开学科教师教学研讨会、专题讲座，使教师运用新的教育思想进行教学设计，促进教师观念转变。第四，组织学生收看中央电大直播课堂播放的入学教育节目，组织编写《开放教育学生入学指南》，组织学生参观学校的学生学习中心，使学生了解开放教育的特点，帮助学生选课，引导他们掌握学习中寻求帮助和支持的途径。第五，利用导学中心计算机系统开设网上答疑、电话答疑、电子邮件、电子信箱等教与学的信息反馈通道，促使教师掌握利用计算机网络为学生提供各种教学服务的技能。通过以上理论和实践相结合的措施，使师生、干部的教育思想观念转变出现突破性的进展。

三、以构建现代远程教育管理体制为先导，启动"三项工程"

要建立适应广东社会主义市场经济发展的开放教育的运行机制，建立实施现代远程开放大学的教育教学管理模式，需要有一段较长的过程，还要做大量艰苦细致的工作，我们以管理机构改革为先导，启动三项建设工程以实现建设开放大学的目标。

1. 启动现代远程开放办学管理建设工程

第一，按照开放大学的要求和电大自身发展的需要，1999年上半年广东省电大在两年多调研工作的基础上，本着精简、统一、效能的原则，进一步深化内部管理体制改革，理顺各方面关系，精简机构，明确职能，把学校原有的16个处室（部门）精简为13个，并实行"定职能、定机构、定编制"的三定工作，在人员配备上也做了调整，使调整后的新机构更为合理，人员更加精干，初步显示出新的生机。

第二，改革人事制度，在处一级干部的部分职位中，推行竞争上岗试点，引进了竞争激励机制，坚持公开、平等、竞争、择优的原则，拓宽选人用人渠道，促使德才兼备、成绩突出、群众拥护的优秀人才脱颖而出，努力建设一支敬业爱岗、开拓进取的高素质的适应现代远程开放教育的干部队伍。新的机构为促进广东省电大的改革和发展呈现出了新的生机，为深化广东省电大教育改革提供了可靠的组织保证。

第三，完善全员聘任制和岗位责任制，强化目标管理制度。根据"按需设岗、公开招聘、平等竞争、严格考核、合约管理"的总原则，对1999年9月至2001年8月底的第四轮聘任工作推行干一级聘一级的全员聘任制，实行领导负责制、择优聘任、优化劳动组合，签订协议，明确各自的岗位职责，建立有效的约束机制，改进工作作风，提高工作效率。

第四，坚持"按劳取酬，拉开差距；保证重点，适当倾斜；效率优先，兼顾公平；逐年提高，留有结余"的内部分配原则，对校内津贴的档次、基数做了较大幅度的调整，同时增设了领导干部岗位津贴，初步建立起与其他校内管理制度相配套的公开、民主、科学、有效的内部分配制度，充分调动了教职工的积极性和创造性。

第五，完善、修订和制定了各项规章制度，使学校工作逐步做到有章可循，依法治校。通过实行机构调整和第四轮全员聘任工作，重新修订、印发了《广东省广播电视大学部门职责》，进一步明确了各部门和教职工的职责和任务；建立和完善了校领导办公会议事制度、校领导接待日制度、周工作安排制度，并规范了学校办文程序，从而增强了依法治校的力度。

2. 启动现代远程开放教学建设工程

教学建设的第一项工作是抓好教学制度的改革，使广东省电大的教和学真正适应开放远程教育的办学需要和广东社会和经济发展的需求，包括合理的专业结构和适合于成人个体化学习、职业技能培训的完全学分制的教学计划，以及各课程的教学基本要求、大纲，为此，广东省电大成立了教学指导专家组，在中央电大"五统一"的原则下，重点修订了广东省自设专业的教学计划，做到三个相通，即与中央电大、与自学考试、与成人学校相应专业相通，互认学分，采取完全学分制，便于求学者进行单科、多科学习的学分累积。第二是开放大学的教材建设。教材建设是教学建设的一个首期重点工程和难点工程。课程的教材建设以文字教材为主，重视开发多媒体的"教学包"和辅导教材，使学生的自主学习有了充分的选择。第三是教学过程质量评价、监控制度。重点抓好教－媒体－学三个远程教学全过程的教学质量控制系统的建设，建立教学检查评估系统，包括检查评估各教学环节，在广东省、市、县三级电大落实的情况，做到三级电大各司其职。第四是加强考风考纪建设。改革和完善现有的考试管理控制系统，包括统一考试、统一评卷制度的确立及考试结果信息统计分析系统的建设，建立考风考纪责任制，明确巡考、蹲点监考的职责任务，定期进行信得过考点、考区的评选活动，大大地促进了办学水平的提高。第四是积极推进教学管理自动化。广东省电大成立了计算机教务管理中心，建成教务管理局域网，形成了从考试命题、卷务管理、评卷登分、教学计划管理到招生注册、毕业生审核等工作的计算机自动化管理系统，提高了教务教学管理的水平和效率。

3. 启动网络教育建设工程

教育部副部长、中央电大校长韦钰同志1998年10月初在有关会议上指出："信息教育仍然是我国教育发展中的薄弱环节，高等学校应根据不同情况把教学内容、体系、方法的改革，建立在教育技术的平台上。"广东省高教厅结合广东电大跨世纪的发展战略思路，在广东省电大开放办学模式与方法的试点会上，提出启动广东省的网络教育应先在试点电大迅速确立"一个平台三个网（即以现代教育技术为平台，有效地运用因特网、有线电视网、电信网）的电大远程教育网络的观念。为此，广东省电大在1999年启动了"广东省成人高校远程教育中心"安装调试工程，组建了"广东现代远程网络教育试点课题组"，开展了"现代远程教育的模式与方法研究"项目，并列入广东高校重点科研专项课题。逐步形成以广东省电大为龙头，辐射广东全省市、县电大的广东电大远程教育网络。现在广东省已建有校园局域网的市、县电大12个，有90%的市级电大，52%的县级电大与省电大建立了点对点的网络沟通，在2003年基本建成广东省市、县电大现代远程网络教育系统。

四、以建设开放大学为目标，实现三个"突破"

对旧事物的突破，必须依靠创新。而创新的基础，就是根据明确的目标，大胆实践，勇敢探索。在实践中研究新情况，发现新问题，寻求新对策。拓宽思路，注重实干。广东省电大在近几年加快改革发展的进程中，一直围绕着电大的发展目标,通过实践、思考、实干,不断实现广东省电大的三个突破。

1. 实现省管课程多媒体一体化教材改革的突破

为了使个体化学习成为可能,并为远程网上教学提供资源,除充分利用好中央电大开发的各种教学媒体外,广东省电大在广东全省统一组织和支持下,把省管的50多门课程,按每年10门课程的制作量,按5年完成1个制作周期,采用内外结合的方法,以课题形式招标,定任务、定人员、定经费、定时间完成。如1998年秋季开始与北京师范大学合作,以"高新技术环境下的课程开发模式研究与实践"课题任务为试点,开发、研制、发行一套《计算机信息技术基础》多媒体一体化教材,它包括了一套文字教材、一套实践指导书、四片对重点难点进行辅导的VCD、一片练习测试盘、一片供交互式学习的CAI盘和无纸化考试系统,在教育观念、教育内容、教学手段和考试方法现代化方面达到了新的水平。1999年2月在北京召开的广东省科委主持的成果鉴定会上,该课题顺利通过鉴定,并得到专家的高度评价。全套教材已由科学出版社出版,并在全国推广使用。1999年广东省投入两百多万元对20多门课程课件研制项目在全省电大系统进行招标。中标的教师或技术人员迅速研制,在2000年秋完成一批项目。项目经验收后,上网供学生使用。

2. 实现电大办学模式和发展思路的突破

1999年秋,广东省电大成为人才培养模式改革与开放教育试点学校之一。我们抓住这一难得的发展机遇,以开放教育试点工作为契机,充实条件,完善服务,加强领导,强化管理,转变观念,在开放教育的办学模式、教学组织形式、教学模式、学习支持服务系统建设、质量保证体系和管理运行机制等方面进行了有益的探索和尝试,初步取得了一定的成效,与此同时,结合广东省电大面对广大城乡的现实,我们利用"广东现代远程教育学会"的社会力量,组织了该学会教育技术专家组开展"广东现代远程教育模式与方法的研究"课题,探讨广东省电大在当前改革和发展中所面临的机遇和挑战,以及广东省电大应采取的对策。1998年下半年,广东省电大选了几个山区电大作为发展远程开放教育的试点。1999年底在广东省阳山县电大组织召开了

13所市、县电大远程教育试点工作座谈会。这个试点进行了不到三个月，在广东省电大总课题组的指导下，就出现了在穷困山区的阳山县电大的试点个案。阳山县电大根据边远山区的需求，确立了"网络教育，向阳山县电大走来"的宣传口号，提出了"面对山区的现实，确立新的办学理念"和"关注未来，寻求创新的方法"的思路。他们在试验中，发现了县级电大面临的两个问题：一是穷县能不能办好电大，二是"两块牌子，一套班子"的学校如何解决"转型定位"的现实问题（即电大应转变为远程开放教育型，定位在电大教育系统的位置上）。目前，阳山县电大已完成多媒体教室数字视频点播系统的第一期工程，并启动校园局域网络或数字化卫星天线安装调试的第二期工程。阳山县电大网络开放教育的试点虽然只是起步阶段，但是边远山区电大能在网络开放教育发展中形成突破，使我们看到了现代远程开放教育进军山区的广阔前景，进一步增强了我们抓点带面、创新求实、推动山区电大发展的信心和决心。

3. 实现提高电大队伍素质的培训模式突破

广东省各级电大近几年推出的几项改革试点的实践证明：广播电视大学能否发展成为具有中国特色的远程教育开放大学，在很大程度上取决于是否具备一支训练有素的教师、管理、技术队伍。

尽管在广东省各级电大发展的二十年中，省电大系统一直强调三支队伍的建设，也进行了若干次分期分批培训，但其目的要求和方法多沿用传统的专业培训方式，效果不尽如人意。我们认为，职称合格的电大教师不仅仅是一名合格的专业学科教师，而且应该成为一名精通开发、设计和编制各类远程开放学习课程，并能指导开放学习过程的复合型教师；电大的管理干部也不同于一般行政事业系统的干部，也应该成为熟悉远程开放教育规律和善于指导系统办学的具有敬业实干精神的新型管理干部。广东省电大系统的教师和行政管理人员的知识结构现状使我们意识到提高电大教师和管理人员的整体素质的必要性，有必要对教师和管理人员进行信息技术与现代教育技术技能的专项培训。为此，广东省高教厅计划从2000年开始，在两年内分期分批分片对广东全省市、县电大校长和教师进行广播电视大学教育教学管理和信

第五节　办好电大，大力发展现代远程网络开放教育

息技术与现代教育技术技能的培训，建立电大系统培训上岗的各项岗位标准，特别是做到对于市县电大领导，无培训上岗证者，不得上岗。为此，广东省电大受广东省高教成人教育协会培训中心的委托，通过在试点学校进行调研后，邀请校内外教育技术专家学者拟定了一个"广东省市、县电大校长、教师信息技术技能培训计划"，对管理干部和专业教师分别制订了一项适用、新型、可操作的培训内容和计划。在培训方式上，提出以实践操作、个体化学习为主，集中面授为辅的方法，在广东省电大系统分片组成学习中心，要求学员在两个月的自主学习过程中，完成"命题写作、实践报告、学习思路"等开放式作业。在学员自主学习的过程中，导师组运用教师技术手段，采用"交流、互动和跟踪"的方法，促进良好的教和学的管理环境的形成，从而推动学员单位学习、支持服务系统的建设。通过这项新的专项培训试验，使广东省电大系统的教师和管理干部亲自实践和模拟开放与远程的环境教学，寻求提高电大队伍素质的培训新模式。

总结过去的经验，广东省电大系统在建设开放大学的征途上，取得了不少进展。但是，远程开放教育、网络教学、支持服务，以及许多新的工作任务都需要我们去做，需要我们去探索，需要我们去创新。

第四章
对管理体制改革的探索

第一节 国家教委放权,加强省级政府统筹

一、国家教委下放部分权限的必要性

我国高等教育长时间实行中央统一领导,中央和省、直辖市、自治区两级管理的体制。随着改革开放的深入发展,这种高度集中的管理体制越来越不适应社会经济发展的需要,不适应各省级行政区的实际情况,无法调动地方政府发展高等教育的积极性,高等学校也缺乏应有的生机和活力。这种体制还易造成条块分割,导致中央各部委及地方办的高校各自封闭办学,自成体系,造成教育资源配置不合理,重复设置,造成了极大浪费。特别是广东处于全国改革开放的前沿,社会经济发展十分迅速,而高等教育严重滞后。广东省委、省政府提出要追赶亚洲"四小龙"和建设"教育强省",首先要体现在强化教育改革的力度上。广东省委书记谢非同志指出:"高等教育发展滞后于经济发展的问题,归根到底是高等教育改革滞后于经济体制改革","高等教育改革和发展的目标是建立适应社会主义市场经济发展需要的,有中国特色社会主义的,充满生机活力的高等教育体系;培养德智体全面发展,知识面广,适应力强,能满足各方面需要的大批人才"。他同时要求各级党委和政府以及教育主管部门都要解放思想,拓宽思路,指导和支持高校搞好改革。当时,社会上也有不少批评的声音,称"教育是计划经济最后的堡垒!"

从1993年开始,广东在推进高等教育办学体制改革的同时,着力开展管

理体制改革。通过"共建""调整""合作""合并""划转"等方法，去除条块分割、专业重复、力量分散、资源浪费等弊端，逐步建立起以省政府统筹为主，实行条块有机结合，促进高校内涵式发展的新体制。与此同时，深化改革招生和毕业生就业制度、学校内部管理体制，逐步形成一个新的主动适应社会主义市场经济体制的高等教育体制。由于投入增加，改革深入，高等教育规模得以大幅增长，质量和水平也明显提高。自1996年开始，广东省属高校招生规模和在校生规模跃居全国各省（直辖市、自治区）首位。

为了深入改革，快速发展，省级政府如果没有必要的权限，什么都要请示国家教委，那势必会拖慢广东高等教育改革发展的速度。如何加大省级政府的统筹权就成了一个迫在眉睫的问题，于是我们向国家教委提出了建设高等教育示范省的目标，请求国家教委下放部分权限。

其实在这之前，国家教委曾下放过部分权力给广东省高等教育厅，后因种种原因收回。这次广东省高等教育厅在邓小平南方谈话精神的鼓舞下，广东提出追赶亚洲"四小龙"和建设"教育强省"的战略背景下，再次提出了放权请求。为此，我们直接到北京，当面向国家教委有关领导汇报，后来国家教委主任朱开轩同志又来到广州，我们更有机会直接请示，得到了他的理解和支持。没有多久，我们就收到了国家教委回复广东省人民政府的教高[1993]2号文，落实了部分下放权限。

二、下放权限的具体内容

1. 高校设置权

放权内容共七方面，其中最为重要的是，同意将高等专科学校的设置、撤消、调整审批权下放给广东省。为此，我们成立了广东省高等学校设置评议委员会，第一届评议委员会主任由刚刚退休的李修宏同志（刚从省高等教育局局长职位上退休）担任，成员有三十多人，主要任务是根据国务院《关于普通高等学校设置条例》《关于成人高等学校设置暂行规定》等有关规定，对申报设置、撤销和调整的高校进行调查、论证，为广东省政府提供决策咨询意见。如属专科层次，由广东省政府直接批准并通报国家教委备案。如属本科层次院校，则由省政府提出意见后报国家教委批准。我们利用这一放权机会，在本省增设了一大批专科院校，这对于加快本省高等教育发展速度，扩大高等教育发展规模起到十分积极的作用。

2. 招生计划权

下放的第二条权限是在国家的宏观指导下，广东省可根据经济社会发展需要和实际办学的可能，确定省、市属高校本、专科和研究生招生计划，必要手续是报国家教委备案。这一条权限能直接促进扩大办学规模。但作为省政府也不可能盲目扩大招生规模，否则不能保证必备的办学条件，影响办学质量。所以我们在使用这一权限时也是十分慎重的。并且，国家教委在执行这一条权限时也有很多限制，甚至会收回这条权限。

3. 调整专业结构权

下放的第三条权限是"可以根据本省需要，审批省、市属院校增设专业目录以外的本、专科专业"，必要手续也是报国家教委备案。当时国家教委颁布了一批专业目录，一般只能在这些目录之内增减专业，学校不能随时随市场需要设置专业，更不要说设置专业目录以外的专业。这一条权限的下放有利于我们随着社会主义市场经济形势的变化而随时调整专业结构，使学院能更好地与本省社会经济发展相适应，更好地服务地方。

4. 增设硕士学位授予点和增列博士生指导教师权

下放的第四条权限是关于学位委员会的问题——"经国务院学位委员会同意后，即可建立广东省学位委员会"，可以审批在粤的具有硕士学位授予权的单位新增硕士学位授予点，以及开展自行审核增列博士生指导教师的试点工作。过去这些权限都要经过国务院学位委员会审批。新增硕士学位授予点和博士生指导教师都十分困难，严重影响办学层次和水平的提高。这条权限的下放有利于提高学校办学层次，提高办学水平和培养高层次人才。当然这些权限的使用都必须参照国务院学位委员会颁布的《国务院学位委员会授权部分学位授予单位审批硕士学位授权学科、专业的试行办法》和《关于授权少数博士学位授予单位自行审核增列博士生指导教师试点的意见》。

5. 高等教育自学考试开设本、专科专业权

自学考试是高等教育的主要组成部分，是一种灵活的办学形式，对于扩大高等教育规模，实现高等教育大众化，形成终身教育体系有很大的贡献。由广东省政府审批高等教育自学考试开设本、专科专业，将有利于本省高等教育自学考试的发展。

6. 外事权

由广东省政府审核境外团体和个人来粤合作办学。外事权力下放适合于地处对外开放前沿的广东高校的实际情况，有利于对外开放办学，学术交流，引进国外或境外先进的符合国情的办学经验和高水平人才。

三、关于"共建"

最后还提到国家教委与广东省"共建"中山大学和华南理工大学，使其尽快列入"211工程"的问题。这一条的实质是，国家教委在下放部分权力的同时，要求广东省政府加大对中山大学和华南理工大学的投入，促进这两所高校快速发展，提高水平，这当然是件大好事，下面将具体讨论。

第二节　首创高等学校"共建"新模式

正如上面所讲，我国高等教育一直实行中央统一领导下的中央和省、直辖市、自治区两级管理的体制。其弊端是高度集中，条块分割。具体表现为：不利于照顾各地的特点，调动各地方政府的积极性；不利于高等学校发挥应有的活力，主动为地方社会经济发展服务；中央部委和地方政府各自封闭办学，自成体系，易导致高校类型重复，规模偏小，效益偏低。我们改革的目标，是到2000年或稍长一段时间，基本形成中央和省级政府两级管理、分工

负责,以省级政府统筹为主,条块结合,学校自主办学的新体制。其他部委除特殊情况外,一般不再管理学校。

一、广东高等学校"共建"的起因和进展

当时,广东有省市属高校35所,数量不算少,但真正有影响的并不多,而且这些高校普遍规模偏小,效益不高,专业结构不合理,学校硬件不足,师资短缺,即使在短期内大幅度投入也难以完成扩大培养规模、保证培养质量的任务。与此同时,在广东还有部委属高校12所,历史悠久,师资力量雄厚,学科专业门类较齐全。在粤部委属高校在校生人数4万多,占广东省高校在校生总数的30.3%;专任教师6 629人,占广东省高校专任教师的41%,其中教授占全省的58%;全国优秀教材评奖,全部由部委属高校获得;广东省高校博士点94个,部委属高校占92个;广东省15个重点学科,7个重点实验室全部在部委属高校。无论从哪方面来讲,部委属高校都是广东省高等教育的"龙头"。但是,这些部委属高校在当时的日子也不好过。校大业大开支也大,国家拨款有限,扣除人头费、水电费支出后所剩无几。广东物价也较高,省属高校在医疗、副食、住房等方面享受很多补贴,而部委属高校则没有。如省属高校教师每年医疗费800元,每月津贴100~150元,而部委属高校则没有或少很多。仅仅因为"婆婆"不同,待遇就相差很大。在强烈的对比下,不少教师产生离职的想法。校领导为此苦苦奔波,不停地找"婆婆"要钱,但是要不到。向省里申请,因非隶属关系也无法成功。学校想发展却没资金,想扩大规模却没有用地。在这样的情况下,省里想发挥这些"龙头"学校的作用也十分困难。

这些部委属高校如何寻求广东支持加快自身发展呢?广东地方政府如何发挥这批"龙头"学校的作用,带动地方高校发展,进而促进全省社会经济的全面发展呢?双方都在思考,如何突破体制限制,实行共赢共发展。我记得就在1992年中期,时任国家教委高教司司长的周远清同志(后为教育部副部长),带着这个问题来到广东,希望寻求答案(图4.1)。我们作为主人在华南理工大

学食堂宴请周司长。席间谈起广东省委、省政府下决心，加大投入，推进高等教育发展，追赶亚洲"四小龙"。也谈到如何发挥部委属高校的作用，讨论了其目前的困境。也许周司长是有备而来，他一边用筷子比画一边说，一所学校要发展只一方面出力不够，如果两头同时出力，共同建设，发展不就快了吗？"共同建设"，"共建"一词就在饭桌上诞生。我心知肚明，周司长就是要广东省出钱，同时也相应下放部分管理权限。我既了解中山大学、华南理工大学的情况，又了解本省的高等教育全局，打心眼里觉得这是一个好办法。因为要将中山大学和华南理工大学划转到省，那是绝对不可能的，广东省和中山大学、华南理工大学都是不会同意的。因为广东不可能没有教育部直接管理的学校。在人们的心目中，教育部直接管理的学校是高层次的学校。广东作为地方，是这些学校直接和最大受益者，体制的分割使这种受益受到了很大局限。从投入产出的角度出发，向部委属高校投入所取得的产出无疑是最高的。通过"共建"，既保持部委属高校的地位和中央的资金投入，又得到广东必要的经费支持，学校活力必将大大增强。事后我也将这些情况向省领导做了汇报。

▶图 4.1　周远清、纪宝成同志与我们在一起，指导我们的工作

1992年11月，广东省召开高教工作会议，应邀前来参加会议的国家教委主任朱开轩同志正式提出，由国家教委和广东省政府"共建"中山大学和华南理工大学。省长朱森林表示赞同。双方一拍即合。工作进行得真是紧锣密鼓，1993年3月13日国家教委和广东省人民政府在广东大厦正式举行了签订"共建"协议的仪式。签字后朱开轩主任表示，感谢广东省对部委属高校的支持，并对学校更好地为广东服务提出了要求。接着朱森林省长也发表了讲话，其中一句话我永远记在心里，因为太有水平了。他说："广东对中大（中山大学）、华工（华南理工大学）的投入再大也远远比不上中大、华工对广东的贡献大，所以，我们要感谢国家教委。"这也许有一点客气话的味道，但说出了事实。事后，分管教育的卢钟鹤副省长更明确指出："把部委属学校当成自己的学校，增加投入不是增加广东的负担。事实上，他们无论从招生、分配，还是从科研成果转化、推广等方面，都服务于广东，造福于广东。广东建设经济强省，建设教育强省离不开他们。广东实现现代化必须依靠他们。"

继与国家教委"共建"中山大学、华南理工大学之后，广东省政府于1994年2月5日与国家卫生部"共建"中山医科大学，11月与国家中医药管理局"共建"广州中医学院，同月与国务院侨办"共建"暨南大学，12月与农业部"共建"华南农业大学。1997年，我们为了加速广东商学院发展，实现由广东商学院升格为广东法商大学的目标，以适应社会主义市场经济的需要，广东省政府主动与司法部"共建"广东商学院。这个"共建"与前面6所高校的"共建"完全不同，我们主动要求"共建"是希望司法部将广东商学院纳入他们的视野，有什么科研课题和学术活动通知广东商学院参加，扶持广东省法商学科发展。下面所讨论的有关"共建"的问题均不包括这项"共建"。这些"共建"工作都是先由高教局（厅）与各部委的教育司或人事教育司反复协商，形成"共建"协议文件，分别报省政府和有关部委审批，得到同意后再举行"共建"签字仪式，由省部领导签字生效实施（图4.2）。

就这样，"共建"一词在广东诞生了，然后传遍全国。

▶图 4.2 笔者（左）陪同广东省副省长卢瑞华同志（右）等待卫生部部长前来签署共建广州中医学院的协议

二、广东高等学校"共建"的基本内容

广东省政府通过"共建"，把这几所中央部委所属高校作为本省高等教育发展的"龙头"，发展广东新优势的重要依靠力量，使广东省成为我国基本实现现代化的先行地区。为了实现党中央、国务院颁布的《中国教育改革和发展纲要》及其实施意见提出的，高等教育逐步实行中央和省、直辖市、自治区两级管理，以省级政府为主的体制，为了发挥这些高校的优势，使其办出特色、办出水平，实现学校在 21 世纪早期建成世界或国内的名牌大学，"共建"必须遵循的基本原则和内容是：

（1）高校隶属关系不变。各校仍为原部委直属高校，在国家预算内教育事业经费和基建投资仍由各部委根据下达学校的各项任务核拨。各部委根据学校的发展，争取增加对学校的投入；或多渠道集资，努力增加投入，加速学校的发展。

（2）省政府加大投入，支持学校发展。自 1993 年起，省政府每年对中山大学和华南理工大学的基建投入，相当于国家教委全年拨给学校基建投入的总额，对两校的事业经费也给予适当资助（图4.3）。对中山医科大学，省政府投入总额相当于卫生部对该校投入的增加部分。对其他学校，省政府将视财力情况给予适当投入。省政府还将在改善教师待遇、科研和学科建设等方面给予各校支持。

（3）广东省把部委属高校作为人才培养、发展科技的重要依靠力量，建设教育强省的重要方面军。各高校在专业设置、科研方向、科技推广、招生和毕业生就业等方面要优先满足广东省经济社会发展的需要，为广东20年基本实现现代化的战略目标多做贡献。

（4）"共建"的高校要继续认真贯彻落实全国和广东省高教会议精神，明确学校发展与改革的指导思想，主动适应社会主义市场经济体制的建立和完善，使学校服从和服务于经济建设这一中心。不断提高教育质量和科技水平，使办学整体水平上到新台阶，成为我国，特别是华南地区培养高质量、高层次人才的重要基地，为广东省以及全国高等教育事业发展起好带头和示范作用。

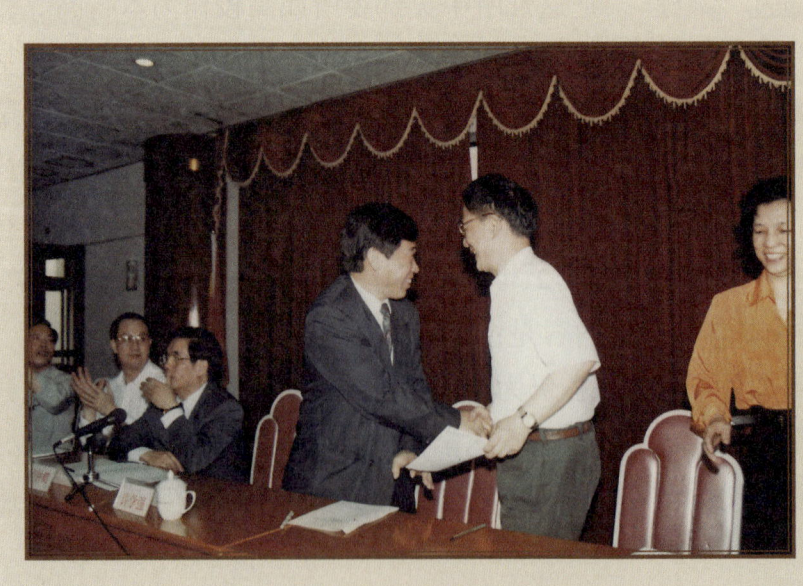

图4.3 许学强（右3）与华南理工大学校长刘正义同志（右2）签订共建项目的协议

三、广东高等学校"共建"的初步效果

广东省委、省政府把在粤的部委属高校看作"自家的媳妇",对他们采取与省属院校同样对待的措施,由省财政解决部委属高校教职工生活和工作补贴、福利待遇等,在经费上支持这些学校的学科建设和发展。1993年拨给这些高校7 000多万元,比1992年增加2.5倍,1994年达10 331万元,1995年达13 301万元,1996年达17 013.79万元。1994—1996年,省政府给中山大学投入11 802万元,相当于国家教委同期拨款的52.5%以上;同期投入华南理工大学12 300万元,相当于国家教委同期拨款的50%以上。如果以1993—1996年为例来计算,省政府给中山大学拨款13 674.2万元,华南理工大学14 338万元,中山医科大学5 058.6万元(1994年起),广州中医药大学2 149.7万元(自1995年起,下同),暨南大学4 777万元,华南农业大学4 458.3万元,6校总共44 455.8万元。这些经费安排包括正常经费安排(内含增资款、各种生活补贴、科研图书经费、科技进步奖等)、1%专项安排(内含教师岗位津贴、研究生生活补贴、博士生导师补贴、学科建设、基建专款、后勤设施专款等)、省公医办拨款等。

由于"共建"给学校注入了生机和活力,调动了中央部委、省政府和学校三方的办学积极性,增强了学校的综合实力,打破了条块分割的旧格局,增强了部委属高校为地方经济社会发展服务的自觉性和责任感,提高了整体办学水平和办学效益。在实施"共建"的6所部委属高校中,当时就有5所通过了国家"211工程"部门预审。这些"共建"的部委属高校在继续发挥基础研究优势的同时,重点发展与本省国民经济密切相关的学科和专业,引导大多数科研力量投身到本省经济建设主战场之中。部委属高校以重点学科和重点实验室为依托,与地方或企业共建了一批工程中心及科研基地,为创建广东科技创新体制,将科学技术转化为现实生产力做出了积极贡献。如中山大学加强了现有5个国家级重点学科、2个省级重点学科,以及6个基础学科研究和人才培养基地的建设。同时配合广东省增强创新优势的要求,确定生命科学与技术、数理科学、信息与通信科学、材料工程与技术、化学与

化学工程、地球与环境科学、海洋开发技术等学科领域为学校科技发展的重点，并与省科委组建"华南生物科技中心"，与广州市组建"广州新材料工程中心"。华南理工大学的聚合物新型成型装备工程研究中心在东莞、增城等地加快建设孵化基地，逐步成为广东省骨干产业的科研开发试验基地。华南理工大学研制成功的稀土氨合成催化剂，作为国家火炬企业，已成功地在广东几处氮肥厂推广，取得经济效益十多亿元。华南农业大学则集中力量促进广东省的"三高农业"的发展和生态环境的建设。学校的人才培养更多地面向地方经济社会发展的需要，加大了研究生培养量，增加了在广东的招生比例，毕业生在广东就业比例也有很大提高，超过 90%。

中山大学领导说："学校不能关起门来办，更不能摆起架子来办。"要改变过去与地方"若即若离"的状态，要主动为地方经济和社会发展请战，在人才培养、科学研究、社会服务等方面全方位为地方服务。学校领导反映，省、市领导常来学校了解情况，解决问题。1995 年，学校征地 7.6 hm^2，时任广州市市长的黎子流同志率有关负责人到学校，很快办妥。黎市长说："我要人才你们支持，你们有事可直接找我。"华南理工大学党委书记刘树道同志说："我们从共建中尝到了甜头，从共建中看到了学校发展的良好势头"、"共建更主要的是带来了观念和办学体制上的改变"。共建后，华南理工大学主动为广东经济、科技和决策服务，根据广东八大产业和七大优先开发的重点技术领域进行专业和教学体系的调整，积极参加广东各项建设规划方案的制订和技术服务，发挥参谋、咨询作用。

总之，过去条块分割，"老死不相往来"，现在是省政府主动为学校解难，学校主动为省政府分忧，真是你中有我，我中有你；你离不开我，我离不开你。当然，"共建"并不能解决所有问题。应该说省政府投入还可再增加一些，中央、省和学校的责任权利还有待进一步明确，省政府统筹为主的机制还需进一步摸索经验。"共建"后不久，中山医科大学、广州中医药大学、华南农业大学就实施了"划转"。

第三节 部分部委属高校"划转"地方管理

一、"划转"是管理体制改革的重要组成部分

国家教委（教育部）是全国教育的主管部门。但是，在当时除国家教委外，其他各部委内设机构中还有一个教育培训或教育科技司，举办和管理了部分教育机构，自成一个系统，为本行业培养、培训人才，解决本行业职工子弟接受教育的问题。这些高校散布在全国，与当地高校不相往来，地方政府也基本不管这些高校，造成这些高校与地方社会经济发展脱节。

在教育改革的大潮中，国家规定，除国家教委举办和管理教育外，其他部门原则上不再履行这一职能，原来所管的学校划归教育部门管理，或"划转"地方管理。但是，国家考虑到部队和国家侨办的特殊性，他们所管理的学校原则上不动，仍由部队和原部门管理。在这样的背景下，国家积极推进"划转"改革。也就是说，将这部分学校划转给地方政府管理。其目的是加强地方政府的统筹管理和促进学校的优化组合，加强学校与地方的社会经济联系，为地方服务。

先后"划转"给广东省政府管理的学校有：原对外贸易经济合作部所属的广州对外贸易学院，原农业部所属的华南农业大学和湛江水产学院，原卫生部所属的中山医科大学，原国家中医药管理局所属的广州中医药大学，原石化部所属的广东石油化工专科学校和茂名石化职工大学，原中国人民银行所属的广州金融专科学校，原交通部所属的广州航海高等专科学校，原轻工部所属的广州轻工业学校等。此外还有部分中等专科学校和职工大学。"划转"之后，大大增加了广东省属高校的数量，增强了他们的实力。

二、"划转"的内容和做法

一般是先由部委的教育司负责人与省高教主管部门协商，双方都会征求

学校意见，或直接参加协商，形成"划转"的协议书（图4.4）。协议书中一般明确隶属关系变更的时间、原因、财产和人事关系、双方的义务和责任等。这类学校的领导与原主管部门之间关系密切，有的本来就是原主管部门下派到学校工作的，家属可能还在北京，现在要割断学校与主管部门之间的关系，很多人在感情上多少有点不舍得。因此，在拟订协议内容时必须考虑这些因素，根据所涉人员的意向妥善处理。还有，过去这类学校在拟订下年度招生计划时，是根据本部门对未来人才的需求编制的，今后划转到省以后如何满足该部门对人才的需求，也需要在协议中明确。这类学校所办专业多属原主管部门工作内容，主管部门经常召开会议讨论其专业问题。如果划转后完全与原主管部门脱钩，他们根本不了解该行业的动向，教学如何与之配合就成问题。因此协议中如何明确学校划转后与原主管部门的关系等问题，都需要反复认真推敲。特别是要让学校领导充分发表意见，召开教师座谈会，充分听取他们的意见，把可能出现的问题想在前面，预先提出解决的方案。这样才能保证学校顺利"划转"，和"划转"后可持续发展（图4.5，图4.6，图4.7）。

▶ 图4.4　广东省副省长卢钟鹤同志与交通部副部长洪善祥同志签署关于广州航海高等专科学校"划转"广东管理的协议

图4.5 广州航海高等专科学校交接仪式

图4.6 在"划转"前到广州轻工业学校听取校领导宋立远校长的意见

图4.7 广东轻工职业技术学院揭牌仪式

一般本科院校的"划转"协议由副部长和副省长签署，如是专科院校就由双方主管司局长签署，当然都要获得部委和省政府领导同意。有的高校先签署了"共建"协议，随后又"划转"，如华南农业大学。有的学校先是"共建"，后升格为大学，然后又"划转"（图4.8，图4.9）。如广州中医学院于1994年11月签署"共建"协议，1995年3月更名为广州中医药大学，最后又"划转"广东。李岚清副总理既主管教育又主管对外贸易经济合作部，他极力推进"划转"，因而对外贸易经济合作部属下的广州对外贸易学院就成为第一所"划转"正式归属广东省政府管理的部委属院校。为了做好广大教职

▶图4.8 "划转"后，省市"共建"广东石油化工高等专科学校签字仪式

▶图4.9 广东金融高等专科学校"划转"广东管理后，准备升本的专家论证

工的工作，使"划转"工作顺利进行，李岚清副总理要求对外贸易经济合作部在"划转"中承诺"送嫁妆"和不能"断奶"。也就是说，"划转"的同时要拨一笔可观的钱款作为"嫁妆"，"划转"后还要继续在各方面支持广州对外贸易学院。这些承诺开始有少许兑现，但随着时间的推移，人事变迁，这些承诺也就无影无踪了。有的在"划转"地方管理时，在财政方面只划拨了教育经常费，没有考虑学校的发展，没有考虑基建和设备专项等的投入，完全由地方负担，也没有一次性资助或很少，这样大大增加了地方财政的负担。"划转"时部委承诺继续关心和支持学校的发展，但真正"划转"后，除教育部对广州外国语学院还有一些关心外，其他部委和学校的关系慢慢淡化直到"互不来往"。暨南大学和南方医科大学，分别属侨办和部队管理，因有许多特殊情况就没谈"划转"问题。有些学校层次不高，规模很小，有可能学校"划转"到省政府后，再"划转"到中心城市，与其他学校合并组建本科院校。如佛山煤田地质学校划转省管后，再由省划转所在中心城市佛山市政府管理。再与佛山大学合并组建本科层次的佛山科技学院。

三、广州外国语学院的"划转"

关于广州外国语学院的"划转"过程有必要多讲一点。广州外国语学院是教育部直属的高校之一，与北京外国语大学、上海外国语大学"三足鼎立"，有一定的地位和影响力。按理说，教育部是主管教育的部门，其属下的大学应该没有"划转"的问题，应属于"共建"范畴。但是，教育部一直不提广州外国语学院"共建"的事。其实在朱开轩主任的心中早有打算。一方面，通过这次改革，教育部直接管理的学校大大增加，担心管不过来；另一方面也考虑到地方高校力量薄弱，不适应区域社会经济发展需要，如果适当下放一部分学校转给地方管理，增强地方实力，有利于为地方社会经济发展服务；还有，有些地方省市，如广东，经济财力比较富裕，"划转"地方后可能增加对学校的投入，有利于学校发展；最后，这些学校划转地方后，有利于地方政府统筹、调整和整合教育资源，提高办学效益。因此，教育部提出，拟将广州外国语学院划转广东省管理。经过双方接触商量，该校于1995年1月1日起正式"划转"广东省政府管理，成为本省第一所"划转"的学校。"划转"后我很快陪同卢钟鹤副省长到该校商讨学校发展和扩大校园的问题（图4.10）。对这次"划转"除个别老师有点意见，担心学校会降级外，绝大多数教职工是支持拥护的，他们估计"划转"后会成为省的重点大学，重点投入。该校"划转"后不久又进行了"合并"（图4.11，图4.12）。

▶图4.10 陪同卢钟鹤副省长（右6）为合并后的广州外语外贸大学寻找扩大校园的办法

▶图4.11 广州外国语学院原书记庄明英为学校"划转""合并"奔忙

图4.12 原广州对外贸易学院书记韩金波同志（合并后任广州外语外贸大学书记）为"划转""合并"和学校后来的发展奔忙

第四节 实施高等学校"合并"，整合优化高等学校资源配置

广东省委、省政府高度重视高校"合并"工作。调整合并的学校差不多占全省高校的四分之一。省领导在合并前后多次到学校听取意见，深入细致地做好教职工的思想工作，反复研究合并方案及合并后的事业发展规划和校园规划，精心配备领导班子，并且提出"以投入为导向"，争取在"短期内上水平"，"形成拳头"。坚持该"合并"、能"合并"就"合并"，不搞一刀切、一风吹。坚持"实质性合并"，不搞花架子，所以总体来看，"合并"工作还算顺利。

一、对高等学校"合并"的讨论

为了优化高等教育布局结构和合理布置教育资源，提高高等学校办学规模效益和结构效益,广东在实施"共建"部委属高校和部委属高校"划转"地方管理的同时,对全省普通高校进行统筹规划,积极稳妥地推进部分高等院校"合并"的改革实践。

一提起"合并"调整就自觉不自觉地联想到20世纪50年代的院系调整。从1952年10月底开始,国家教育部门把广东12所私立大专院校调整合并为公办的6所,并且将一些院系调整到省外,结果至1954年广东只有5所普通高校,明显少于当时全国各省、直辖市、自治区占有7所的平均水平。从结构上来看,虽然工科、师范和医科有所加强,但一些有基础的专业,如财经、政法、无线电、地质、矿冶、林业、天文、语言、艺术等调整到外省。当时的老师因刚经过思想改造学习,听党的话,服从组织安排。按照院系调整方案,连同家属一同北迁。这次调整在一定程度上削弱了广东高等教育的力量,使不少专业成为空白,不少资深教授被调往北京、江浙一带。加上广东地处沿海国防前线,国家对广东高等教育投入又少,使广东高等教育的发展和提高受到了很大的影响。今天提起"合并"调整,人们难免旧事重提,怕"折腾"。

为了说明在高等院校的发展过程中,出于某种原因,有必要对高等院校做整体或局部调整,以提高办学的规模效益和结构效益,不知是谁将抗战时期延安大学的三次调整翻了出来。1941年,为了克服边区经济上的严重困难,集中非常有限的人力、物力、财力统一办学,实现干部学校正规化,中央决定举办一所正规大学。1941年7月30日,中央政治局再次开会,决定"青年干部学校、陕北公学、中国女子大学合并成立延安大学,任命吴玉章为校长"。1943年3月16日,中共西北局根据中央精兵简政的精神,决定"延安大学、鲁迅艺术学院、自然科学院、民族学院、新文字干部学校等五院合并,校名仍为延安大学,校长仍为吴玉章"。1944年4月,中共西北局又研究决定,"将行政学院并入延安大学,校名仍为延安大学,以周扬为校长。管理体制由中央文委领导,改为由陕甘宁边区政府领导"。从三次调整来看,学校数目变少了,学校规模变大了;学校的内涵由单科为主变为更加综合了;管理体制也理顺了,由中央文委领导改为边区政府领导。应该说经过三次调整,学校规模效益、结构效益和体制效益都大大提高。当然此一时，彼一时，今天的"合并"调整非同往常，有其相似之处，也有不同之点。但基本道理是一致的。

在20世纪80年代广东随着改革开放，经济高速发展，人民生活普遍提高，高等教育有了长足发展。到1994年全省有普通高校46所，其中部委属11所，省属19所，市属7所，省市共管7所，民办2所。从层次看，本科院校28所，专科院校18所。从科类结构分，综合类11所，理工类9所，农业类5所，师范类6所，语言类1所，财经类3所，政法类1所，短期职工培训学校1所。这些学校一般规模小，办学效益不高。本科校均规模3 172人，专科校均1 656人，都未达到国家教委提出的基本要求。层次结构和教育内部结构不合理，本科学校少，专科学校中高职教育比重更低，需要发展。工科类、财经类、政法类等比例虽有提高，但与广东省20年经济社会发展战略目标仍不相适应，也没有几所规模较大、质量较高、在国内同类学校中处于先进行列的省属重点大学。为此，我们从1993年开始进行"合并"调整工作。

根据1993年全国教育工作会议精神和国家教委下达的《关于近期全国高等学校设置审批工作的意见》的要求，我们经过反复的调查研究，多方征求意见，反复与学校老师和领导商量，并经广东省高等学校设置评议委员会审议，制订了《关于我省普通高等学校布局调整规划设想方案》，于1994年11月22日报省人民政府同意，然后上报国家教委。国家教委于1994年12月将本省方案提交给全国高等学校设置评议委员会评议。国家教委于1995年3月给广东省政府发了《关于广东省普通高等学校布局调整有关问题的通知》（教计〔1995〕45号）的文，明确提出，要本着成熟先批、先易后难、分步实施的原则，积极稳妥推进。

二、专科学校与专科学校"合并"

在高校的"合并"工作中，就其办学层次来说，专科学校与专科学校的合并是最低的，办学规模一般较小，单靠一个学校自身发展潜力不大，而两个或多个学校合并就容易提升一个档次，办成本科层次的学校。简言之，合并的目的就是"升本"，如不能"升本"也就没有必要去折腾了。由于合并的目的是升本，各方也比较乐意，大家积极性都比较高，工作难度就不大了。

1993年6月经国家教委批准，省属佛山兽医专科学校更名为佛山农牧高等专科学校，扩大了专业面。佛山是珠江三角洲地区的一座历史名城，改革开放后，经济发展迅速，但当时该市只有一所专科层次的佛山大学，亟须举办一所与佛山市地位相当的大学。于是在制订规划方案时，我们多次与佛山市商量，将佛山农牧高等专科学校划转给佛山市政府管理，并在佛山市举行划转仪式。同时将该校与佛山原有的佛山大学合并，组建中心城市举办的本科层次的佛山科技学院，由中山大学化学系教授，省人大常委会副主任谢颂凯任校长，中山大学化工学院的党委书记林略明同志任书记。上面提到的佛山煤田地质学校也划归佛山市政府。1995年基本实现了实质性合并，并以合并后的学校名义招生。当时也有不少人调侃，两校合并后，办学层次由专科升格为本科了，但校名则由"大学"降为"学院"了。因为当时国家教委已对冠名为"大学"做了严格的限制性规定，当时佛山科技学院无法达到"大学"要求，只能称为"学院"了。

茂名为我国一座新兴的石油化工城市，管辖人口500多万。当时茂名市里没有一所像样的高等学校。茂名石化是中央大型国企，直属石化部。是先有石油厂还是先有茂名市？这是说不清的问题。但是石化部在茂名办了一所专科层次的石油化工专科学校。茂名石化公司为职工的教育培训办了一所茂名职工大学。省政府在茂名办有一所培训中小学教师的教育学院。后两所均属成人教育系列的学校。省、市、部多次协商，最后三方签订备忘录，决定石油化工专科学校划转给省管理，省、市和部共建本科层次的茂名学院。该校1999年经全国高校设置评议委员会讨论通过，2000年开始以茂名学院的名义招收本科生，同时招收大专生和实施成人教育。

与此同时，将韶关市举办的韶关大学和省举办的韶关教育学院合并，组成本科层次的韶关学院。将梅州市举办的嘉应大学和省举办的嘉应教育学院合并组成本科层次的嘉应学院。将肇庆市举办的西江大学与省举办的教育学院合并，组成本科层次的肇庆学院。将省举办的惠阳师范专科学校与惠州教育学院合并组建惠州学院。这四所新设本科院校都经全国高校设置评议委员会讨论并通过，国家教委批准，也因此都于2000年挂牌招生。

此外，当时还进行了一些局部合并。如广东省二轻职工大学与白云职业培训学院合并为民办白云职业技术学院；顺德永强成人学院与顺德卫生成人中专、顺德工业中专合并，改制为顺德高等职业技术学院；广州体育学院与广东省职工体育学院合并，撤销广东省职工体育学院独立建制等。

三、专科学校与本科学校"合并"

1. 深圳师范专科学校并入深圳大学

深圳作为我国最成功的一座经济特区城市举办了一所综合性大学，即深圳大学。为了培养中小学师资深圳市还举办了一所独立设置的深圳师范专科学校。专科层次当然无法满足特区发展需要，并且深圳师范专科学校历史不长，规模不大，水平也不高，要想在短期内独立升格为本科似乎不可能。为了更好更快地发展深圳高等师范教育，发挥教育类和非教育类专业的联动作用，我们将深圳师范专科学校与深圳大学实施实质性合并，成立深圳大学师范学院，实施本科和专科层次的高等师范教育。原深圳大学学科齐全，师资雄厚，合并后对发展高等师范教育类专业十分有利。于是经省政府同意，国家教委备案，于1994年9月1日撤销深圳师范专科学校，成立深圳大学师范学院。这两所学校合并对双方发展都有利，没有太多杂音，实施得很顺利。

2. 广东电力高等专科学校并入华南理工大学

广东省电力局举办了一所广东省电力高等专科学校，属于省政府部门办学。这所学校也是学科单一，规模小，层次低，无法满足广东电力工业发展的需要。华南理工大学也有类似的科系，我们趁"共建"的机会，将广东省电力高等专科学校并入华南理工大学，成立电力学院，省电力局对省电力高等专科学校的投入保持不变，作为"共建"的内容增加对华南理工大学的投入，促进华南理工大学电力学科发展，也能更多更快更好更省地为广东电力工业发展输送人才。这个方案也于 1994 年 11 月 25 日顺利实施，撤销了原广东省电力高等专科学校的独立建制，由省电力局与华南理工大学联合成立华南理工大学电力学院。

3. 省交通厅与华南理工大学合作组建交通学院

在进行高校资源重组，实施"合并"时，我们得知了省交通厅要投资 1 个多亿建交通学院的消息，那时全省修建高速公路，需要交通方面的人才，而且省交通厅也是一个有钱的部门。我们还听说交通厅长很牛。为了说服他与华南理工大学"共建"，我带了规划和基建处处长直接找该厅牛厅长，当我们应约走到他办公桌前时，他竟不起身，更没有欢迎和握手之意。我心想，我也是厅长，他怎么这样牛？但我还是不计较这些，讲了我们的来意，说明了几条理由。一是说明政府业务部门不办和不管大学的趋势；二是说明独立举办一所大学没有他们想得那么简单；三是说明与华南理工大学"共建"是省委、省政府的决策；四是说明与华南理工大学"共建"交通学院，能多、快、好、省地培养人才，既可培养大专生，也可培养本科生，还可培养研究生。虽然这位厅长当时并未明确表态，但因大势所趋，两厅经过反复商量，终于达成一致意见，于 1995 年 1 月 23 日，由省交通厅与华南理工大学联合成立华南理工大学交通学院，并同时举行交通学院大楼奠基仪式。交通学院属华南理工大学二级学院，学院成立董事会、院务委员会和院党委，并在华南理工大学党委和行政领导下，实行院长负责制。学院设有现代交通工程系、道路和桥梁工程系、汽车工程系、船舶和海洋工程系、动力机械工程系、工程力学系等，以及 6 个科学技术研究机构。

4. 湛江水产学院与湛江农专合并组建海洋大学

湛江水产学院与湛江农业专科学校"合并"也属此类。经过反复与农业部教育司协商，经农业部和省政府批准，报国家教委同意，1995 年 11 月 8 日在广州举行了湛江水产学院行政隶属关系由农业部转到广东省的交接签字仪式，省委常委、副省长卢钟鹤，农业部副部长洪绂出席。"划转"后，两校合并为湛江海洋大学，该校服务面以广东为主，招生可兼顾华中、华南、西南等地，毕业生主要留在广东工作。湛江水产学院虽是本科院校，师资力量强，但校园面积小，无发展余地。两校合并后直接办成海洋大学，大家都十分高兴（图4.13，图4.14，图4.15）。

▶图4.13　卢钟鹤副省长（左6）与大家在湛江海洋大学大楼前合影

▶图4.14　卢钟鹤副省长（右2）与大家愉悦地交谈

▶图 4.15　许学强（右 2）与胡日章校长和苏一凡书记在湛江海洋大学校门口合影

四、本科学校与本科学校"合并"

1. 广州外国语学院与广州对外贸易学院合并

这类合并是一种难度最大、最受社会关注的合并。广州外国语学院和广州对外贸易学院"划转"广东省之前，就有人提出两校合并的问题。例如，时任广州外国语学院（简称广外）的党委书记庄明英同志认为：在北外、上外、广外"三足鼎立"的局势下，广外规模小，投入少，没有优势，于是与广州对外贸易学院的书记共同提出"将广州外国语学院与广州对外贸易学院整合，优势互补，共同培养涉外人才"的构想。因当时条件不成熟，许多具体问题解决不了，因此就搁置了下来。自 1994 年 9 月和 1995 年 1 月广州对外贸易学院和广州外国语学院先后"划转"给广东管理后，两校合并条件成熟了。我们立刻成立了以一位省高教厅副厅长为组长、两校书记为副组长的筹备小组，紧锣密鼓地开始筹备，并组团到江苏、上海、江西学习取经。当时多数人是赞成合并的，希望通过合并组建一所培养涉外人才的省级重点大学。但也有人担心两校办学水平还是有差距的，怕合并拖后腿；合并后设想培养涉外人才，用英语授课，广州对外贸易学院有的老师担心无法胜任；也有的考虑两校原有福利待遇不同，怕合并后吃大锅饭；两校虽都在广州的西北方向，但还是相距七八千米，怕管理不便等等。经过我们反复做工作，教职工们转念一想，如果合并方案考虑周全一点，这些都不是问题。有利于合并的因素还有一条，就是在广州外国语学院旁有一块地是省政府已批准筹建广东财税专科学校的，有了两校合并方案就没有必要再筹建广东财税专科学校了。这块不小的背靠白云山的地成为新组建学校的发展用地，校园面积可达 60.7 hm²，两校可相对集中到广州外国语学院办学，降低管理成本。经过几个月筹备，条件成熟，于 1995 年 6 月 29 日举行新组建的广东外语外贸大学挂牌仪式，由原广州对外贸易学院党委书记韩金波任书记，广州外国语学院校长黄建华任校长。关于校名曾有件轶事，最初上报的是广东外国语和对外贸易大学。后在中南海召开的一个小范围的汇报会上，我汇报后，李岚清副总理笑谈，这是不是世界上最长的校名？后来才改成八个字的校名：广东外语外贸大学。用原广州外国语学院党委书记的话说"两校合并经得起历史考验"。后来《南方日报》有报道称：广东外语外贸大学通过"外语＋专业、专业＋外语"的复合型人才培养模式，使得毕业生跨文化交流能力、实践能力、创新能力、就业创新能力和自主学习能力"五种能力"突出，得到社会各界青睐。

2. 广东工学院、广东机械学院、华南建设学院（东院）合并

这三所学校都是省属学校。但实际上华南建设学院（东院）是省高教厅与省建设厅共管，在合并过程中还要听取省建设厅的意见（图 4.16）。这三校的合并是我经历过的工作量最大、难度最高的合并。三所学校校园面积都不大，有的甚至只有 10 hm² 左右，办学规模小，效益低，科类相近，专业重复率高，分别被亮过"黄牌"或"红牌"，发展均面临困难。如原广东工学院的本专科专业与另两所学校的重复率分别达到 48% 和 32%。我们的目标非常明确，就是希望通过合并，重组资源，加大投入，在短期内办一所像样的省属重点大学。为了让合并顺利进行，我们选派一位很有经验的厅领导区

图 4.16 和当时省建设厅主任陈之泉同志交换意见

社能同志作为筹备组组长,华南理工大学的一位副校长钟韶教授为副组长,组成筹备小组。在筹备过程中有过许多问题,其中有两个问题要在此交待一下:一是广东机械学院的去向问题。广东机械学院与华南理工大学仅有一墙之隔,本着"共建"原则,和方便管理,便于教师教学、生活的考虑,广东机械学院应并入华南理工大学。但由于种种原因,广东机械学院领导和老师还是愿意与广东工学院合并。经过反复研究,最终我们尊重学院领导和老师们的意见,与广东工学院合并。今天看来也是对的,因为合并后的广东工业大学机械学科实力倍增,机械学科成为广东工业大学的重点学科之一。二是主校址的选择问题。根据当时上海的经验,进行"置换"处理。即利用地租原理,将现有位于市中心的原广东工学院校园卖出去,然后用这笔钱在郊区买一块面积大的地方作校园。因当时省政府不可能拿出一笔款项去外面征地,这种"置换"方案比较现实可行。但是消息一传出,就引起了原广东工学院老师,特别是一些老同志的强烈反对。他们对原址有感情,加上原校园里生活方便,因此不愿意"置换"。最后我们还是听取了老同志们的意见,保留原有校址。卢钟鹤副省长也十分关心广东工业大学的校园问题,亲自和我们一起到广州市龙洞地区,摆开图纸寻找适合广东工业大学的校区(图

4.17，图 4.18）。最后决定用有限的钱，在龙洞山脚下，征一块不是太大的土地，建设一个校区，这就形成了后来广东工业大学"一校五地"的格局。经过几个月筹备，条件成熟，于 1995 年 6 月 30 日举行成立暨挂牌仪式，区社能同志任党委书记，钟韶同志任校长。省人大常委会主任林若，省政协主席郭荣昌及省委常委、副省长卢钟鹤同志等出席了挂牌仪式。省委书记谢非同志题词："办好工业大学，培养更多人才"。省长朱森林题词是："办一流大学，育优秀人才"。这都说明省委、省政府领导对广东工业大学寄予厚望。

▶图 4.17 卢钟鹤副省长（左2）和大家一起为合并后的广东工业大学找地（一）

▶图 4.18 卢钟鹤副省长（左4）和大家一起为合并后的广东工业大学找地（二）

五、对高校"合并"工作的体会

1. 高校"合并"必须具备明确的目标和指导思想

"合并"是本省高等教育体制改革的重要组成部分。其目标就是为了适应社会主义市场经济发展的需要，提高办学水平和效益，建立与广东20年基本实现现代化的发展目标相适应的高等教育体系，实现建设教育强省的目标。高校合并始终坚持"优势互补，资源共享，提高质量，提高效益"的16字方针。高校合并必须坚持"实质性合并"，实事求是，不搞形式主义，不留下"再分家"的任何后患。实质性"合并"必须实行一个班子，一套机构，一支队伍，统一规划，统一管理的办学体制。高校合并必须根据本省经济社会发展的需要和条件，与管理体制改革、教育结构调整相结合。

2. 高校"合并"必须得到省委、省政府领导的高度重视

省委谢非书记、省政府朱森林省长多次在省领导会议和全省有关大会上反复强调："广东多项经济指标处于全国前列，但高等教育却处于中等偏下水平，高等教育发展与经济社会发展不协调"，"没有教育的现代化就没有社会的现代化"，"为了建设教育强省，一定要组建几所规模较大、质量较高、在国内同类学校中处于先进行列的省属重点大学，下大决心组建好广东工业大学、广东外语外贸大学"。主管教育的省委常委、副省长卢钟鹤同志，更是亲自抓高校合并工作，多次深入合并学校，听取意见，及时解决合并学校的各种问题。他态度鲜明地说：高校合并决不是赶潮流，而是贯彻16字方针的重要举措，省政府下大决心，义无反顾地抓好高校合并工作。他对广东工业大学和广东外语外贸大学的筹备领导班子提出了四条原则：一是新组建的大学一定要从原有学校的实际情况出发，做到平稳过渡；二是新组建的大学一定要有明确的建设目标，到20世纪末或在更长一段时间之后，要有部分学科进入国家"211工程"；三是在制订合并后新学校方案时，一定要将长远目标与近期目标结合起来，在合并步骤上要按教育规律办事；四是要使合并后的学校在较短时期内办出水平。省委、省政府领导同志巨大的决心，坚定的行动方案，大大鼓舞了合并学校的广大师生员工，为合并工作扫清了思想障碍。

3. 高校合并必须获得较大的经费投入作为保证

高校合并关系到被合并学校的每一位教职员工的切身利益。大家关心的是高校合并后，对学校的建设和发展有什么好处，对改善学校的办学条件和教师待遇有什么行动。如果高校合并后，学校的办学条件得不到改善，教师待遇得不到提高，大家就会对合并产生怀疑，甚至会使合并工作失败，贻误教育发展的大好时机。所以，合并高校除了要有明确的目标和指导思想外，还必须有较大的经费投入，保证学校在合并后能较快改善办学条件，较快提高水平。同时还要使广大教职员工在住房、生活等方面有较明显的改善，使他们真正感受到学校合并带来的好处。广东省组建广东工业大学和广东外语外贸大学后就对两校加大经费投入，计划三年内分别增加投入1.5亿和1亿元，当年两校各增拨400万元作为启动费。此外，在重点学科、重点课程和重点实验室建设、科研立项、师资队伍建设等方面给两校重点支持，使两校尽早提高水平。又如佛山市对新合并组建的佛山科技学院增加投入3亿元，以保证办好合并学校。当然，投入不是唯一条件，还必须依靠改革、依靠管理。正如省委书记谢非同志所说："建设教育强省首先要体现在强化教育改革的力度上。"

4. 高校合并工作必须既积极又稳妥

本省高校合并的动作是大的，进展也是快的，但在实施过程中步子又是稳妥的。成熟一所，合并一所，合并方案成熟一步，走一步，坚决避免操之过急，简单行事。如组建广东工业大学和广东外语外贸大学的工作方案，省委、省政府领导很重视，召开省政府常务会议讨论通过，省委常委、副省长卢钟鹤同志直接抓此项工作。省高等教育厅派出两位副厅长分别担任合并学校筹备领导小组组长，由省委组织部正式任命筹备领导班子。筹备领导小组经过三个多月的积极筹备，做了大量细致的工作，当省委正式任命学校领导班子和挂牌成立的条件基本成熟时才宣布学校正式成立。合并学校要建立一套强有力的领导班子，这是做好合并工作的关键。领导班子要党性强，团结人，能协调各种利益关系，能脚踏实地办实事。校级领导班子配齐后，按精简机构，转变职能，更好地为教学、科研服务的原则，组建管理机构，配备好中层班子，使学校各项工作走上正轨。本着边组建、边改革、边发展的原则，及时将学校工作重心转移到教学、科研上来，并进行院系、学科专业合并调整，促进优化组合，并通过及时抓好教学管理，加强师资队伍建设，加强学科建设等手段，努力提高教学和科研水平。在整个合并过程中，一步一个脚印，有计划有步骤地实施。为了加强对合并学校的领导，省高教厅抽调了一名副厅长任广东工业大学的党委书记，发挥了重要作用。而且，省高教厅党组把合并学校作为厅的重大任务来抓，经常听取合并学校的汇报，及时研究和解决合并进程中的问题，保证合并学校健康、稳妥发展。

六、对高校"合并"工作的反思

短期内"合并"学校数量如此之多，涉及面如此之广，难度如此之大，实属罕见。"合并"结果是好是坏留给后人评说。从表面上看，中心城市高校的合并，整合资源，使原来规模小、效益低，甚至不能列入普通高等教育的成人培训学校，通过"合并"实现了升为本科的愿望，提高了中心城市的办学层次。专科与本科学校的"合并"，使这部分专科教育机构在原本科学校直接的帮助带动下，快速达到本科水平，甚至整个学校直接进入"大学"行列，为学校向更综合、更高水平的发展创造了空间。几所本科学校的"合并"初步实现了组建几所"规模较大、质量较高、在国内同类学校中处于先进行列的省属重点大学"的目标。但是，这里存在一个外壳与内涵的关系问题。外壳或者说平台容易搭建，但内涵提升却非一日之功，需要相当一段时间的磨合、沉淀、积累才行。当然好的外壳为内涵发展创造了一个良好环境。此外还有一个"机会成本"的问题。也就是说，"合并"令学校失去了独自发展的机会。如果政府投上10亿或20亿元，广州对外贸易学院和广州外国语学院都可各自发展成"处于全国先进行列的省属重点大学"。问题在于政府有没有或拿不拿这些钱来投入学校发展。因此，可以说，在特定的条件下，"合并"也许是通达彼岸的捷径。

在我离任那一年，即2000年来看，应该说"合并"的效应还是以正面为主。在此没必要详说,只就组建的"大学"说两句。湛江海洋大学办起来了,是紧随青岛海洋大学之后,在南方的唯一一所海洋大学,后更名为广东海洋大学(不必评论更名的好坏)。不过当时签订的备忘录说明,湛江海洋大学还有为中国南方地区服务的任务。广东外语外贸大学组建宗旨是外国语言与对外经贸学科的交叉融合,培养复合型的涉外人才。组建后的广东外语外贸大学不仅保留了原有两所学院传统的教学优势,且师资、财力、物力相对集中,便于管理。合并后机构精简了,干部配置指标缩减了。校长黄建华教授说,我们不是为合而合,而是为了互相促进,取长补短,提高办学效益。有时可以"结了婚",再慢慢"谈恋爱",建立"感情"。庄明英老书记在2005年说过一句话:"两校合并经得起历史考验。"广东工业大学经过"合并"发展,到2000年以校长、书记(钟韶、区社能、黄慧民、孙友松)一起署名,以"高校合并办学模式的研究和实践"为题申报教育部管理学一等奖。其要点是坚持实质性合并,采取"以条为主,条块结合"的管理模式,以共同目标团结人,以事业发展凝聚人,保持学校稳定,让机构、管理改革一步到位,使学科调整、融合逐步完成,优化教育资源配置,提高教育质量和办学效益。该校通过5年努力,博士点实现零的突破,获得3个博士点,硕士点由3个增加到19个,硕士生由76人增加到313人,还获得工程硕士学位授予权,办学规模由11 000多人增到15 000多人,本科生比例由原来59%上升到82.5%,首次获得1项国家科技进步一等奖。

当然,对"合并"效果的评价5年时间还太短,还是留给后人评说为宜。

第五章

招生与就业制度的改革与发展

高等学校招生与毕业生就业制度的改革是一项牵动千家万户的改革，是直接关系到我国由计划经济向社会主义市场经济转变的用人制度的改革，当然也是我国高等教育体制改革中的一项重要改革，也是我任职广东省高等教育主管部门负责人期间从未停息的一项改革。好像接力赛跑一样，我的上任把接力棒传递给我，当我从领导岗位退下来，又将接力棒交给了我的继任者。正如人们所说，好像招生就业制度的改革永远在路上。所以，为了讲清招生就业制度的改革，就要从我任期（即1992年）之前开始讲起。

第一节 计划经济与"双包制"

一、"双包制"是计划经济的产物

长期以来，我国高等教育都是由国家统包起来，称为"包费用，包分配"的双包制。其培养人才的机制是，政府不但承担大学生的全部培养费用，而且直接向高等学校下达培养计划和培养任务，即指令性计划，规定学校办什么专业，招多少学生。高等学校则以政府拨款作为办学经费的唯一来源，按照政府下达的指令性计划进行培养。大学生毕业后由学校交给政府，再由政府或学校代表政府按政府的指令性计划进行分配。在整个过程中，高等学校的人才培养主要是对政府负责，而不必考虑社会需要，因为国家的计划就是社会需求。这就是计划经济时代大学人才培养的基本特征。应该说，这种体制还是符合新中国成立初期和计划经济时代的情况的，曾发挥了重要的历史作用。如新中国成立初期，人民贫困，交不起学费，那时大学办学规模也小，国家要集中有限的人力、物力，保证重点建设项目对人才的需求，"双包制"适应了当时的情况。但是，随着人才需求量急剧增加，办学经费日益不足，社会主义市场经济体制逐步建立，这种招生、毕业生就业制度越来越不适应客观形势的要求，其弊端也日益突显。一是国家包大学生全部培养费用，国家拨款有限，造成高校办学经费严重不足。国家拨给高校的教育经费70%左右用于人头费，20%用于水电、维修、医疗卫生等日常开支，真正用于教学方面的经费微乎其微。高校长期"吃老本"，设备落后、短缺，教师待遇低而且不稳定，严重影响高等教育发展规模和教育质量的提高。二是国家对大学毕业生包分配，不利于调动学校、学生和用人单位的积极性，并且常因计划不周而难以做到"人尽其才，才尽其用"，造成人才资源浪费，学生与学校及用人单位之间产生矛盾。当时我还在中山大学读书和教书，每到毕业季，毕业生和政治辅导员、团总支书记经常发生争执，双方争得面红耳赤，拍桌子的事情时有发生。当时我只以为是双方态度问题，今天看来是体制的必然结果。此外，我国计划经济时期的招生与毕业生分配还与国家的"干部指标"紧密挂钩。大学生一毕业就有一个干部指标，国家供应粮食，这不仅制约着高等教育发展规模，而且也制约着结构调整和效益提高。可见，随着社会主义市场经济体制的逐步建立，传统的人才培养机制必须进行改革。

二、社会主义市场经济要求改革"双包制"

在社会主义市场经济体制下，应该以政府财政拨款作为教育投入的主渠道，不断增加对教育的投入，同时政府通过教育决策、宏观管理和提供服务等，指导高等教育的发展规模和办学方向。社会对人才的需求，则成为政府和高等学校调整教育政策、教育结构的依据。高等学校除依靠政府财政拨款作为经费投入的主渠道之外，还可通过收取学生学杂费和争取社会参与等多渠道扩大经费来源，既重视政府的政策指导，又重视社会对人才的不断变化的需求，不断扩大规模，改变专业人才结构，提高办学质量，满足社会需求。还有，高等学校再不能简单地将毕业生交由政府予以指令性分配，而是让他们直接进入人才市场，在国家宏观政策的引导下，与用人单位进行双向选择，自主择业。这样，大学毕业生就业状况就成为考核学校的一个重要指标。因此，改革高等学校招生和毕业生就业制度，对高等学校的人才培养具有较强的激励作用，对在读大学生能增强竞争意识，促使他们更加勤奋自觉地学习，提高自身综合素质，重视能力训练，以适应市场经济体制的要求。

三、"双包制"改革的目标

按国际惯例，义务教育实行免费上学，而非义务教育的大学，则实行收费上学。但是，我国长期以来实行"双包制"，不但不认为这不符合惯例，反误认为这是社会主义制度的优越性。因而，要想改变大学生一律吃国家"大锅饭"的路子要经过一个探索和实践的过程，要进行一场深刻而持久的高等教育招生和毕业生就业制度的改革。改革的目标就是以改革招生制度为突破口，以建立收费制度为标志，改"双包"为"双自"，进一步调整国家、学校、学生和用人单位四者的关系，逐步建立起与社会主义市场经济体制相适应的高等学校人才培养机制。我们根据《中共广东省委、广东省人民政府关于加快高等教育改革和发展步伐的决定》中的有关规定，"在招生中，逐步缩小国家任务计划，扩大调节性计划，逐步达到全部招收委培生和自费生；在毕业生就业制度改革方面，逐步由国家任务计划生毕业后分配到国家需要的单位和部门就业，委托代培按合同就业，自费生自主择业，过渡到毕业生自荐就业，不包分配"。为了实现这一目标，我们必须先试点，后推广，积极稳妥地推进招生和毕业生就业制度的改革（图5.1）。

第二节 招生制度由"单轨"向"双轨"再到"并轨"的改革

▶ 图5.1 1993年广东省招生计划工作会议代表合影

第二节 招生制度由"单轨"向"双轨"再到"并轨"的改革

一、"单轨"向"双轨"转变

广东省招生制度的改革在1988年以前是"单轨"制招生向"双轨"制招生转变的阶段。这个阶段还可以大致细分为以下几个小阶段：① 1977年全国恢复高考招生制度后，实行的是单一的国家计划内招生，学费基本上是国家包起来。② 1983年开始在农、林、医、师范院校实行部分定向招生，定向招生总数1 470人，一般定向到地、市，由地、市定向到县，保证学生毕业后回基层工作。同时规定中山大学、华南师范大学等高校，在完成国家招生计划的前提下，可试行委托培养的制度，即可与用人单位签订合同，接受委托培养，费用由委托单位负责，毕业后到委培单位就业。第一期试点共1 400多人。广东一些新办的地方院校，如广州大学（原名为广州职业大学）、嘉应大学、西江大学等实行自费、走读，毕业后国家不包分配的制度。上述招生形式，开始突破单一的指令性计划和"双包"制度，为向"双轨"制招生过渡做出了有益的尝试。③ 1985年中央为适应经济体制改革的需要，颁布了《中共中央关于教育体制改革的决定》，明确提出高等学校招生制度改革要"实行国家计划招生、用人单位委托招生和招收少数自费生三种办法"。同年颁布的《中共广东省委、广东省人民政府贯彻〈中共中央关于教育体制改革的决定〉的意见》提出，"高等学校在完成国家计划后，可按照国家有关规定接受委托培养学生和招收自费生"。

二、"双轨"制

1988年至1994年是"双轨"制阶段。1988年省政府转发省高教局《关于广东省普通高等学校招生、毕业生分配制度改革方案》，提出学生要逐步"实行收费上学，毕业后实行推荐就业，定向就业，择优录用"，同时将招生计划分为指令性计划和调节性计划，分为国家任务、委托代培和自费三种形式，并要求高等学校根据社会需要"逐步扩大代培生和自费生招生计划。这一规定的实施标志着广东省招生分配制度正式进入"双轨制"时期。1988年全省招生计划初步安排3.4万人，其中国家任务（或称指令性计划）为23 571人，委托代培和自费生计划（或统称为调节性计划）分别为5 216人和1 586人，委托代培和自费生约占30%。委托代培有两种类型，第一类是单位委培，第二类是合同委培。单位委培和合同委培，均面向社会公开统一招生。1989—1991年委托代培和自费生的比例大致都维持在30%左右，其中自费生控制在

3%左右,三年自费生人数分别为1 913、4 054、2 024人。至1993年,进一步扩大了调节性计划部分,在省内高等学校中占50%,加上省外高等学校在广东所招的委培生,其规模占招生计划的56.5%。调节性计划第一次超过了指令性计划(国家任务),比例之高居全国之冠。并且,即便是国家任务生也收一定数额的学杂费。"双轨"制招生改革的意义在于突破了国家指令性计划招生的单一模式,为最终由"双包"向"双自"的改革目标迈出了重要一步,积累了实践经验,也为社会接受"双自"提供了心理准备,为下一步改革铺平了道路。在当时,部分实行调节性计划招生,不仅适应了市场经济的需要,而且对缓解广东某些部门、单位、行业人才短缺的突出问题也有积极意义。因此,由单一的国家指令性计划招生向"双轨"制招生转变,并适当稳定几年,不仅是招生制度改革的进步,更是稳妥推进招生制度改革所必需的措施。

三、"双轨"向"单轨"转变

1994年之后是招生"并轨"的全面实施阶段。虽然,"双轨"招生制度比单一的国家指令性计划招生前进了一大步,但是,仍然存在许多弊端或不合理之处。比如,在招生过程中,委培生(用人单位出钱)、自费生(个人出钱)实际上存在"以钱换分"等不公平现象。如一个低分考生本来进不了指令性计划,读不了大学。但是他可以通过"委培"或自己出钱读上录取分数线相当高的大学。正因如此,"双轨"制招生造成学生学业程度不一,给教学管理和提高教育质量带来一定困难。什么样的考生有资格委培也无法有一个规范性的刚性标准,在操作上也有一定难度。"双轨"制招生也并非我们的终极目标,只是一种过渡形式。因为,"双轨"制招生只是部分的,而不是全面实施由"双包"向"双自"的转变,由国家指令性计划招进的公费生仍然存在"双包"现象。所以,招生制度的改革决不能停留在"双轨"状态下,必须向前继续深化改革。1994年广东省选定中山大学、华南理工大学、广州外国语学院、广东商学院、广州大学、深圳大学等7所普通高校实施全面"并轨",招生时不再区分"公费生""委培生"和"自费生",实行三生"并轨",

新生一律缴费上学。1995年加大了改革力度，扩大并轨招生范围。全省本科院校31所（含专科院校的本科专业）全部实行并轨招生，不再区分"公费生""委培生"和"自费生"，不再实行不同的录取分数线，新生一律缴费上学，毕业后实行自主择业和推荐就业相结合的就业办法。并轨招生后，对农业、林业、水利、地矿、民族、师范等院校（专业）全面实行国家专项奖学金制度；其他专业的学生毕业后志愿到广东省50个山区县和艰苦行业的县以下基层厂、矿、场、所工作的，也实行国家奖学金制度。招生收费维持1994年标准不变，除了个别专业如艺术外，学生每年学杂费不得超过3 500元，并严格实行"新生新办法，老生老办法"。在取得经验后，于1996年将"并轨"招生进一步扩大到全省高等院校的本、专科层次，全面提前实现了国家预定至2000年新旧体制转换的改革目标，并初步建立起一种以收费制度为标志，以招生制度改革为起点，学生毕业后在国家方针政策指导下，实行"自主择业"或定向就业的人才培养机制。

四、高考招生考试科目改革

在招生制度改革中还有一项重要改革，就是考试形式和考试科目的改革。自从1977年恢复高考以来，对高考制度一直存在不少议论。公众批评高考"一考定终身"，导致中学教育片面追求"应试教育"，以总分为录取依据，无法体现不同学校、不同专业的个性特点和要求。但是，通过高考录取学生仍然不失为在现阶段可以采取的最好的选拔人才的方法。这种观点不无道理。改革高考制度要达到三个方面的目的：一是对于考生，要提供一种相对公开、公平、公正的竞争方式；二是对于高等学校，则要寻找一种科学、合理、有效的人才选拔方式；三是对于中等教育，新的高考制度应当是一种促进学生达到全面发展要求的考试、评估制度，能对推行素质教育发挥积极导向作用。这正是我们推行高考制度改革的初衷。然而，由于我们国家社会经济发展水平较低，以及由此决定的教育和文化供给水平与人们日益增长的教育文化需求之间的矛盾很大，在高等教育方面，具体表现为高等教育普及率低与人们希望接受高等教育的超前预期之间的矛盾。在这种情况下，奢望一推行高考制度改革就能达到上述目的，那是不现实的。我们应该以一种更宽容的态度对待这一改革。

但是，尽管如此，我们仍然应该持积极态度，在进行高考制度改革的同时，对高考形式和科目进行不间断的改革探索。比如，在20世纪80年代，广东省高等教育厅就接受国家教委委托，率先在广东开展对语文、数学、物理、化学、英语5科的标准化考试试验，即将考生的原始分按一定程序转化为标准分，根据电脑排序，由高分至低分顺序录取，以体现其公正性。该试验经过五年努力取得了阶段性成果，获得国家"七五"教学科学研究成果一等奖。1993年改革招生管理制度，逐步把选拔新生的职权放给高校，实行宏观管理和必要的监督。本省本科院校录取新生，均实行学校负责、招办监督的录取体制，将分批投放办法改为按照本科、专科、中专三个层次分批录取。1995年，为考虑各种专业特点和特殊要求，并减轻学生负担，广东省又实施在高中会考基础上的"3＋2"新高考科目设置方案，即文史类专业和理工类专业考语文、数学、英语外，分别加考政治、历史和物理、化学。后来，考试科目又改为3＋X，地理也在X的范围内，这样让各专业和广大考生有了更多的选择。这些考试形式和选拔方式的改革，其出发点都是为了减轻学生负担，简化考核程序，缩短录取过程，使高等学校对考生的选择更科学、更准确、更合理。

在此，有个插曲要简单说说。在考试科目为3＋2时，2分别是政治、历史（文科专业类）或物理、化学（理工科专业类），而所有考生都不需要考地理。因而严重影响中学的课程安排，及对地理教育的重视。在应试教育思想的影响下，有的学校是少开，甚至不开地理课，学生学习地理的积极性也大大降低。我是学地理的，从各种渠道听到地理学者们的呼吁和不满。后来本省将考试科目率先改革为3＋X，高校与地理有关的专业考试科目要求加考地理。这一决定引起地理学者的关注。在一次地理的学术会议上，著名地理教育学家陈尔寿教授，还公开表扬我说："地理学家许学强当高教厅厅长，在广东（高考）就要考地理，真是太好了！"其实这也是改革的必然结果。

第三节　加强对各招生环节的管理

一、对招生录取现场的管理

高等学校录取新生的时节，整个社会似乎都聚焦在录取现场。在那个年代各种配套和管理手段还一时跟不上。因此，如何加强管理，保证公开、公平、公正地录取人才，让社会、家长和考生放心尤其重要。每年招生录取工作之前，我们都会召开正式的、规模较大的动员会，主管教育的省委常委、副省长卢钟鹤同志也会出席会议并做动员工作。如1994年8月6日，省招委会召开1994年广东省普通高等、中专学校录取新生工作会议（图5.2）。卢钟鹤同志到会并动员，强调录取新生必须遵循三条原则：一是要切实贯彻德、智、体全面考核，择优录取的原则；二是各院校要自觉抵制招生录取工作中的"条子"、名单的干扰，绝不能允许按名单和"条子"录取新生，切实做到"分数面前人人平等"；三是档案组一定要坚持按考生志愿从高分到低分调

图5.2　广东省1994年召开考风考纪的电视电话会议

配考生档案,不要积压档案,不得搞计划外招生等。我作为省招委会副主任、省高教局(厅)长,也会做具体部署,坚守"严格要求,精心组织,规范管理,严密实施"的原则,使录取工作更加规范化、制度化。

为了提高录取过程的透明度,增强社会对招生改革的认同感,我们除通过各种媒体广泛宣传招生改革的有关方针政策外,还采取许多办法,做到年年都有新招。比如,严肃考场纪律,打造严格、公平、公正的考场,不辜负省领导和人民群众的信任和重托(图5.3);组织部分边远山区的考生、家长、教师、中学校长等的代表,参观录取现场,让他们亲身体会录取过程中公平、公正选拔的具体做法;组织部分中学教师代表参观评卷现场,使他们了解评卷的全过程,看到评卷过程组织的严密性及成绩评定的准确性;开通高考成绩查询和考生录取结果查询等热线电话,方便考生随时查询,以解决他们的疑虑;由省招生办统一向考生本人寄发录取通知书,以堵塞中间环节过多而出现的各种漏洞;考生如对自己的成绩有怀疑,省招办专门组织人员,接受考生的申请,复查高考卷面成绩。通过实行这些措施,有效地净化招生环境,提高了录取工作的透明度,体现了"公平、公正、公开"的原则,因而在一定程度上增强了人们对招生改革的认同感。

▶图5.3 笔者(左)陪同广东省人大常委会副主任侣志广同志(右)视察考场

二、关于"后门风"问题

前面提过,当时广东省高等教育还处于一种"短缺型高等教育"的状态,在高等教育规模与社会对读大学的超前预期之间存在很大缺口。当时虽然我们采取了很多措施,力保"公开、公平、公正"择优录取,应该说也基本做到了,并得到了社会的认可。但在当时那个"大缺口"的背景下,人人都想读一个好大学是完全可以理解的。在当时无论是软件还是硬件建设都还不十分完善的情况下,"找关系""托人情"的现象确实存在。我们努力了,尽力了,歪风邪气、不正之风得到了很大扼制。但谁也不敢保证没有一丁点漏洞。

1997年我收到一封当年9月3日寄出的匿名信,读后有很多感触,现摘抄如下,引以为鉴。

近日耳闻类似此等低分录取、不公平竞争之消息,也说明你许厅长无力控制"后门风""人情风",在招生录取工作人员中,可能有些受贿者。因此,你的表态不够诚实,或有违心。或可说,我们考试录取的监控制度有漏洞,未能像阿庆嫂说的"滴水不漏"。许厅长大名"学强",望文生义,学界强人也!学界强,官无力压制"后门风",岂不悲乎?

三、刹住"乱招生"之风

当时,广东省高等教育迅速发展,社会各方面积极参与办学,取得显著成效。但社会各方面参与办学的条件良莠不齐。由于招生可以收费,社会上有的人,或一些不法分子,认为这是一条生财之道,就采取各种办法利用群众望子成龙的迫切心理,想尽办法,乱发诱惑性广告,蒙骗广大考生及家长,违章招生办学,不知真相的群众就容易受骗上当。

当时违章招生办学有几种情况:未经高教主管部门批准,打着高校的牌子招生办学;不具备办学条件,既无固定的办学场所,也无专职的管理队伍;将属于自学考试、社会助学性质的非学历辅导班,刊登为有"大专文凭"的学历教育班；许诺发给毕业学生大专文凭或中专毕业证书，国家承认学历，毕业生包分配等；收费未经省市教育和物价部门审核批准，有的收费高达1.5万多元。

为了刹住乱招生乱办学的乱象，我们利用各种场合、各种工具，包括通过各大媒体向社会讲清事实，揭露真相，将特别严重者交有关部门处理。在新闻发布会上我们指出，取得国家承认的高等教育学历文凭的合法途径有以下5种：一是普通高等学校教育。二是成人高等教育。这两种学生必须参加全国统一的普通或成人高考，并由省招办统一组织学校严格按国家下达的招生计划和制定的招生政策录取入学。三是高等教育自学考试，考生按照省自考委规定的课程参加自学考试，取得全部课程合格成绩，由省自考委颁发毕业证书。四是电大注册视听生教育。广播电视大学招收的注册视听生，以自学和收听、收视广播、电视等为主，实行完全学分制，发成人高校或自学考试文凭。五是民办高等教育机构试行的高等学历文凭考试，发自学考试文凭。当时经省高教厅批准举办这种教育的有广州侨光财经辅导学校、广州白云职业技术学院、广州南洋自学考试辅导大学等教育机构。除此之外，任何免试入学发学历文凭都是不合法的。当时还专门设置了省高教厅办学合法性咨询电话：（020）87771474。同时我厅还在报纸上揭发了一宗盗用中山大学名义乱招生的事件，以引起社会各方面重视。报纸上报道：×××等人盗用名牌大学的校名，利用一些考生和家长求学心切的心理，以"免试入学，修满学分，国家承认学历，名牌大学盖章"等诱惑性的广告，骗取学生的学费。实际上这几个人根本就没有固定的办学场所，没有固定的师资，没有任何设备，更重要的是没有资格发放国家承认的学历证书。这种欺骗行为的受害者涉及面广，扰乱了国家的正常办学秩序，侵犯了名牌大学的权益，破坏了国家办学机构的声誉，给学生家庭带来了不必要的经济损失，给学生本人造成了时间上的损失。

《中华人民共和国教育法》第75条规定：违反国家有关规定，举办学校或者其他教育机构，由教育行政部门予以撤销，没收违法所得，退还所收费用。对这件事的揭露和处理，让我们引以为戒。被盗用校名的学校要净化校园环境，维护学校的声誉。对盗用校名进行欺骗性宣传的广告，有关学校应请媒体及时声明制止，以正视听，不给社会上的不法分子有机可乘。也奉劝家长、考生对社会上带有诱惑力的广告及招生简章进行分析，并向有关部门咨询，以免上当受骗。

第四节　招生制度改革中的收费上学问题

一、收费上学的积极意义和负面反应

改革原计划经济体制下国家包学生上学的做法，逐步实行缴费上大学的制度取得良好效果。愿意自费上学的学生越来越多，甚至有不少过了国家任务指标录取线的考生，愿意放弃国家任务指标录取的机会，自己掏钱读本人喜欢的专业。1994年七所试点并轨招生的学校，生源不仅未受影响，生源素质反而提高了。中山大学报考人数与录取人数之比是5.17∶1。华南理工大学是6∶1。中山大学录取的考生都是高分段的，如理科新生平均698分，超出重点线68分；文科新生平均722分，超出重点分66分等。试点院校普遍反映，并轨录取的新生素质较均衡，对今后的教学管理和提高教学质量非常有利。实行并轨后更好体现了录取新生公平、公正的原则，能较好地做到按志愿从高分到低分录取。往年招生分国家任务、代培、自费三个层次、三条录取控制线，代培、自费分数低一些，在一定程度上说，有钱可以读好学校、好专业。并轨后实行一条分数线，真正体现"分数面前人人平等"。

"掏钱上大学"这一概念逐渐为考生、家长和社会所接受。对于高等学校来说，收取学费虽未覆盖全部的培养成本，但毕竟也是教育经费来源的重要渠道，为改善教育条件，提高教育质量提供了条件。"掏钱上大学"后，考生对报考专业的选择性加强，希望所学专业能找到一份好工作，所学知识和技

能能用得上，这就迫使学校调整专业结构，优化课程设置和教学内容，推动教育教学改革。再者，"掏钱读大学"使学生认识到家庭对自己的教育投入来之不易，就业也没了铁饭碗，要靠自己的实力去竞争。因而产生了学习的压力和动力，推动了学校学风和校风建设。

但是应该看到，我国区域经济发展极度不平衡，城乡居民收入差距大，城市居民收入也不平衡，相当一部分学生无法承担全部学杂费和支付平日必要的学习、生活费用。

为了准确了解大学生对缴费上学改革的反应，以及其经济和心理承受能力，我们对试点学校进行了问卷调查。共发出问卷 2 132 份，收回有效问卷 1 568 份，回收率 74%。经分析收回的有效问卷了解到，高校学生对收费上学改革的看法，持反对态度的大约占 50%，持赞成态度的占 30%，持中立态度的接近 20%。

对这样一项改革，为什么多数学生持反对或中立态度呢？主要是他们认为现行收费标准过高，步子迈得太大，而相应的配套措施没完全跟上。他们中还有一些人认为，过高收费会导致以后"富者有钱有识而更富，穷者无钱无识而更穷"，"无法使农村人才有进修机会，拉大城乡差距"，"农村英才被埋没"，"使经济不发达地区本来匮乏的建设人才更加匮乏"，"高额收费容易助长学校的奢侈浪费"，"政府要增加投入，不能将责任推给学生"等等。

学生对缴费上学改革的态度与学生来源、所学专业、家庭经济状况不无关系。根据分析，外省农村来的学生总数中有 74% 对改革持反对态度，其次是外省城市学生，有 60%，再次是广东省农村学生，有 53%，最低的是广东城市学生，有 40%。不同专业的学生对收费改革的态度也有一定差别。总的来说，"冷门"专业的学生比"热门"专业的学生往往更多地持反对态度。例如，中山大学地质系 94 级学生持反对态度的占 93%，而该校国际贸易专业 94 级学生只有 33% 持反对态度。这种状况仍然与学生来源有关。地质系 74% 的学生来自外省农村，而国际贸易专业 78% 的学生来自广东城市。总之，家庭经济条件比较差的学生对收费改革持反对或中立态度的较多。这些反应也是情理所在。

二、加强宣传教育，增强社会对收费上学的心理承受能力

以上情况说明，当时高校招生收费改革处于两难境地，一方面"并轨"和收费上学是国家经济体制改革和深化教育改革的必然趋势，不改不行；另一方面不少学生和家长对改革不满意，不理解。对这个矛盾处理不好，不仅改革难以推行，而且学生学习也受影响。

为此，首先必须加强宣传教育，增强学生对收费上学的心理承受能力。要实事求是地向学生说明我国的经济财政状况，使学生理解高等教育收取部分培养费是受教育者应尽的责任和义务；要全面宣传"并轨"收费改革的积极意义及其与社会主义市场经济的关系，引导学生从社会全局和历史趋势看问题；宣传党和政府对资助困难学生工作的重视，正在采取多项措施，保证"穷孩子也能上大学"；宣传政府在推行学生缴费上学的同时，也在加大高等教育的投入，改善和发展高等教育，让更多孩子能接受高等教育（图5.4）。上学收费不是政府卸包袱，而是使学生消除拜金主义和"等价交换"的心理，增强克服困难的信心，努力学习，报效国家。

▶图5.4 笔者（中）接受记者采访关于收费与保证穷孩子能上大学的问题

三、合理确定收费标准，严禁乱收费

"并轨"招生后，收费问题成为社会关注的一大"热点"。为维护收费制度的严肃性和合理性，1994年6月，根据国家政策和本省实际情况，广东省人民政府颁布了《广东省教育收费管理规定》，提出高等学校收费标准要依照生均实际培养成本和参照本省城乡居民实际收入水平而定。根据国家有关规定，大学收费标准一般为学校培养成本的25%左右。

广东省的实际情况是，1994年省属高校生均经费（相当于大部分培养成本，没考虑固定资产的折旧）为19 947元。经与省有关部门研究报省政府决定，当时的收费标准最高不超过每学年3 500元（包括住宿费和学杂费），只相当于生均经费的17.5%，也没有超过城乡居民年均收入的25%，低于国家关于大学收费标准的规定。这个收费标准还说明，所谓学生缴费上学，并非全自费，他们也只是缴了一小部分培养费用，大部分还是由国家负担。收费标准的制定是严肃的。我们做了不少调查研究，与有关部门进行了反复协商。

这里讲一个小插曲。我还记得，我们为学生上学收费问题，多次到物价部门共同讨论。有一次，我带着我厅基财处和规划处的负责同志去省物价部门拜会该部门领导，开始讨论时大家公事公办，客客气气。后来也许因为意见有分歧，我们站在学校立场上，他站在物价维稳的角度，难以统一在一个点上。慢慢地他开始表现出很不高兴的样子，黑着个脸，从座位上站起来。看情况不妙，我们也站起来，他就"得寸进尺"，侧着身往我们身边挤。我们就后退半步，一直快到门边。我突然醒悟，他在赶我们滚。我心想，这个人，论年龄比我小很多；论学历比我低不少，他本科毕业，我是教授、博士生导师；论地位差不多。事情谈不成，各持己见，没关系，但总应给几分薄面，事情谈不成仁义还在嘛！想到这些我也有点生气了，于是转身离开了。后来通过省政府办公厅协调，我们两个局总算达成了一致意见。

在制定并推行缴费上学改革制度的同时，必须采取措施，明文规定，严禁借改革之机巧立名目乱收费；不得以任何理由抬高收费标准；严禁跨学年预收学杂费；实行新生新办法，老生老办法。我们在进行招生、收费制度改革的时候，利用报刊、电视、广播电台、举行新闻发布会等媒介和手段广为宣传，传达信息。要求各校，凡违章收取《教育收费许可证》规定以外的一切费用，都应如数退还给学生。与各媒体密切配合，希望通过媒体和社会监督，维护社会稳定，保证改革顺利进行。

第五节　采取十大措施，保障穷孩子上大学

帮助家庭经济困难的学生进入大学学习，并保证这些学生不因经济原因辍学，是教育公平性和社会主义制度优越性的体现，也是政府、学校、社会和家庭应共同承担的责任，也是招生、就业制度改革成功的关键。

一、对资助困难学生工作的回顾

党和国家一贯对高等学校中经济困难学生生活问题十分关心和重视，要求教育管理部门加快制定收费制度改革的配套措施，把解决学生生活困难的问题放在保证高校稳定，保证社会安定，保证教育体制改革顺利进行的高度予以充分重视。1949年以来，我国一直实行人民助学金制度，为工农兵子女上大学提供了必要的生活条件。我记得，1958年至1963年间，我读大学的五年，都领取了丙等助学金。改革开放以来，随着经济发展，人民生活水平明显提高，负担子女上大学的生活费一般不存在问题。对少数确有困难的学生政府给予无息贷款。从1986年开始，我国改革人民助学金制度，设立奖学金制度和贷款制度。奖学金规定设立优秀学生奖学金、专业奖学金和定向奖学金。优秀学生奖学金用于奖励德、智、体全面发展的优秀学生。专业奖学金，用于鼓励报考师范、农林、民族和航海等专业的学生。定向奖学

金,用于鼓励立志毕业后到边疆地区、经济贫困地区和自愿从事煤矿、石油、地质、水利等艰苦行业工作的学生。但是,后来大家都觉得奖学金和贷学金的标准相当低,每人每年才是300~400元;覆盖面也很小,享受优秀奖学金的学生一般只占在校生的25%,可以获得贷学金的学生一般也只占在校生的30%。

对于高等学校这部分学生生活困难的问题,政府一直高度重视。1992年至1994年中央几次拨专款对国家教委直属院校困难学生进行补助,同时提高了本专科生专业奖学金和研究生奖学金标准。广东省政府拨出专款2 000万元作为省高校奖贷学金基金,拿出1 000万元增加师范生和研究生的生活补贴。1994年,我们制定了《广东省普通高等学校奖学金实施办法(试行)》和《广东省普通高等学校贷学金管理办法(试行)》,并轨院校对新制定的奖贷学金制度普遍反映良好,逐步形成了以奖学金、贷学金、勤工助学基金、困难补助为主体的面向高校困难学生的多元资助体系。

二、资助困难学生的十大措施

1. 设立国家专项奖学金

国家专项奖学金为报考师范、农林、水利、民族、地矿等专业,并立志于从事这些专业相关工作的学生或毕业后立志到本省山区县、艰苦行业工作的学生而设。其作用是奖学金与就业挂钩,推动高校毕业生就业制度改革,引导毕业生合理流向,鼓励毕业生到艰苦的地区、艰苦的行业去工作。国家专项奖学金面向在粤的所有普通高校,名额不受限制,奖学金金额不低于学杂费收取标准。不论生源来自何地,只要毕业后到本省五十个山区县、少数民族地区和师范、农林、水利、地矿或其他艰苦行业工作,办理必要的手续,就可领取。国家专项奖学金所需经费全部由省奖贷学基金解决。

2. 设立单位专项奖学金

单位专项奖学金类似于定向奖学金,是某些社会企事业单位、有关政府部门和地区在学校设立的专项奖学金。领取单位专项奖学金的学生,与就业挂钩，必须履行与提供奖学金的单位签订的合约，毕业后到该单位就业。单位专项奖学金是该单位需要人才请学校培养，以前是由代培单位给代培生缴的学杂费，现在则以设单位专项奖学金的形式，由学生申请。代培单位应当将奖学金按年度一次性划入学校。奖学金金额不低于学杂费收取的标准。代培单位不能参与招生和奖学金发放环节。如中山大学财政学专业和国际会计专业每年分别有50个指标和40个指标可领取广东省财政厅奖学金，每生每年3 500元。法学专业每年有40个指标可领取省司法厅奖学金。

3. 设立优秀学生奖学金

优秀学生奖学金主要为各学校德、智、体各方面表现突出的学生而设。优秀学生奖学金主要是学校根据学生在校的表现而发放，其资金来源从学校年度收取的学杂费中提取。各校可根据本校教学管理需要、办学特色、学生表现、经费情况等自行研究确定获奖条件、评定办法、经费来源和奖学金额度等具体操作办法。但获奖面要比以前广，奖金额度比以前大大提高。

4. 设立贷学金

贷学金主要是为生活困难的学生而设。贷学金金额一般控制在每生每年2 000元，比原来的标准300元提高许多。贷学金是无息的，学生在毕业时或毕业后一次或分次返还。贷学金的资金来源按财政拨款渠道来负担，即省财政负责省属高校的贷款金额，部委属学校由有关部委负责。1994、1995、1996年度各高校申请贷学金的人数，分别为68、256、781人，领取贷学金总额分别为13.58万、50.78万、153.83万元。

5. 企业、个人在学校设立的各种奖学金

为了进一步深化招生、收费、毕业生就业制度的改革，帮助经济困难学生完成学业，我们通过各种媒体宣传，欢迎社会各界人士都来支持这项改革，资助困难学生上学，欢迎企业和个人在学校设立不带任何目的的奖学金。这种奖学金金额不限，不与就业挂钩。如壳牌（中国）有限公司、广州高露洁有限公司、健力宝集团公司等，曾宪梓、许崇清、花旗银行、IBM公司等，都在一所或多所学校设立奖学金（图5.5，图5.6）。企业设的这些奖学金虽没有直接与就业挂钩，但有的有着极大的广告效应。

▶图 5.5 与曾宪梓先生（右）交流奖学金等问题

▶图 5.6 与企业合作，在学校设立奖学金

6. 完善勤工助学工作

要把勤工助学工作看成教育改革的一个重要组成部分，作为育人的一个实际环节继续深入开展。通过教学管理、教学改革、校内用工体制的改革来切实保障勤工助学的有效开展。各校设立困难学生档案库，保证安排不漏掉一个学生。勤工助学资金来源主要是：学校行政经费拨一点，学杂费中提取一点（约5%），单位、个人捐赠一点，以此作为勤工助学基金。生活困难学生通过自己的劳动获得带有补贴性的报酬，这对学生树立自立自强的观念，

接触社会，接触劳动群众，增强适应社会能力、服务社会的意识很有作用。

7. 对经济困难学生实行学杂费减免的政策

国家教委十分重视对经济困难的学生减免学杂费。减免学杂费是保证困难学生接受高等教育的一项重要措施，由各高等学校按有关规定，结合学校实际情况，制订本校的减免学杂费的实施办法，报学校主管部门备案施行。

8. 对特困生给予特别补助

学生中有极少数人家庭特别困难，或发生意外事故，不仅没有能力缴纳学杂费，而且连日常生活费都没有办法解决。对这部分学生我们和学校积极主动关心，进行深入调查研究，给予定期或临时性补助，绝不让学生因经济困难而辍学。

9. 逐步推行学分制

从国情出发，考虑学校学科专业实际，积极推行学分制，弹性学年制，让经济困难学生有更多的机会进行勤工助学活动，有的可试行半工半读。

10. 继续做好专业奖学金和研究生生活补贴工作

为保证学生在校期间生活和学习的基本需要，当时，国家教委、财政部较大幅度提高了奖学金发放标准，显著提高了研究生的生活补贴标准。省政府当年继续拿出 1 000 万元增加师范生和研究生生活补贴。我们立即制订方案，快速发放。

三、多方努力，做好资助经济困难学生的工作

对困难学生的资助问题是一个很复杂、涉及面很广的问题。随着招生收费制度的进一步深化改革，经济快速发展，生活水平日益提高，这项工作会愈来愈突出，愈来愈迫切。妥善而有效解决，需要政府、学校、学生和社会各方面的共同努力。不仅需要省政府加大投入，而且我们作为主管部门也应当加强领导和管理，另外，大学作为面向社会独立办学的法人单位日渐成熟，因此在落实国家政策，组织对经济困难学生的资助上，政府、学校都应当担负起越来越大的责任。学校设置专门机构，专人负责，建立经济困难学生档案，管理

好国家拨出的补助专款，主动争取社会各方面支持，增加资助经费的来源，公平、合理、及时发放资助款，避免出现学生因经济困难而辍学的事件。

与此同时，要加强对经济上有困难学生的思想教育工作，教育他们要适应社会主义市场经济体制及高等教育体制改革的需要，从大局出发，坚定信念。一方面要努力学习，全面发展，用优异成绩报答党和人民的关怀。另一方面，要转变观念，自立、自尊、自强，积极配合做好各项资助工作。要在学生中大力提倡相互关心、相互帮助、勤俭节约、艰苦奋斗的精神，发扬光荣传统，珍惜父母的血汗钱、人民的血汗钱，反对超前消费。

学生家长也应认识到，缴纳部分培养费让子女读大学，减轻国家负担，也是自己应有的责任和义务，也可看作一种智力投资，是对未来的投资。应该积极筹措资金，让子女安心就学。资助困难学生问题不仅仅是教育部门的问题，也需要全社会的关心和支持。特别是广大新闻工作者应当积极配合教育部门做好国家政策、学校资助工作的宣传报道，把国家的关怀、社会的温暖送到每个困难学生手中和心里，鼓励学生奋发向上，努力学习，转变观念，自立自强，这是做好对困难学生资助工作的关键所在。总之，千方百计，做好各方面工作，让穷孩子不用发愁，保障他们只要成绩好，可以同样上大学和完成学业。

由于采取如上的种种措施，实施"并轨"招生、"收费上学"改革，广东高校未出现被录取大学生因经济困难而未能上学的事情。

第六节　以自主择业为取向的毕业生分配制度改革

一、由"统包统分"到"自主择业"的改革过程

在计划经济时代，国家对高校毕业生实行的是自上而下、"统包统分"的就业政策。在当时特定的历史条件下，这对我国社会经济发展曾起到了一定

的积极作用。但是，随着我国社会主义市场经济体制的确立和完善，教育体制改革的深入，高校毕业生就业制度伴随招生制度改革而开始改革。改革初期，高等学校毕业生中的自费生开始试行"择优推荐，自主择业"，取消了包当干部的政策。但由于高校毕业生数量还不大，人才供不应求，因此多数院校毕业生仍采用传统的计划分配模式，即自上而下的、统包统分的指令性分配制度。到了1985年后，将过去自上而下的指令性分配计划，改为主管部门与学校上下结合制订分配计划。学校根据国家的方针政策和社会需求，结合毕业生实际愿望，提出建议分配方案，报省有关部门综合平衡。这种自上而下，上下结合向社会输送人才的办法，减少了盲目性，也有利于调动学校和用人单位的积极性。

　　随着招生"双轨"制的实施，毕业生就业制度改革逐步深化。在政府统筹下，由学校和用人单位共同协商，通过供需见面，落实分配计划。1994年后，随着"并轨"招生全面实施，毕业生就业制度也逐步完善。高等学校除少数毕业生按合同就业外，大部分进入人才市场，通过"双向选择"就业。为保证"双向选择"顺利进行，每年每校都召开各种形式的"供需见面会""招聘录用会"等。这样做增加了用人单位选择毕业生的自由度，也给毕业生提供了更多、更方便的择业机会。每年春节后，在广州、深圳等地举办各种高校毕业生的"供需见面会"，深受同学们欢迎。全国各地来参加的毕业生非常踊跃，包括外省（自治区），如新疆维吾尔自治区、黑龙江省等的毕业生都来参加。他们认为，这种供需见面会，双向选择，有利于人尽其才，是一个公平竞争的好场所、好机会。用人单位有了选择人才的自主权，双方经过选择，两相情愿，来者安心，用者放心。双向选择使学生懂得有本事才能找到好单位。尤其是一些热门专业，竞争相当激烈，有的当场还要考核、面试，不仅看学习成绩、表现，还要看各方面素质，这就促使同学们在学校期间好好学习，全面发展，努力提高自己的综合素质。

二、加强就业指导工作的组织、协调和政策引导

毕业生就业工作是群体性、时效性、政策性很强的工作。如何快速沟通供需信息，保证人才的合理流向，有效地实现毕业生"自主择业"，用人单位"择优录用"，是毕业生就业制度改革成败的关键。为此，广东省首先于1996年成立常设的广东省高等学校毕业生就业指导中心，负责就业信息收集与发布、政策咨询、供需协调、毕业生就业问题研究等。

然后，加强就业工作的组织协调。为做好毕业生就业工作，由省计委、高教厅等有关部门每年召开一次全省性的就业工作协调会议，分析就业形势，阐述就业政策，提出本年度就业工作的要求，使每所学校能够综观全局，明确重点。如1993年在惠州市召开全省1993年度高等学校毕业生就业协调会，总结分析就业形势是需求量继续扩大，就业前景广阔。一般专业供需比1∶2左右，某些热门专业1∶10，甚至更高。从就业市场看，社会对毕业生的要求有三个特点：① 需求层次提高，青睐研究生；② 不仅注重学业，还注重政治表现、活动能力；③ 为顾及企业形象，对毕业生的身材、相貌、口语表达能力都提出要求。就业协调会议还明确表示，国家任务生、委培生、师范生仍然按原要求安排。这样的会议对各高校制订方案，做好学生就业工作有很大帮助。

再后是推行人事代理制度。随着社会主义市场经济的发展，非公有制经济已成为社会主义市场经济的重要组成部分，并逐步成为毕业生就业的主要去向。为适应这一变化，广东各地不断推行和完善人事代理制度，为毕业生到非国有企业就业提供服务。凡办理人事关系托管手续的毕业生，在托管期间，转正、定级、工资、提升、职称评定、调动交流等，均与国家干部同等待遇。

最后，也是非常重要的一条是，根据国家政策和广东的实际，及时提出政策性的毕业生工作意见。

三、运用经济杠杆,引导人才的择业流向

在新的毕业生就业体制下,"自主择业"并不是无条件的"自由就业",而是在国家方针政策的指导下,有组织、有秩序地"自主择业"。这便要求政府主管部门必须在更高的层面上考虑,不仅要加强组织和引导,运用政策,而且还要运用经济杠杆,引导毕业生的"自主择业"不仅有序而且流向合理。例如,1994年,广东颁发了《毕业生就业调整费及教育补偿费收费管理办法》。该办法规定,国家任务生申请并经学校审核同意不按政策导向而自己择业者,须交回全部培养费,被经营性单位聘用者,由聘用单位向高等学校交付学生在校期间全部培养费的30%~40%,到山区县就业者,则免收培养费;定向生不按合同就业者,除按规定收取调整费之外,还须缴纳相当于在校期间全部培养费的40%的违约金;凡按规定已派遣的毕业生要求到珠江三角洲发达地区就业者,要收取一定的调整费,要调整到省内50个山区县者,则免收调整费,而对自愿到山区就业的非当地生源和国家重点保证单位的毕业生则给予3 000~10 000元的奖励等等。由于在做好思想工作的同时,采用了经济杠杆,使高校毕业生流向逐步趋于合理。用1995年与1993年的数据相比,当年毕业生分别为,38 657人、45 362人,在珠江三角洲发达地区就业人数分别为23 210人、28 732人,分别占该年毕业生总数的60.0%、63.3%,提高了3.3个百分点;在省内边穷县市就业人数分别为7 655人、11 268人,分别占该年毕业生总数的19.8%、24.8%,提高了5个百分点;其余被中央驻粤及省直单位录用。这些数据说明,虽然珠江三角洲发达地区仍然是毕业生首选的目标,但到边穷县市就业的毕业生明显增加,其增加速度快于珠江三角洲发达地区。

四、规范毕业生就业市场

1. 供需见面会

毕业生就业市场是沟通供需关系,实现毕业生"自主择业"和用人单位"择优录用"的重要桥梁。因此规范毕业生就业市场,维护学校的正常教学秩

序和毕业生的利益,就成为深化毕业生就业制度改革不可忽视的问题。1993年广东省政府颁发了《批转省高教局、计委关于深化我省高等学校招生、毕业生就业制度以及成人高等教育、普通中等专业教育招生改革意见的通知》,明确提出要在省主管部门的指导下,建立毕业生就业市场,由学校组织毕业生和用人单位开展"双向选择"活动,以规范供需双方的行为。1996年更明确规定:对直接面向高等学校毕业生和用人单位的供需见面活动,必须以高等学校为主来组织;全省性、区域性的供需见面会,则由省计委、调配单位统筹安排或委托有关高校承办;其他部门、单位举办行业性、地区性的面向高校应届毕业生的各类市场,须经省政府批准并接受省毕业生就业主管部门的指导和监督;毕业生参加各类"供需见面"活动,须经学校同意,并持有国家教委统一格式的协议书,否则,所签协议无效;等等。从1996年开始,又规定除继续鼓励各高校根据本校实际情况,积极邀请用人单位到学校,在校内举办小型的"供需见面会"和招聘活动之外,对于全省性的供需见面活动,则改为由省统筹组织安排,分科类分专业,由学校分点承办的形式组织全省高校毕业生供需见面活动(图5.7)。分别由华南师范大学承办师范类专业供需见面会,中山医科大学承办医学类专业供需见面会,华南理工大学承

图5.7 毕业生供需见面会

办工科类专业供需见面会，中山大学承办文理、财经、政法、艺术、体育类专业供需见面会，广东外语外贸大学承办外语、外经、外贸类专业供需见面会，华南农业大学承办农林类专业供需见面会。在6类供需见面会中，用人单位共有1 800多人参加，设摊位900多个，入场毕业生共达2.65万多人次。这些供需见面会由于以学校为基础，按科类组织，针对性强，因而大大减少了毕业生和用人单位在双向选择过程中的盲目性，提高了见面的成效。

2. 毕业生利益的"总代言人"

然而，完善毕业生就业市场还任重道远。首先，作为市场主体的毕业生往往对校外的企业制度和工资劳动人事制度不太了解，对自己就业的期望值过高，往往在毕业前夕感到压力大，前途茫然。想一出大学校门就能在大城市找到一份好工作，一般不愿回家乡，到基层工作，时常出现"就业恐慌症""择业焦虑症"。面对这些彷徨的学子们，我们有许多工作要做。要有针对性地谈心，开展心理咨询，缓解心理压力，帮助他们尽快落实就业单位。

1998年2月我们通过媒体做工作。后来报纸如是说：

作为大学生利益的"总代言人"，广东省高教厅厅长许学强与本报记者坦率交谈，其中不乏良言妙策。毕业生们死守大城市户口这道"最后防线"，常常"该出手时不出手"，在众多意向单位之间犹豫，就使就业空间变得异常狭窄，大有千军万马过独木桥的现象。不少人觉得，熬完四年寒窗后却回基层，似乎不值得。大学生变得不再像过去那样金贵，这正是社会进步的表现，说明人才需求档次提高，大学生数量大大增加。

找个好工作也存在时间差。现在跨出校门找工作，也有一个挑选过程。人的一生往往要挪动几次才能如意。从较差的工作做起本身就是在积累日后再觅高就的本钱。而现在许多单位更青睐有工作经验的往届毕业生。

3. 招聘人员的公正性

有的用人单位为追求表面的"人才效应"，对于本来专科生可胜任的工作，却热衷于录用较高学历的本科生和研究生。用人单位，特别是一些国有企业，由于其在某种程度上还保留着"铁饭碗"，或因单位的用人指标已内定，或因主管领导不重视，设摊招聘只是为了应付差事，所派出的招聘人员往往素质不高、决定权有限，因此选择、录用的成效低。从人才市场的全局看，就业法规不健全，供需双方签订合同后彼此违约的情况也时有发生。市场机制尚未完善，人际关系网在毕业生就业过程中仍起重要作用。有的单位不从单位的经济社会效益出发，而较多地考虑人际关系，将有限用人指标用于安排亲戚、关系户。因此，在全社会进一步搞好党风廉政建设，在加快现代企业制度改革，真正树立企业竞争就是人才竞争的观念的同时，制定和健全高等学校毕业生就业管理政策，依法保护毕业生和用人单位双方的权益，把择优录用真正落到实处，是一系列亟待落实的问题。

4. 学校毕业生就业工作部门职能的转变

学校如何及时转变毕业生工作部门的职能，把毕业生工作重点由以往直接分配毕业生转为对毕业生就业服务十分重要。如及时收集就业信息，介绍毕业生情况，帮助毕业生尽快落实单位；经常了解毕业生就业思想动态，有针对性地开展谈心活动、心理咨询，指导毕业生正确择业，缓解其心理压力；对确有困难的学生帮他们补习必要的课程，增强他们在就业中的适应能力。对于学校来说，还有一个十分重要的问题是如何培养适销对路的人才。学校要根据社会主义市场经济的需要，调整专业结构，更新教学内容。即便如此，教育学科和内容的调整总是滞后于市场需求的变化。如1998年毕业生是4年前按当时的宏观调控招进来的，与4年后的就业形势不可能丝丝入扣，这一时间差尤其给某些长线专业的毕业生找工作单位带来麻烦。这种结构性的微小差距是难免的，学校培养的人才也不能口径过窄，应当保持一定的灵活性。

第六章

大力实施若干教育工程

　　从高等教育现实基础出发,要建设教育强省,追赶亚洲"四小龙",必须大力充实办学条件,改善教学环境,提高各级各类高等学校的教学科研水平,培养基础理论扎实、知识面较广、实践能力和创新能力较强的德智体全面发展的社会主义建设者和接班人;在充分发挥部委属在粤高校作用的同时,建设好一批省属重点学校和重点学科,使之能达到全国同级同类学校与学科的先进水平;建设一支具有良好政治和业务素质的、群体结构合理的高校师资队伍,特别是加快青年教师和骨干教师的培养,形成合理的、高水平的、具有国际视野的学术梯队。

第一节　实施"211工程"建设

一、任务的提出

　　在邓小平理论指导下,为了促进高等教育的发展,适应21世纪国家社会经济发展对高素质专门人才和高水平科研成果的需求,1991年全国七届人大四次会议批准的《国民经济和社会发展十年规划和第八个五年计划纲要》中提出:"有重点地办好一批大学。加强一批重点学科的建设,使其在科学技术水平上达到或接近发达国家同类学科的水平。"1991年12月,原国家教委、国家计委和财政部经过充分协商,提出了《关于落实建设一批重点大学和重点学科的实施方案的报告》,一致同意设置"重点大学和重点学科建设项目"(简称"211工程")。1995年,经国务院批准,"211工程"作为教育战线唯一的国家重点建设项目列入"九五"计划,并开始实施。其基本内容是面向21世纪,集中中央和地方各方面的力量,分期分批地重点建设100所左右的高等学校和一批重点学科、专业,到2000年左右在教育质量、科学研究、管理水平及办学效益等方面有较大提高,在教学改革方面有明显进展,力争在21世纪初有一批高等学校和学科、专业接近或达到国际一流大学的水平。

冷静思考,要完成这项任务,达到上述目标,在基础差、时间短、投入又不足的情况下是相当困难的。但是,党和国家毕竟提出了明确目标,各级政府重视,反映了广大教育战线工作者的心声和全国人民的愿望,所以任务一下达,我们就全力以赴,可以说搞得热火朝天。当时主管全省教育的省委常委、副省长卢钟鹤同志的座驾车牌有三个相连的数字正好是"211",同志们笑称他为"211省长",充分表明大家对这项工作的重视和真情投入。

1998年5月4日,原国家主席江泽民同志在庆祝北京大学建校一百周年大会上向全世界宣告:"为了实现现代化,中国要有若干所具有世界先进水平的一流大学。"由此,教育部决定实施"面向21世纪教育振兴行动计划",重点支持国内部分高校创建世界一流大学和高水平大学,简称"985工程"。1999年,国务院批转教育部《面向21世纪教育振兴行动计划》,"985工程"正式启动建设。该工程的一期建设率先在北京大学和清华大学开始实施。2004年才开始启动第二期。由于我2000年初就卸任厅长,因此,我在此仅谈谈广东省"211工程"建设。

二、谁进入"211工程"行列?

在那个缺资金的年代,我们都要花相当大的精力去争取资金。学校如果进入了"211工程"行列,不仅标志其地位水平高、声誉好、学生质量高,容易引进高水平师资,更为重要的是,凡进入"211工程"行列的学校都带有项目，国家及各级政府、部门有专款支撑。因而各省、各部委及学校都努力争取将自己管理的学校挤进"211工程"行列。因此，"211工程"建设，首先就要确定谁可进入"211工程"行列。

在广东谁能最先进入"211工程"行列呢？当然首推国家教委直属的中山大学、华南理工大学。无论从国内外影响、办学水平和教育质量，还是对广东社会经济贡献度来说都应如此。况且这两所大学又是在全国率先实施"共建"的学校，而"共建"的最直接目的，就是推动学校尽早进入"211工程"行列。于是我们反复与国家教委沟通，与两校商量研究，积极准备。经省政府和国家教委共同申报"211工程"建设规划，经国务院"211工程"部际协调小组同意，1995年6月1日至3日，广东省人民政府与国家教委共同组织了对中山大学和华南理工大学申请进入"211工程"行列的部门预审。1996年6月12日广东省人民政府与国务院侨务办公室对暨南大学申请进入"211工程"行列进行了部门预审。

按惯例，像广东这样的省份应该有一所省属高校进入"211工程"行列。从广东的实际情况来看，广东工业大学还刚刚组建，处于磨合期。虽然该校与广东产业发展息息相关，但毕竟力量单薄，办学水平和教学质量都还有相当大的不足。广东外语外贸大学也正处于划转合并之中，办学实力离要求的差距还较大。横看竖看只有华南师范大学还有一定基础。华南师范大学由老中山大学分出来后，省政府一直相当关注这所学校的发展。特别是20世纪90年代，华南师范大学作为教育的母机，要建设教育强省，提高中小学师资水平，提高高校学生的入校水准，则必须办好师范院校。于是省里加大了对华南师范大学的投入。从全国来看，华南师范大学在全国的省属师范大学中排在前列，即使与有的部委属师范大学相比，总体差距也不大，有些学科，如心理、体育、激光等还处于全国前列。于是省政府下决心将华南师范大学作为省属大学列入"211工程"行列。经国务院"211工程"部际协调小组同意，由广东省人民政府组织，于1996年10月23—24日对华南师范大学申请进入"211工程"行列进行了部门预审。

以上4所大学"211工程"建设均纳入国家100所"211工程"建设规划

范围，属国家计委立项。后来，各部委和地方省政府积极要求，希望增加一些学校进入"211工程"行列。1996年10月10日"211工程"部际协调小组第三次会议研究并转发了该次《会议纪要》。根据纪要精神，广东省人民政府分别与卫生部、农业部共同组织，于1996年10月31日和11月18日对中山医科大学、华南农业大学申请进入"211工程"进行部门预审，同意以共建形式批准实施"211工程"项目建设。后来，到1997年6月10日国家中医药管理局效仿卫生部、农业部，与广东省人民政府以共建形式，组织并同意广州中医药大学进入"211工程"行列。

汕头大学又是另外一种情况，是一所改革开放之初与经济特区同步创建的大学，得到了我国香港著名爱国人士李嘉诚先生鼎力而持续的支持，在党和国家领导人关怀及广东省人民政府重视下，得到超常规发展，基本上达到了进入"211工程"行列的条件。在李嘉诚先生及学校强烈要求下，于1996年12月16日，由广东省人民政府组织部门预审，确认汕头大学具备了进一步发展的基础，具备了进入广东省"211工程"行列的基本条件。1998年4月，广东省人民政府在立项批复中，进一步确认，汕头大学"211工程"建设总体目标是：加大学校综合改革力度，以重点学科建设为龙头，全面提高教学质量、学术水平和办学效益，使学校整体实力显著增强，为21世纪学校持续发展、实现总体建设目标奠定坚实基础（图6.1）。

图6.1 汕头大学"211工程"建设项目立项专家论证会

经过一番努力，最后确定中山大学、华南理工大学、暨南大学和华南师范大学一共四所作为国家计委立项的"211工程"高校，而中山医科大学、华南农业大学、广州中医药大学和汕头大学作为有关部委和省政府共同或单独立项的"211工程"学校（图6.2，图6.3，图6.4，图6.5，图6.6，图6.7）。后来由于管理体制改革，有的高校划转地方管理，有的高校合并，情况有少许变化。

▶图6.2　华南师范大学"211工程"建设项目立项专家论证会

▶图6.3　1997.9.暨南大学"211工程"建设项目立项专家论证会

▶图6.4 广州中医药大学"211工程"建设部门预审专家合影

▶图6.5 汕头大学"211工程"部门预审专家与领导合影

▶图6.6 汕头大学"211工程"部门预审总结大会

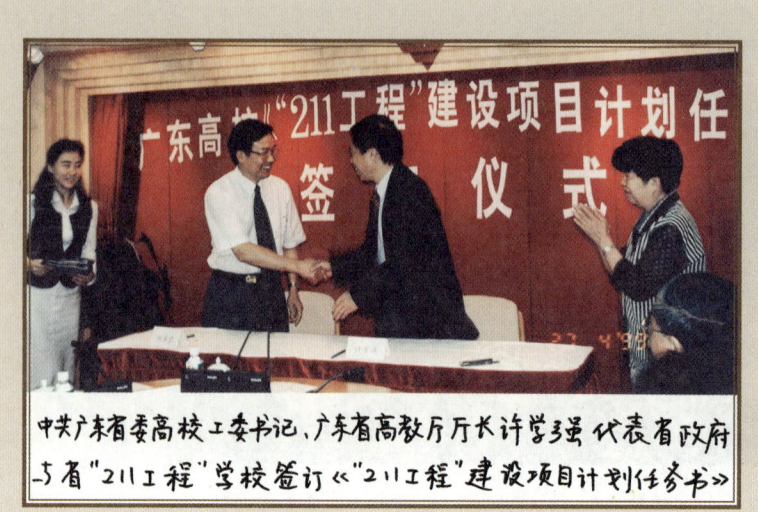

图6.7 与华南师范大学签订"211工程"建设项目计划任务书

从全国来看，到1996年底已有94所高校被批准为国家立项的"211工程"建设高校，并完成了主管部门预审程序。其中北京17所，上海11所，江苏9所，湖北、四川（包括重庆）、陕西各6所，吉林、山东、湖南、广东各4所，天津、辽宁、黑龙江各3所，其他各省（直辖市、自治区）就是1～2所。就数量而言广东位于中等偏上的位置。这在某种程度上反映了广东高校在全国的实际地位。

三、基本做法

"211工程"作为国家一项跨世纪的战略工程，又是广东省建设教育强省，率先20年基本实现社会主义现代化的重大工程，因此，省委、省政府领导十分关心和重视广东高校"211工程"建设，经常参加学校的部门预审、立项论证和中期检查等工作，关心过问工程建设进展情况，特别关心建设款项有没有及时到位。1996年至1997年，省财政厅给中山大学、华南理工大学拨出"211工程"建设专款6 900万元，1998年开始每年又从教育专项经费中拨出1.3亿元，作为广东高校"211工程"建设专项经费。1996—2000年，省财政厅共拨款6.13亿元，由于经费到位，保证了广东高校"211工程"建设的顺利进行。

作为省政府高等教育主管部门的高等教育厅，更是全力以赴，认真做好"211工程"建设管理工作，有厅领导专门分管此项工作，厅内设立了"211工程"办公室，负责日常管理工作。各"211工程"学校也相应成立了"211工程"办公室，选派优秀干部担任主任，具体组织实施此项工作。为了使此项工作做到有章可循，高教厅还制定了《广东省高校"211工程"建设实施管理办法》，出台了《广东省高教厅对中山大学、华南理工大学"211工程"建设管理的若干意见》。同时，各高校还根据国家和省有关规定及学校实际情况，制定了一套管理实施办法，使"211工程"建设真正做到管理有序，减少不必要的麻烦和纠结。

"211工程"建设能否成功，关键之一是经过严格的部门预审和立项论证的那些项目的建设能否落到实处，能否做到职责分明，层层负责。为此，我作为高教厅厅长代表省政府于1999年4月与各"211工程"学校签订了"211工程"建设责任书。各"211工程"学校的法人校长又与校内的二级项目负责人签订责任书。主管厅领导更是带领"211工程"办公室的同志们经常到有关学校检查进展情况，共同研究解决遇到的问题。组织有关学校负责人到江苏、上海等地学习，交流经验。不定期编印《广东高校"211工程"建设专辑》送教育部、省有关部门及领导、各"211工程"学校，以推进"211工程"建设顺利进行。到了20世纪末，高教厅又与各"211工程"学校的主管部委、省计委等有关负责同志，分别参与对8所高校的中期检查，对照立项时"可行性研究报告"的总体目标和各二级项目的目标任务，非常严格认真地审查有关材料和实地考察建设情况，找出存在的问题，提出整改意见。

四、初步成效

我体会到，到我离任时（2000年）止，"211工程"建设最重要的成果是进一步明确了"211工程"行列学校的发展目标和重点建设任务，在较大程度上充实和完善了学校基础设施和公共服务体系，开始引进和注重培养一批学科带头人和学术骨干，学校科研条件得到较大改善，但是获得真正的科研成果还需要时间。

要想富，先修路。要想做出高水平的科研成果，必须有与之相匹配的科研条件。所以，"211工程"建设经费约有1/3用于学校的基础设施和公共服务体系的建设。各校的图书馆均已完成网络化系统建设，实现了计算机管理集成系统和光盘数据库检索系统提速升级，实现了自动化管理。校园网络条件得到很大改善，光纤主干网通信速率得到较大提升，校园网络主服务器升级换代，光缆主干网接入教师学生宿舍。中山大学建设了现代测试中心，购置和更新一批高性能大型精密分析仪器，达到了国内先进水平，某些分析测试领域达到了世界先进水平。华南理工大学建立了卫星地面站，保证培养高层次人才和从事高层次科研的需要。中山医科大学建设肿瘤学临床和科研大楼，并实行智能化管理和物流自动化。该楼完全建成后，将使肿瘤学学科点所在的肿瘤防治中心成为亚洲规模最大的肿瘤学教研基地。

8所"211工程"建设学校经国家和省及有关部委批准，立项建设67个学科项目，它们分别属于7大领域，其中属基础产业和高新技术的有16个，属医疗卫生的有19个，人文学科11个，基础学科7个等，共覆盖152个二级学科。在建设中，这批学科经过调整和优化组合，布局更加合理，特色更加鲜明，教育资源得到更充分、更有效的利用。这批学科经过五年建设已取得较好效果，为完成预期目标打下了良好基础。8所"211工程"高校利用专款有目的地购置了4.133亿元仪器设备，其中华南理工大学7 765万元，中山大学7 000万元。这批设备都是90年代后期的先进仪器设备。新建实验室35个，改建实验室57个，保证了学校培养高层次人才和从事科学研究的需要。为完成任务，各"211工程"学校自1996年以来，共培养和引进院士8人，学科带头人和学术骨干的教授159人，副教授365人，博士649人。特聘教授岗位24个，珠江学者特聘岗位9个。对这批学科带头人和骨干的引进，大大充实和加强了教学、科研力量，为加快学科发展提供了有力的保障。

8所"211工程"学校由于改善和充实科研条件，大大增强了自身参与社会重大项目的竞争和承担重大科研项目的能力。8校承担的重大科研项目由 1996 年 297 项，到 2000 年增至 387 项，承担部省项目由 962 项增至 2 040 项，获得的科研经费由 1.352 亿元增至 3.986 亿元，获专利授权量从 32 项增至 108 项。自 1996 年至 2000 年，8 校获国家批准成立的国家工程中心、研究基地和重点实验室 12 个，获资助 60.90 万元，获省部委批准成立的研究基地 29 个。获国家批准人文社会科学研究基地 6 个。这些基地获批，大大支撑了 8 校承担国家重大研究课题，获得了重大科研成果。广东省获国家自然科学基金面上项目从 1996 年排全国第 7 位上升到 2000 年的第 4 位。8 校获国家级奖 22 项，省部级奖 473 项，发表的高水平论文由 6 838 篇增加到 14 104 篇，其中被三大索引收录的高水平论文从 377 篇增加到 824 篇等。总之，经过 4~5 年建设取得初步成果，为新世纪进一步发展打下了较好的基础。

五、问题和反思

应该肯定，"211 工程"建设确实取得了一定的成绩，但不能估计过高。成绩主要表现在，在一定程度上改善了办学条件，为下一步发展打下了一定的基础。但是我们必须清醒地认识到，一所高水平的大学和一个重点学科的建设不仅需要先进的设施，还需要一流人才所组成的团队，以及更为重要的体制保证。靠口号，靠突击，靠运动式推进，靠急功近利，是不可能实现的。再说，广东省高等教育基础差，长期投入不足。国家和教育部认为广东有钱，实施"共建"目的之一是要广东多出一点钱，减轻国家部委的负担。比如，当时通过论证，中山大学、华南理工大学进入"211 工程"行列之后，教育部有个说法是只给名不给钱。据说山东大学也是如此。1998 年我们在深圳召开整治校园环境的全省会议，特邀请刚刚上任做教育部部长的陈至立同志来指导。会议前一天晚上，我向陈部长汇报工作，其中特别提到两所学校的"211 工程"建设经费问题（图 6.8）。我说两所学校"共建"，进入"211 工程"行列，省的经费到位了，而部的经费没有到位，很难向省政府解释，学校也有意见，希望教育部履行承诺，希望"共建"后部里该给的经费一分也不要少。陈部长听后表示会回去研究。回去后教育部决定，当年每校拨给 600 万元。

▶图 6.8 笔者（右）向时任教育部部长的陈至立同志（左）汇报"211 工程"建设经费问题

说起经费，应该说，广东"211 工程"建设专项经费投入不算少。1996—2000 年五年间，省政府专项投入 6.128 7 亿元，平均每年 1.225 7 亿元。各部委投入 2.146 9 亿元，平均每年 4 294 万元。各高校自筹 13.375 9 亿元，平均每年 2.675 2 亿元（其中汕头大学每年自筹 3 000 万元是指李嘉诚先生赞助的经费）。

这里有几个问题值得反思。第一是在投入上广东省与有些省、直辖市相比，仍有较大差距。就在上述 5 年间，江苏省财政投入 11 所"211 工程"高校建设费用 12 亿元，上海市财政投入 9.8 亿元，建设 9 所"211 工程"高校，而广东省 7 所"211 工程"高校（除汕头大学外）每年只有 1.2 亿元专项经费，5 年也才只有 6.1 亿元，每年分至每所学校平均只有 1 000~2 000 万元，支持力度远比江苏、上海小，而广东省级财政比他们富裕，高等学校的基础条件又比他们差，如此下去，广东高等教育与江苏、上海的差距不仅不会缩小，反而会进一步拉大。因而经费不足仍然严重制约学校的"211 工程"的建设。

第二我们还应看到，广东"211 工程"建设经费中自筹部分为 13.375 9 亿元，为省财政专项投入 6.128 7 亿元的两倍。这样，一方面说明学校自筹能力很强，另一方面也是否说明学校负担很重，有向产业化方向发展的趋势？学校为了自筹这些经费,他们可能要花费很大精力去做一些与"211工程"相违背的事,如"创收",这分散了"211工程"建设的力量,反过来拉了"211工程"建设的后腿。并且这种影响还可能是深远的,直接涉及办学指导思想的问题。

第三是"共建"问题。"共建"是为了发挥中央部委和省级政府的积极性。在中央部委投入支持力度不变的情况下,省级政府加大对"共建"学校的投入,使"共建"学校发展得更好,更快。然而,从"211工程"建设学校的投入看,部委对这些"共建"学校多少有点扔包袱的感觉。1996—2000年间,省政府对中山大学、华南理工大学的专项投入分别为1.156 0亿元,1.178 0亿元,而教育部给这两所学校的专项投入分别为4 145万元,660万元,这叫什么"211工程"建设呢?其他部委,除国家侨办稍好以外,也大致如此!

总之,不仅是有关部委,而且是广东省政府,都应该以更大幅度增加对"211工程"建设高校的投入(当然,现在是"一流大学"建设高校了)。只有这样,才能使这些学校在全国高等学校中处于先进位置,为实现建设教育强省和实施"科教兴粤"战略做出更大的贡献。

第二节 "千百十人才工程"

一、任务的提出

中共广东省委、广东省人民政府在1993年1月2日颁布的《中共广东省委、广东省人民政府关于加快高等教育改革和发展步伐的决定》中提出:"各类学校都要不断提高教育质量和学术水平,办出特色,普通高校到本世纪末或下世纪初达到国内同类院校先进水平,……一批学科达到国际先进水平",

"培养一批高水平的学科带头人和学术骨干,争取有一批优秀教学、科研成果达到国家的先进水平。"1994年11月1日,中共中央政治局委员、广东省委书记谢非同志代表省委、省政府发出了铿锵有力的动员令:为把广东建设成为教育强省而奋斗!

我们清醒地知道,教育大省与教育强省的区别主要在于教育的质量和水平!在于有一批处于国家前列的学科带头人和学术骨干!有一批处于国家或世界前列的学科和科研成果!要实现这个目标谈何容易!但是,我们必须朝着这个方向努力!首要的是要培养和造就一批学科带头人和学术骨干!

经过多次厅党组会议研究讨论,为了实现"教育强省"的目标,为了迎接世纪之交科技教育快速发展带来的挑战,培养一大批新世纪的创新人才,加速广东省高等学校学科带头人和学术骨干队伍的建设,厅党组根据省委、省政府提出的建设"教育强省"和"科教兴粤"战略的总体要求,于1996年在全省高校范围内,正式启动了旨在培养跨世纪人才的"千百十人才工程"。如果说"211工程"是教育部甚至整个国家的一项战略部署,我们只是贯彻执行而已。而"千百十人才工程"是广东省自己提出,经省政府同意的一项具体而带有战略意义的建设工程。在某种程度上讲,这也是落实"211工程"建设的一项具体内容。

"千百十人才工程"的内涵主要是:在广东省高校培养10名在国内外具有广泛影响的学术大师(也称国家级培养对象),100名在某学科领域具有开创性研究的学科带头人(也称省级培养对象),1 000名在某学科领域内学术研究有发展潜力的学术骨干(也称校级培养对象)。"千百十"只是一个数字,不是一成不变的。采用这种命名方式只是想说明人才是有层次的,人才由低向高,数量当然会依次减少。1996年,本省高校共决定了11名国家级培养对象,62名省级培养对象,842名校级培养对象。经1999年中期考核后进行调整和增补后,国家级培养对象有10名,省级培养对象有92名,校级培养对象有978名。

"千百十人才工程"实施是一个长期的任务。我从启动这个计划到从厅长位置退下来,只有四年多时间,我只是开了个头,大量的工作还是后人在做。

不管是否仍然叫"千百十人才工程"，这个名字无关紧要，但我坚信，高水平的学科带头人和学术骨干的培养却是一项永无止境的工作。据我了解，现在厅领导还是在继续施行"千百十人才工程"，我非常欣慰。这里，我只总结一下四年多来工作的情况。

二、主要做法

1. 健全管理制度

为了使"千百十人才工程"不流于形式，达到预期效果，必须加强管理。国家级和省级培养对象实行省教育行政部门与学校分工负责，分级管理，校级培养对象由学校与院（系）进行二级管理。管理部门分别与培养对象签订培养工作合同书，明确双方的职责与义务，明确培养对象在任期内教学、科研、实验室建设、人才培养等方面的任务，并建立目标管理责任制，增强管理工作的有效性。在管理机制上建立激励竞争、优胜劣汰的动态管理机制，使培养对象既有压力又有动力。1999年进行了阶段性检查与考核工作，对表现突出的培养对象进行表彰和精神上及经费上的奖励。对多名不能很好地履行培养义务或达不到预期培养目标的培养对象予以取消培养资格或降格培养。各高校结合培养实际情况，让优秀拔尖的培养对象担任一定的学术领导工作，参加各级各类专家组织，从而培养他们的组织能力和科研协调能力，增强他们的团队意识和合作精神。与此同时，各高校人事处、科研处、研究生处、教务处、总务处等职能部门积极配合，确保各项管理制度有效实施，共同营造有利于人才培养的环境和氛围。

2. 拓宽培养渠道

为了更好地实施"千百十人才工程"必须拓展人才培养渠道。许多学校通过合作科研，派出高级访问学者，主办和参与国际会议等方式，使培养对象能更多地结识国际同行顶尖学者，及时了解学科发展的前沿动态，提高他们的科研和专业工作能力。学校通过人才交流，人才引进，优化学科团队结构，营造浓厚的学术氛围和人才成长环境。充分发挥老专家的作用，组建指导教师队伍，加强对培养对象的指导。另外，在科研立项、研究生招生、国内外进修等方面向培养对象倾斜，使他们有更多的机会开展科研活动，学习提高，快速成长。

3. 保证经费投入

为了保证达到预期的目的，必须千方百计地改善培养对象的科研教学条件和生活条件。虽然当时经费紧缺，但我们还是每年划拨出150万元经费用于培养对象的学术活动和生活津贴，划出200万元用于培养对象的科研立项和科技开发。与此同时，各高校也通过各种渠道筹措资金，加大对人才培养的经费投入。如华南理工大学，拨出7 000万元专款设立"千百十人才工程"人才培养专项经费，广东商学院（现称广东财经大学）在办学经费相当紧张的情况下，还想方设法筹措资金为培养对象提供每人每年1万元的科研经费。这些数字现在看起来很小，可是在20年前还是有点儿分量的。

4. 大力引进人才

20世纪90年代以来，本省普通高校教师队伍在数量和质量水平上都有了很大程度上的提高，这为建设一支素质优良、结构优化、精干高效、充满活力的教师队伍打下了良好的基础。但是，整个高等教育的改革和发展，成功与否，关键在教师，关键在人才。当下教师年龄结构不合理，学术带头人年龄老化，无法形成合理梯队。高学历的比例比较低，在全国和世界同行中有学术地位和影响力的学科骨干和带头人偏少。为此，我们必须有组织、有计划、有步骤地向海内外统一引进重点学科带头人。引进对象应遵循"高学历、高职称、高水平、低年龄、新专业"的原则，按学校所要求的研究方向引进。所引进的对象是广东省以外的国内教师和国外留学人员。我多次明确表态，反对在省内各高校间挖人才。其职称、年龄一般要求副教授45岁以下，教授50岁以下。在当时条件下引进人才的待遇不是很高。一般为安家费1万元，科研启动经费2~5万元，安排新住宅一套，面积85~100 m^2，地点在华南师范大学内的教师村（省高教厅预留）。应该说那次引进人才的力度较大，效果较好。

三、初步进展

要说"千百十人才工程"有什么进展，我想，首先一点，也是最重要的一点，是在整个高等教育界树立了一种培养学科带头人和学术骨干的意识，使整个社会、领导部门、学校本身都将培养学科带头人和学术骨干当作一项长远的战略任务坚持不懈地抓下去，使"千百十人才工程"的培养对象不仅受到鼓舞，而且倍感责任重大。没有评选上的教师也通过评选活动找到了努力方向。所以说，培养对象的遴选过程本身就是对选拔培养人才的重要性的认识过程。后来优青（国家优秀青年科学基金项目）、杰青（国家杰出青年科学基金项目）、长江学者（长江学者奖励计划）、珠江学者（珠江学者岗位计划）、千人计划等等都是殊途同归。

虽然四年多的时间还很难说"千百十人才工程"有什么很大的成绩，但细看一下也还是取得了一定程度的进展。这批培养对象在茁壮成长，逐步成为新一代的学科带头人和学术骨干，在各自的教学科研岗位上发挥了重要作用。在培养期内，有107人晋升了正高级职称，有105人成为博士生指导老师，有不少培养对象成为国内外科研教学领域内颇有影响的学者。如中山大学的许宁生、陈小明、朱熹平教授，华南理工大学的瞿金平、童真教授等陆续被聘为全国长江学者奖励计划特聘教授；有18人入选国家人事部"百千万人才工程"第一、第二层次，9人入选教育部"跨世纪优秀人才培养计划"。据不完全统计，培养对象中至少有4人入选中国科学院或中国工程院院士。

培养对象作为学科带头人，在学科建设和发展中扮演着重要角色。在他们的带动下，一些优秀团队产生了，如中山大学许宁生教授所率领的场致发射与平板显示研究中心、华南理工大学李元元教授率领的金属新材料制备与成形研究开发中心、原中山医科大学杨培增教授所率领的眼科中心葡萄膜炎研究组、华南农业大学植物基因工程研究室、华南师范大学学习与认知课题组、广东工业大学CIMS重点实验室，等等。这些团队的形成，有效地促进了学术梯队的建设，促进了学科的建设和发展，促进了学校办学水平的提高。

第一批培养对象在培养期间（截至2001年）取得了丰硕的科学研究成

果。据不完全统计，他们主持或参加国家级科研项目517项，省部级研究项目637项，获国家级奖励13人次，省部级奖励111人次，被三大索引收录的论文1 208篇，出版学术专著308部，出版教材228本，获得专利94项，获得国家杰出青年科学基金项目资助14项。下面举两个例子说明"千百十人才工程"在建设中取得的进展。

中山医科大学（当时还没有与中山大学合并）眼科中心杨培增教授，1996年被评选为"千百十人才工程"国家级培养对象之后，更感责任重大，不敢懈怠，积极开展一系列研究工作并取得了可喜成绩。他是国际知名的葡萄膜炎专家，其研究成果获得了眼科专家和有关部门广泛的认同和支持，先后获得国家杰出青年基金、教育部跨世纪人才基金、国家自然科学基金、国家教育部和荷兰科学文化教育部合作基金等的支持。他在2002年入选"千百十人才工程"首批国家级培养对象时谈了三点体会，这是对"千百十人才工程"的很好总结。第一，他认为"千百十人才工程"培养了优秀人才。被评为"千百十人才工程"的培养对象之后，他得到极大的鼓舞，坚定了啃葡萄膜炎这一硬骨头的决心，在"千百十人才工程"的支持下，经过不断努力，取得了很好发展。他说："我从一个名不见经传的眼科工作者迅速成长为我国眼科界的著名专家、学科带头人，'千百十人才工程'在其中起着决定性的作用"；第二，他说"千百十人才工程"推动了学科的发展，培养了一支专门从事葡萄膜炎研究的队伍，推动了全国葡萄膜炎的研究，使我国在葡萄膜炎某些方面的研究追上了国外同行；第三，他说，"千百十人才工程"促进了国际交流与合作，使他有机会多次到荷兰等国与国际一流专家合作研究，有机会多次在国际讲台上交流科研成果，在国际杂志上发表文章，使世界了解中国在这方面的研究进展。现在杨培增教授是国际著名的眼科专家和葡萄膜炎专家、国家杰出青年基金获得者、教育部长江学者奖励计划特聘教授等。先后获得全国劳动模范教师、全国五一劳动奖章、全国医德楷模、中华眼科杰出成就奖、全国优秀科技工作者，等等。据说，2008年杨培增教授调往重庆医科大学附属第一医院，我不知何故。

中山大学原校长，现任复旦大学校长的许宁生院士，当时也是"千百十人才工程"国家级培养对象。他在 2002 年"千百十人才工程"第一期总结表彰大会上获得"千百十人才工程"先进个人特等奖，他所主持的"中山大学场致发射与平板显示研究中心"获"千百十人才工程"先进团队奖。他在谈到"千百十人才工程"建设的体会时说，学科建设是一件头等大事，只有搞好学科建设，我们的科学研究才会有持续的发展，整个学校、整个国家的科学研究才会不断提高。1996 年他被评选为"千百十人才工程"国家级培养对象后，从一个研究小组负责人成长为一名学科带头人。他认为，作为一名学科带头人要建设好团队，必须充分调动教师的积极性，认真发挥老教师的作用，培养提高年轻教师的科研能力。在"千百十人才工程"和学校的支持下，改善实验室条件，营造尽可能好的科研环境。1997 年 11 月，成立"场致发射与平板显示研究中心"，接着又成立了"显示材料与技术广东省重点实验室"。经过几年努力，该实验室成为了在国内外有影响的场致发射与显示技术科研基地。五年时间，该科研群体发表科学论文 92 篇，其中被 SCI 收录 40 篇，被 ISTP 收录 32 篇。他们团队自主研制的一种冷阴极发光管已进入批量化生产阶段。后来经过努力，许宁生教授被评选为中国科学院院士。

四、问题与思考

学科带头人和学术骨干的水平直接决定着所在学校或一个地区，甚至一个国家的高等教育水平，进而决定一所高校，甚至整个地区或国家的科技发展水平和创新能力。因此，培养学科带头人和学术骨干是一项重要的、长期的、基础性工作。无论是"千百十人才工程"，还是"百千万人才工程""长江学者奖励计划""珠江学者岗位计划"，以及后来的"杰青""优青""千人计划"等，其宗旨都是为了培养学科带头人和学术骨干。不过，广东省提出的"千百十人才工程"计划算是在全国最早提出并实施的计划之一，需要认真总结经验教训。培养学科带头人和学术骨干既然是一种长期的、基础性的工作，就要力戒"运动式""突击式""口号式"的短期行为，不要期望几年、十几年就能实现目标。操之过急，拔苗助长，都是不符合培养人才的客观规律的！

　　自1992年以来，广东省政府加大了对高等教育的投入，但由于历史原因高等教育发展经费缺口太大，支持力度不够，培养经费不足仍然是"千百十人才工程"建设的主要问题。当时政府部门和学校提供的培养经费只能解决培养对象的基本生活津贴问题，不能较好地解决培养对象在教学科研工作中出现的经费问题，如出版著作、参加学术交流活动、购置仪器设备、提供科研启动经费等。就拿生活津贴来说，当时培养对象除每个月领取一定额度的生活津贴（国家级500元、省级300元、校级100元）外，在其他方面基本上没有得到更多的倾斜性的优惠条件。虽然许多高校都设立了人才培养和建设的专项经费，但数量有限，个别学校还长期拖欠校级培养对象的每月100元的生活津贴，在一定程度上挫伤了培养对象的工作积极性。最近我在网上看到一条消息，一些学校在年终结算时有五六十亿元结余，对此，我无比感慨，那个时候为了几百万元钱都要向上面打报告申请，现在却有那么多钱剩余！教育，特别是高等教育，是一件费钱的事，并且费了钱还不一定马上看到效果，更何况投入严重不足呢！在这种情况下，各个高校和广大培养对象凭着对教育的热爱，对培养高水平的学科带头人和学术骨干重要性的认识，而自觉地、刻苦地努力，使此项工作取得了明显的进展。

　　"千百十人才工程"既要培养一批高水平的学科带头人和学术骨干，更重要的是要培育一个优秀的团队。这就要求学科带头人不仅要自己不断提高水平，了解国际学术动态，走在学科发展前沿，更为重要的是组建一个世界一流的团队。团结和调动团队内的每个人的积极性，不仅在业务上培养提高，而且要培养一种团队精神、合作精神。这种团队不是靠人的简单凑合，而是靠长期的学术交流、感情沟通逐步形成。也就是说，一个好的团队需要经受时间的考验，历史的沉淀和传承的。我们不能急于求成。例如"千百十人才工程"培养对象，中山大学许宁生教授体会到，作为一名学科带头人责任重大，需要充分发挥像莫党、张进修等一批老教授的知识优势作用，建设出一个学科发展的大舞台，为每一位教师提供发挥自己聪明才智的场所。他认为，作为学科带头人的首要任务就是将人才凝聚起来，在本学科现有基础上，发挥有优势的方向的潜能，为他们创造尽可能好的科研环境。再如"千百十人才工程"培养对象，华南农业大学严小龙教授，也十分重视联合攻关和团队的作用。在他的提议和筹建下，成立了一个跨学科的"根系生物学研究中心"，汇聚了一批涉及植物营养学、分子生物学、作物遗传育种、农业工程、植物生理生化、环境保护等学科的学者，一起开展研究。由于有了这个团队，有了这一支科研力量，所以他们的申请报告在400多份申请报告中脱颖而出，最后他们顺利申请到了美国麦氏基金会的国际合作作物研究基金83.5万美元的资助。他认为，当今科技发展已不可能让某一个人独打江山，培养合作意识对研究取得成功是十分必要、十分重要的。正如俗话所说："一个篱笆三个桩，一个好汉三个帮。"

"千百十人才工程"主要目的是培养学科带头人和学术骨干，经过若干年的培养，一部分人当上了学科负责人，如某某研究中心或研究所的负责人，这是可以理解的，也是可以接受的，正是我们希望达到的目标之一。然而，如果我们培养的学科带头人过多地担任了行政管理职务，把他们的绝大部分精力放在了行政管理而不能安心从事他们学科的研究工作，这就值得讨论了。也就是说，"学而优则仕"在多大程度上是可行的，还是不应该的。我对在2001年受表扬的第一批"千百十人才工程"里的31名先进个人后来的发展状况进行了粗略统计，担任副省级干部的2人，校长副校长13人，厅级干部1人，共16人，占总数的一半。如果在学校分工抓教学、科研还好，如果分工抓行政、后勤等则同培养对象的研究方向毫无关系，那无疑分散其精力，对学科带头人的培养成长就没有什么帮助了。有的甚至离开他组建的学术团队去干与学科完全无关，并且不熟悉的工作。如果此人本来就不适应学术工作而适宜做行政管理工作，那就是当初选择培养对象时考虑不周，否则就是用人不当。因此，如何处理好培养与使用的关系也是十分重要的问题。

在31名培养对象中至少有5人，占16%，因种种原因调离了本省高校，离开了他原来的学术团队，如李元元任吉林大学校长，许宁生任复旦大学校长，当然这是组织的调动、工作的需要，同时也是"千百十人才工程"的成果！当然，这是不是一种最理想的安排，也不是不可以讨论的。如果一个学术团队正在向他的目标冲刺的关键时刻，将他的学科带头人调往远离其团队的单位从事行政管理工作，如果此岗位非他莫属，也就无话可说。那就只能由他遥控或另选学科带头人或另起炉灶，那就自然延缓了学科研究的进程。其他三位应该是对方给了更优惠的条件，适合他们更好地发展，或者其他原因。最可惜的是华南农业大学严小龙教授，他在他的领域内做出了卓越的成就，获得国家杰出青年科学基金资助，国务院"全国先进工作者"、国家教委跨世纪优秀人才培养对象、农业部"有突出贡献中青年专家"等称号或奖项。他是一位非常有潜力的中青年专家。不幸的是，他于 2008 年逝世，年仅 48 岁。这些情况说明，我们必须为培养对象营造更好的科研环境，减轻他们来自各方面的负担和压力，使他们在愉悦的氛围中健康成长和做出更大的贡献。

第三节 "五四一"重点学科建设工程

一、任务的提出

1994 年 11 月 17 日中共广东省委、广东省人民政府颁布的《关于教育改革和发展的决定》指出：加强基础学科，发展应用学科，扶持新兴、边缘、交叉学科，积极实施"五四一"工程（全称"五四一"重点学科建设工程）；使广东省的国家重点学科和重点实验室（含国家工程中心）总数从现在的 25 个增加到 50 个，省级重点学科和重点扶持学科从现有的 27 个增加到 40 个；并建立起 10 个与重点学科布局相配套的地区性中心实验室和学科群实验室；争取一批学科进入国家"211 工程"建设行列，达到国际先进水平。

凡是在高等学校工作过的人们都懂得一个道理，大学之间的比拼不在于校舍如何漂亮，办学规模有多大，而在于学校的重点学科及其支撑这些学科的大师们在全国、全世界的同行中的地位及影响力，在于创造知识、传播知识、培养高端人才、解决社会经济发展中的实际问题方面的贡献度。所以本厅作为省级政府主管高等教育的业务部门，无疑总是将重点学科的建设放在首要的位置。不管政策如何变化，社会舆论如何转向，本厅都要一如既往狠抓学科建设。人们可能还记忆犹新，曾经一时兴师动众，大评特评国家级、省级重点学科，一时又突然宣布不再评估重点学科；或一时强调基础学科，强调发表英文的SCI的文章，一时又强调学科要为地方社会经济发展服务，认为地方高校只搞应用型研究，不用搞基础研究。认识上的混乱，导致政策的左右摇摆，必然给重点学科建设带来干扰。虽然如此，但是重点学科的建设永远是我们的核心责任，我们要以"咬定青山不放松"的精神紧抓不放。

可以说，广东高校的重点学科建设，始于1983年、1986年进行规范化管理，将高校重点学科分为重点学科及重点扶持学科两个层次的那段时期。从经费投入看，则始于1984年，加大力度是在1993年。从重点学科的分布看，最初以部委属院校为主，到1986年以省属院校为主，1994年后，结合"共建"和"211工程"建设，部委属和省属高校一并考虑。

我的前任李修宏同志，早在1983年就组织专家评审，确定了85个重点学科，其中部委属高校66个，1984年下达100万元经费资助4个跨校的重点学科协作组和19个省属高校的重点学科。1986年组织专家对10所省属高校39个申请增列为重点学科的学科进行评审，确定14个省级重点学科和6个重点扶持学科，并制定下达《关于建设广东省高等学校重点学科试行办法》，规定每三年进行一次评估。1987—1990年，对重点学科进行检察评估和局部调整，有升有降，增加了重点扶持学科这一个层次。制定了《关于广东省高等学校重点学科建设暂行规定》，1992年根据规定进行第二次评估，适当调整了重点学科的结构布局。这段时间每年投入经费100万元。1993—1996年间，开始将部委属院校纳入统一计划，从1993年开始增列中山大学凝聚态物理学科、企业管理学科，华南理工大学高分子材料学科等，4所部委属高校中新增列了7个省级重点学科。省政府从1993年开始，较大幅度增加了教育专项经费，下达重点学科经费1 000~1 500万元。1994年中共中央政治局委员、广东省委书记谢非同志明确提出要在追赶亚洲"四小龙",加快教育改革和发展的基础上,"使广东成为教育强省"。为了实现这一目标,在当年底召开的全省教育工作会议上和省委、省政府的有关决定中,我们在总结过去重点学科建设的经验和教训的基础上,提出了重点学科建设的"五四一工程"。该方案经省委、省政府批准,纳入了广东省委、省政府《关于教育改革和发展的决定》之中。1997年提出,把"五四一工程"与"211工程"的重点学科建设项目结合起来,统筹规划,合理布局,重点建设。

二、建设内容

根据当时中央提出的高等学校必须服务于社会,面向经济建设主战场的精神,作为高等学校的"龙头"的重点学科建设,要通过深化改革来调整结构。一方面要考虑面向21世纪世界科技发展与全球经济竞争的大目标,另一方面也要考虑本省社会经济建设的实际需要,落实"稳住一头,放开一片"的科技发展方针。"稳住一头"就是要调整组合基础研究和高新科技研究队伍的结构,建成一支富有创新和开拓精神的高素质队伍,努力攀登科学技术高峰,争取在某些领域取得重大突破,使这批重点学科在某些领域的综合水平处于国内领先地位,进入世界先进行列。所谓"放开一片",就是通过学科科技力量的重组和资源整合,使其面向经济建设和社会发展主战场,成为促进广东社会科技进步的主力军,为提高广东省经济整体素质和综合竞争力做贡献。

在基础学科方面要瞄准学科前沿和重大科学问题,赶超国内外先进水平,使若干个已有一定优势的学科综合水平处于国内前列。经过专家评审,反复研究,最后决定重点建设中山大学的光学、生物学、中国古代文学、中国近现代史,中山医科大学眼科学、肿瘤学,华南农业大学昆虫学,广州中医药大学中医临床基础,华南师范大学教育心理学,广州医学院内科(呼吸)等共10个二级学科。在新兴和交叉学科方面,采取积极扶持的态度,使其在某些方面有所突破,跻身国际国内前列,并为相关应用学科发展积蓄后劲。我们在1983年成立的4个跨校学科协调组的基础上整合,形成这5个学科领域，如由多校联合组成的华南生命与科学技术中心的分子生物学，1997年被批准为国家级研究中心，由中山大学、华南理工大学、华南农业大学、湛江海洋大学及汕头大学组成的海洋科学，由中山大学、华南理工大学、中山医科大学、广东工业大学和华南师范大学等组成的环境科学等五个学科领域。拟重点建设的应用学科及工程类学科有华南理工大学的制浆造纸工程、化学工程、制糖工程、材料工程学，中山医科大学的内科学（肾病）、广州中医药大学的中医内科学、华南师范大学的教育技术学等7个二级学科。此外还拟定了与广东经济社会发展密切相关的二级学科，如中山大学的人文地理学、华南理工大学的汽车制造工程、广东工业大学的机械电子工程等9个作为重点建设学科，使其成为广东省在该领域的技术依托或决策依托。配合广东支柱产业如材料工业、信息产业、生物技术、制药、机械、化工轻工、三高农业、经济管理类等的发展，我们拟定了30个二级学科，虽然水平不一，但希望通过联合分工，做到各有侧重，各有特色。在解决这些产业中的重大课题时，实行联合攻关，优势互补，在解决社会经济发展问题的同时，提高此类学科的总体水平。具体实施方案在硬件上的体现就是要打造一批高水平的实验室（图6.9，图6.10）。

图6.9 笔者（左3）陪同黄华华省长（左4）考察中山大学实验室

▶图 6.10　考察学校实验室

三、主要措施

主要措施之一是将"五四一工程"与"211工程"相结合。"五四一工程"就是一项建设重点学科的工程，而"211工程"在部门预审和立项论证中，就确定了68个重点学科建设项目，其中有16个学科拟在"九五"期间建成国家级重点学科。两项工程异曲同工，完全可以而且应该把两项工程的重点学科建设项目结合起来，统筹规划，合理布局，集中投入，重点建设，提高投资效益。对于现有国家级重点学科、省级重点学科、省级重点扶持学科、扶持学科四个层次，要明确各自的任务和目标，分层建设，重点在第一、第二层次，适当兼顾第三、第四层次。根据当时四个层次学科的专业分布，按照减少重复、突出重点、强化基础、发展应用、服务地方的原则，对文科类、医科类重点学科进行存量调整，理科类重点学科以存量调整为主，增量为辅，工科类重点学科主要进行增量调整，大力发展农科类重点学科。逐步建立重点学科评估体系，建章立制，使重点学科建设逐步走上科学化的轨道。

主要措施之二是确立好重点学科的学科研究方向。学科研究方向是重点学科建设的核心。学科研究方向的选定，一要符合国家及地方经济社会发展的需要,二要"新",重在"高",不求"多"。要按"有所为,有所不为"的原则,选准方向,集中人力、财力、物力,力争在较短时间内有所突破,抢占世界先进科学技术领域的一席之地。

主要措施之三是将重点学科建设与高素质人才培养相结合。根据重点学科建设要服务于广东经济社会发展要求的原则,确保重点学科建设的首要任务就是在进行科研的同时,培养适应广东现代化建设需要的高层次人才,建立起新的面向21世纪的人才培养模式。未来产业渗透着高信息和高科技成分,技术含量越来越高,对人才的素质和规格要求越来越高。高校培养出来的人才不仅应精通本门学科的专业知识,还必须十分熟悉其他相关学科知识,知识广泛交叉渗透,具有开拓创新精神。对于这种高素质人才,重点学科不仅要自己培养,还应主动与国内外知名大学联合培养和积极引进。结合"千百十人才工程"抓好教师队伍建设,创造条件,改善工作和生活条件。要给年轻教师压担子,让他们专心致志钻研业务,搞好教学科研,奉献智慧和力量。重点学科要处理好教学与科研的关系,使学士、硕士、博士三个不同学位人才培养层次相辅相成,连贯统一,使教学和科研在人才培养和学科建设上更加紧密结合,把重点学科办成既是教学中心又是科研中心。

主要措施之四是将重点学科建设与产、学、研相结合。要处理好重点学科建设与直接为社会服务的关系,大力推进产、学、研的横向联合,改变封闭和自我循环的学科建设模式。通过直接参加社会经济活动,推动工农业领域的科技进步,建设重点学科。当时广东省工业正面临着结构调整、技术改造、产品升级换代,从传统工业向现代工业,粗放型、外延型向集约型、内涵型,劳动密集型向技术密集型转变,迫切需要科技知识去支撑。重点学科要发挥各自优势,搞好科技链与各种产业链的衔接,共建技术创新中心,共同开发有知识产权的新产品。重点学科建设还应充分发挥各自的学科优势,对育种、耕作、病虫害防治、水土资源保护与利用,农产品的深加工等一系列问题进行技术攻关,推动农业产业化和现代化过程,促进农业科技进步和劳动者素质的提高。

四、体会与感慨

重点学科建设是一项系统工程，涉及方方面面，人、财、物缺一不可。记得我在1982—1983年以访问学者身份在香港大学待了一年，看到许多标准厂房已经空置，劳动密集型产业开始大规模向珠江三角洲地区转移。香港政府预计香港经济会转型为以高科技及工商业为主，而高科技和工商业要求有更多的、更高素质的人才配合，所以当时香港政府就决定兴建第三所大学。1984年，中英签署联合声明，英军分批撤离。1986年选址已空置的新界清水湾半岛北部旧军营兴建香港科技大学。我记忆中该校预算投资20亿港元，后因通货膨胀而严重超支，备受各方指责。因为设备先进及校舍豪华被舆论批评为"劳斯莱斯大学"，十分奢侈！为了推动科技突破，香港科技大学校长吴家玮在全球35个国家招聘一流科学家，仿效普林斯顿大学高等研究院也成立了一所高等研究院，聘杨振宁先生为国际顾问委员会主席。如今香港科技大学是一所高度国际化的研究型大学，教授、副教授、助理教授450人，学生8 500人。各级教授中，有75%的教授来自哈佛大学、加州大学伯克利分校等62所世界一流研究型大学。校长亲自万里翱翔，6天飞到9处礼聘高贤，副校长"三顾茅庐"务求请来的教授个个胜过自己。学校上下皆知的是"1991年成立至今，香港科技大学已迅速成为国际知名学府"。在英国《泰晤士报·高等教育副刊》于2004年11月公布的全球最优秀大学排行榜50强中，香港科技大学位列42，为50强中最年轻的大学。该校电机及电子工程、机械工程、工业工程及工程管理、化学工程学、商学及工商管理硕士课程质量都处于国际前列。

香港科技大学的发展过程说明，要想使我们的大学在较短时间跻身国际前列，就必须舍得投入，不怕"奢华"；必须广聘国际知名大学的知名学者任教，采用各种方法争取好的生源，安排学术大师指导优秀的学生；必须有一套完善的制度，以人为本，奖励老师的创新而不受公务员僵硬制度的影响，通过制度规范行政工作，发挥行政人员尽可能高的行政效率；必须具有国际化的办学理念和依靠高成本、大规模投入建设起来的国际网络；必须将学校的发展与服务于地方的理念紧密结合，使大学作为科学的"大本营"和"人才库"，成为社会经济转型的重要支点和有力杠杆。学校不求大，不求全，而追求特色学科、特色专业、高水平的人才和高水平的成果。

但一般而言，我们无法有那么大的投入，那么快的速度。根据国情、省情，我们高校的重点学科建设只能是一项细火慢炖的工作，原来基础差，要想一蹴而就，一步登天是不可能的！我们的领导总想快一些，再快一些。首先第一步是赶上国内其他兄弟省市，然后跻身世界前列。但是，我们的投入跟不上，往往为了100万元也要打几个报告才能拿到，一个重点学科大不了也就是一二十万元，国家级的学科带头人生活津贴每月也就500元，校级100元，有的还拖欠。广东省高校基础差，不仅比北京、上海、天津差，也比过去几个大区中心城市差，如华东的南京，中南的武汉，西南的重庆、成都，西北的西安等。根据1999年1月15日的统计数据，全国高校共有重点学科416个，其中北京157个，占1/3还多，上海53个，江苏39个，广东只有15个，排名第8位。全国共有113个重点实验室，北京32个，占全国28.3%。而广东只有3个，排名第11。1998年全国专业目录调整，共有博士点1 527个，广东118个，占全国7.72%。从这一系列数字看，广东省高校重点学科建设虽取得了不小的成绩，但仍然任重道远。

第四节　实施"一三五二工程"和"五个一百工程"

一、重点学科建设与本科教育

虽然在前面章节里谈到了高素质人才培养的问题，但还是远远不够。有必要专列一节谈谈本科教育的问题。人才培养是高校的根本任务，人才培养水平是衡量高校办学水平的根本标准。高等学校以人才培养为中心，这也是大学的本质属性，是大学存在的价值。本科教育质量是大学声誉的重要载体。因此，一流的本科教育是一流大学的基础，建设一流大学就必须建设一流本科。坚持以本科为本，是我国建设一流大学的必然选择。就本省的实际情况来看，尽管我们的目标是要建设教育强省，但大而不强的特点十分突出。特别是在人才培养方面与教育发达省份还有很大差距，主要表现在办学理念、专业设置、人才培养机制等脱离社会经济发展，脱离时代要求；教学内容、教学方法和评估方式相对陈旧单一；实验、实习、实训环节相对薄弱；学生的社会责任感、创新精神、实践能力仍有待提高。我们一定要将学科建设与专业建设结合起来。学科侧重于知识体系的继承和创新，专业建设侧重于对专门人才的培养；要把提高科研创新能力与提高教学水平结合起来，使学科建设与专业建设有机统一，相互融合、相互支持、相互促进。要在重视研究生教育的同时，不忽视本科教育，因为没有高水平的本科教育，也就难以有一流的研究生教育。此外要防止只重视对少数拔尖人才的培养，忽视对全体学生的培养，大学只有坚持"关注个体，面向全体，令教学改革成果惠及全体学生"的教育原则，才能称为高水平大学。

"211工程""千百十人才工程""五四一工程"，好像都是在讲高等学校的重点学科建设，但其实也都是在讲深化高等学校的科研教学改革，提高高等学校的教学科研质量。教学与科研虽有不同，但又无法分割。教学质量提高，培养高素质人才，无疑有利于重点学科建设，而重点学科水平的提高又有利于教学质量提高，有利于培养高素质人才。所以通过高等学校的教学改革，建立起学校面向社会自主办学的新体制，形成充满生机和活力的教学运行机制，建立起主动适应地方社会经济和科学文化发展所需要的课程结构和教学内容体系，建立起有利于充分调动和发挥广大教师教学积极性的竞争激励机制，使本省高等教育质量上一个新的台阶的同时，使本省重点学科建设也上一个新的台阶。

二、提高教育质量靠"创新"

要提高教育质量,教育思想和观念的改革与更新是先导。在人才培养过程中,要树立加强基础教育,拓宽专业口径,增强人才培养适应性的观念;树立注重素质教育,融知识、能力、素质于一体,相互协调发展,综合提高的观念;树立学生是教学活动的主体,加强对学生创业精神和创新能力培养的观念;树立因材施教,重视学生个性发展的观念;树立教学、科研、生产相结合是培养学生的根本途径的观念。《中华人民共和国高等教育法》规定,高等教育的任务是培养具有创新精神和实践能力的高级专门人才。为此,我们应以教育思想观念的创新为先导,用全面的质量观指导教学改革和人才培养工作;我们要以人才培养模式的创新为重点,坚持走产、学、研结合的道路,建立学校、院系、教研室定点联系市县、乡镇、企业的制度,促进理论与实践、教学与生产的结合,增强人才培养的适应性;要以教学内容和课程体系的创新为核心,完善融传授知识、培养能力、提高素质为一体的人才培养方案,加强本科生科研能力的培养,把科技创新案例纳入教学计划,毕业设计和论文要尽量结合教师的科研课题和生产任务;要以教学方法和手段的创新为突破口,积极推进启发式教学,努力扩大教师课堂教学的信息量。最后,要以教学制度的创新为关键,积极推进学分制、主辅修制、双学位制等制度,积极开展学生科技节、小创造等活动,进一步完善校际之间的协作办学工作。建立新的管理制度。在新的教学管理体制下,省高等教育主管部门主要职责是,贯彻党和国家的教育方针,确定办学层次、学制、专业设置的基本原则、分布位置、各种科类的培养目标和基本培养规格,制定有利于人才培养和教育质量提高的规章,改善办学设施和办学条件,组织教育教学评估,管控人才培养质量。各高等学校具有较大的办学自主权,可根据社会需求,因校因地制宜,可在省统筹布点下,设置本校办学层次内的新专业,确定专业培养要求,调整专业方向,自行制订教学计划,制定教学大纲、教学管理规章制度,选编教材。同时各高等学校也负有直接面向社会输送人才的责任。

三、教学领域的"一三五二工程"

建立激励机制。将竞争机制适当引入人才培养过程,建立和完善优秀学生选拔制度,如招插班生,专升本,直升硕,硕博连读等,为优秀学生脱颖而出创造条件。积极推广学分制,在有条件的专业和系试行本、专科浮动制,建立和完善奖学金制度。严格学籍管理,实行合理淘汰制。优化专业结构,合理布点,避免重复,提高效益。保留一定数量的基础学科专业,对其他专业进行更新改造,增强应用型或外向型专业。拓宽专业面,增强适应性。优化专业结构,建立与本省社会经济发展水平相适应的专业体系。要改革教学内容,计划在"九五"期间,编写出版100门有广东特色、具有国内先进水平的教材,建设300门达到国内先进水平的省级重点课程。积极争取企业、事业单位及政府业务主管部门通过多种形式参与人才培养过程,组织生产实习和社会实践,建设500个产学结合的校外实习基地。积极开展教学改革试点,健全和完善各级优秀教学成果的奖励制度,取得20个在全国有较大影响的、对提高教学质量有较大促进作用的优秀教学成果。这就是我们说的"一三五二工程"。

四、教育现代化与"五个一百工程"

为加速广东高等教育现代化进程,实现教育强省的目标,必须加强教学基本建设,改善教学条件;加强教学基本文件、教学管理规章制度、课程及教材、教学设备、图书资料建设等。与此同时,努力实现教学手段的现代化。启动广东教育科研计算机网干线速率升级工程和干线区域性主节点工程,建设广东高校科研高速光纤网络。全省高校校园网全部实现 2 Mb/s 以上速率接入广东教育科研计算机网,使高等学校师生均拥有上网账号。全省电大和有条件的成人高校、中专学校接入广东教育科研计算机网。培养高水平的信息化专业技术队伍,建立高等教育管理信息远程决策支持系统,实现教育管理和决策电子化。加快中山大学"中国高等教育文献保障系统"(CALIS)华南中心建设步伐。与此同时，我们提出"九五"期间高等学校电化教育工作实施"五个一百工程"的建设目标。即建设 100 个多媒体综合电教课室和 CAI 教室、开发 100 门与课程配套的系列化多媒体教学软件、编制 100 个系列电视教材、完成 100 门优秀电化教育实验课程、培养 100 位中青年电化教育业务骨干。在"九五"规划的第一年，各高等学校积极参与和配合，该工程进展顺利，达到了预定的要求，取得了初步的阶段性成果。"五个一百工程"的实施对推进教育教学手段的现代化起到了积极的作用。

第五节　教师队伍建设与"广厦工程"

一、兴教必须"壮母"

建设教育强省，任重道远，关系到各行各业，关系到千家万户。千里之行始于足下，教育强省，教师先行。没有不同层次的优秀教师，哪有教育强省可谈。没有高素质的中小学生，大学怎能有源源不断的优秀生源，没有优秀生源，大学又如何培养一批又一批的优秀人才？因此要建设教育强省，办好师范教育尤其重要。广东乡贤梁启超在《变法通议》一书中，专有《论师范》一篇。其中写道："师范学校立，而群学之基悉定"、"师也者，学子之根核也。师道不立，而欲学术之能善，是犹种稂莠而求禾苗，未有能获者也"、"故欲革旧习，兴智学，必以立师范学堂为第一义"。可见师范是教育之母。因此抓好教育建设必须壮母，母壮则子壮，母弱则子弱。要建设教育强省，必须办好师范院校，抓好师范教育，抓好教师队伍的建设。

师资队伍建设问题几乎在前面所有章节都有提及。高等教育要追赶亚洲"四小龙"和建设"教育强省"离不开教师队伍的建设。实施办学体制的改革，形成三级办学局面需要的是教师。实施联合办学，学校的合并、划转、共建首先必须解决教师的问题，调动教师参与的积极性。实施"211工程"，建设高水平大学，更是要培养一大批高水平的教师队伍。"千百十人才工程""五四一工程"更是直接讲学科带头人和学术骨干的选拔培养问题。实施教育改革，提高教育质量更是离不开教师队伍建设。所有这一切的一切，离开教师队伍的建设都是纸上谈兵，等于零。虽然在以上章节都讨论过教师的问题，但我们还是要，而且必须要再专列一节系统讨论教师队伍建设的问题。这是因为教师是教育发展和改革的实践者、开拓者，在学校的所有有关教育科研的活动中均占主导地位。培养人才，取得科研成果，创造知识，服务社会，都离不开教师队伍。教师队伍作为一个整体，有着自身的特点和问题，有着共同的诉求。政府只有采取一系列的、完整的政策和措施，才能从整体上解决教师队伍的问题。教师是一支特殊的队伍，不仅数量要适当，素质要较高，结构要合理，稳定性还要保持在相对较高的水平，而他们头脑里所掌握的知识却要随着社会的进步而不断更新。总之，这支队伍水平的高低，直接关系"教育追赶'亚洲四小龙'"和建设"教育强省"目标的完成。因此，建设一支高水平的师资队伍是本省高等教育发展的紧迫任务。

二、教师队伍的状况

总体来说，经过近十年努力，在各级党委和政府的重视和关怀下，在省高教厅各处室的直接领导下，经各高校的努力，全省高等学校教师队伍规模在不断扩大，基本上能满足当时高等教育发展的需要；在整体素质上也有了较大提高，一批新的学科带头人和学术骨干已经成长起来；教师的职称、学历、年龄及学缘结构明显优化，为建设一支素质优良、结构优化、精干高效、充满活力的教师队伍打下了良好的基础。

专任教师的结构明显改善，逐步趋向合理。1990年底全省41所高校有专任教师16 339人，到1996年有18 152人，预计2000年可达21 137人，年均增加约500人。虽然增加了不少，但与1998年开始的扩招所带来的教师需求相比还差距很大。

教师的职称结构趋向合理。1990年底高校共有教授820名、副教授3 475名，讲师6 262名，助教5 782名，分别占专任教师总数的5.02%，21.3%，38.3%，35.4%。到1996年这几个比例数分别为8.42%，28.1%，40.9%，22.5%。可见教学科研队伍中副教授和讲师比重提高，符合当时教育战线的实际情况。教师中高级职称比例1996年比1991年提高了10.2%，表明教师队伍整体教学科研能力和水平有了提高。

教师队伍的年龄结构逐趋改善。1990年教师平均年龄42.15岁，教授平均年龄54.99岁，40岁以下的教授2人，副教授平均年龄51.47岁，讲师平均年龄39.42岁。到1996年底，教师队伍的平均年龄39.5岁，教授平均年龄58岁，40岁以下的教授80人，副教授平均年龄49.2岁，其中35岁以下的教授、副教授411人，讲师平均年龄35.8岁。40岁以下的教授由2人增加到80人，35岁以下的副教授由32人增加到411人。这些数据充分反映了队伍整体活力在不断提高，高学历、高职称的教师越来越多，年龄越来越低，教师的职称结构、学历结构、年龄结构正逐步趋向合理。

教师队伍的学缘结构明显改善。各校通过引进外校和国外优秀教师，控制选留本校毕业生人数，有效抑制了学术上的近亲繁殖。不同学缘、不同学术观点的青年教师优势互补，推动着学科专业的发展。据调查，1990年底，全省高校教师中非本校毕业的占教师总人数的42.5%，到1996年底占59.2%。通过"211工程""千百十人才工程""五四一重点学科建设"和"一三五二工程"深化教学领域改革，提高教学质量等工程的建设，在教师队伍中已形成一定数量、素质较好、学术水平较高的跨世纪中青年骨干教师队伍，有力地推动了学科建设的发展。到1997年，全省高校已有博士点94个，硕士点358个，一批颇具优势和发展前景的学科进入全省或全国重点学科行列。

但从总体来说，本省高校教师队伍从规模、水平、结构等方面都还不能适应本省社会经济发展对他们的要求。根据我们1997年的调查，全省88个专业缺口767名教师，其中一些基础性和与社会经济发展关系紧密的专业缺口更大。如英语专业就缺少99人，电子与信息类专业缺少65人，经济类专业缺少36人。学科带头人严重老化，后继无人，拔尖的人才不多，有些博士点、硕士点仍是老教授们在撑着，有的硕士点连正教授都没有，面临着罚黄牌和被取消的危险。而且高学历、高职称的教师主要集中在几所老院校。广东经济发展急需的专业、学科人才严重缺乏，例如法律、工商管理，以及一些边缘学科和新兴学科等。还应看到师德师风出现滑坡现象，市场经济的某些负面影响开始显现。教师队伍中不同程度存在不稳定的隐患，不少年轻有为的教师流向经济效益好的企事业单位和公务员队伍。教师的社会地位有待提高，生活待遇仍然偏低。

三、提高教师的社会地位

我国历史上教师地位摇摆不定，到了元朝时期教师队伍地位最低，有"一官二吏……九儒十丐"之说，教师被排在"老九"，仅高于叫花子。新中国成立后多数情况下被当作臭老九、教书匠，其社会作用和地位没有受到应有的重视。改革开放以后，尽管教师地位日益提高，但由于我国经济力量薄弱，人们文明程度不高，教师的社会地位始终达不到应有高度。教师社会地位的高低是与教师的收入状况紧紧相连的。在一个人们追求实际利益的社会里，女性嫁人都要选医生、司机、屠户。收入不高的教师也就谈不上社会地位有多高。很多教师往往把做一名教师作为解决生计上的困窘，且"面子上"也并无太多"光彩"的谋生手段。

20世纪80年代以来，"臭老九"的地位开始逐步转变。1985年1月21日全国人大常委会决定，每年9月10日作为教师节。本省为了提高教师的社会地位，使教师成为最令人羡慕、最受人尊敬的职业，首先推动舆论先行，抓住每年教师节前后的时机，在全省范围广泛开展尊师重教活动，大力表彰奖励优秀教师，宣传优秀教师的先进事迹。并通过走访，看望教师，帮助教师解决一些实际问题。每年的教师节暨表彰奖励优秀教师大会开得庄严隆重，省委、省政府、省人大、省政协主要领导都出席大会，并由省委主要领导讲话。1992年以来，广东省设立了"广东省南粤杰出教师奖""广东省南粤教书育人优秀教师奖""广东省南粤教坛新秀奖""广东省南粤优秀师范生奖"等多种奖项。中山大学的蒲蛰龙教授、华南农业大学的卢永根教授、广州中医药大学邓铁涛教授等先后被评为"广东省南粤杰出教师特等奖",每人奖励5万元,他们成为受人尊敬的教师的杰出代表,受到全社会的广泛关注!

要想彻底完成从"臭老九"向受全社会尊重的人民教师的转变,仅停留在舆论、表彰是不够的。在思想教育的同时,必须有实实在在的有效措施,完善提高师资培养的体系,让优惠政策和红利落实在每名教师身上。

首先,在招生制度上改革,引导部分优秀学生进入师范院校就读。1992年华南师范大学对招收保送生的工作进行了推荐加考试的改革试点,在省属、县属重点中学和中等师范学校推荐优秀学生的基础上,对全体推荐生进行文化考试和面试,以保证推荐生质量。为保证师范生的质量,在招生录取时,我们将师范院校放在提前批录取,让更多的优秀生就读师范,毕业后做教师。在一般院校实行收费上学时,师范生不仅不收费,还给予一定补贴或奖励。

省委常委、副省长卢钟鹤同志曾指出,师范教育是教育事业的"工作母机"。他强调在制定教育发展规划、制定编制时,应把师范教育摆在优先发展的位置。在制订年度招生计划时,也要对师范教育优先安排,保证有足够数量的师范毕业生输送到中等教育师资队伍中。由于当时全社会尚未形成尊师重教的社会风尚,报考师范院校的学生仍然较少,生源较差,严重影响了中等教育师资培养的数量和质量。为此我们制定了"教育要发展,师范开小灶"的七项措施:① 在保证生源质量的情况下,扩大师范院校招收保送生的比例,本科师范院校可按招生数的25%～30%的比例,在省、市、县(区)重点中学和重点师范学校招收保送生,师专可按15%～20%的比例在县(区)重点中学和条件较好的一般中学及师范学校招收保送生;② 经过批准,师范院校本科可以向外省招生;③ 在招生录取工作中,本科师范院校可优先安排,提前批录取;④ 有条件的高等师范院校,经过批准,可以单独或联合提前招生;⑤ 在有条件的省重点中学或教师进修学校开办高师预备班,为高等师范院校提供高素质生源;⑥ 师范生享受师范专项奖学金,并逐步提高他们的生活津贴标准；⑦ 师范毕业生仍由国家负责安排工作，保证他们能到教育系统工作。当然，从根本上说，要加大对师范院校的投入，改善办学条件，提高教育质量，以吸引更多的考生报考师范院校。

为了培养高水平师资，我们在制定高等教育的综合规划时，将华南师范大学排在省属高校中位居第一的重点院校，是省属高校中唯一进入"211工程"行列的学校（后来汕头大学因李嘉诚先生强烈要求也列入"211工程"计划论证），并于1996年10月23—25日预审通过。其目的是加大对该校的投入，改善办学条件，加强一批重点学科建设，使其在科学技术水平上达到或接近发达国家同类学科的水平。如通过引进人才，加大投入，提高办学水平。从1996年到2000年，华南师范大学增加院士1名，教授由131名增加到152名，大大提高了教授、博士在教师中的比重。特别是在激光与光电子学科领域取得显著成效。学校在培养高层次人才方面取得可喜进展。在校研究生规模由1996年319人扩大到2000年1 070人，博士点由4个增加到13个，大大提高了办学整体实力。为了美化校园环境还将华南师范大学校园列入重点建设校园之一（图6.11）。

▶图6.11　教育部部长陈至立同志视察华南师范大学

四、广东民族学院更名为广东技术师范学院,培养职业教育师资

此外,为解决中等职业学校、中等专科学校、中等技术学校的师资问题,考虑到海南独立成省后,广东少数民族生源大幅减少,经多方协商,将广东民族学院改办成广东职业技术师范学院,专为上述三类学校培养师资。韩山师范学院,升本后的湛江师范学院,并入并升格为本科的深圳大学师范学院,加上各中心城市举办的高校中的师范部分,共同完成广东培养各类师资的任务。我们曾为地方师范院校专门调研和解决过一些问题(图6.12,图6.13)。

▶图6.12 现场研究湛江师范学院升格本科后的发展问题

▶图6.13 笔者(前排左3)陪同卢钟鹤副省长(前排左4)考察湛江师范学院的发展

广东民族学院于1957年成立,承担为少数民族地区培养人才的任务。要想改变广东民族学院的名称,改变广东民族学院的培养方向,殊为不易,因为这是一个涉及民族政策的重大问题,因此我们认真地研究,采取了一系列的政策来弥补改变学校培养方向之后的民族教育问题,主要包括以下几个方面:

(1)继续实行"三不变"的民族高等教育政策。广东民族学院当时普通班学生2 551人,其中少数民族学生509人(含杂居地区学生),占学生总数20%。上述在校少数民族学生免收学杂费,并每人每月发75元的生活补助费。改办成广东职业技术师范学院后,将继续实行"招收少数民族学生名额不变;少数民族学生待遇不变;为少数民族地区服务的宗旨不变"的"三不变"的少数民族高等教育政策。并根据本省少数民族地区对专门人才的需求情况,适度发展本省民族高等教育,为少数民族地区经济和社会发展服务。

(2)设置民族教育专门机构,确保发展民族高等教育措施的落实。我们在广东职业技术师范学院保留民族研究所的基础上增设民族教育部或争取设立民族分院。民族研究所除研究一般民族理论、民族政策外,把重点放在研究少数民族地区经济社会发展对人才需求的对策上。进一步扩大民族研究所的职能,优先立项民族研究所科研课题。成立的民族教育部具体负责少数民族学生的招生、教学、生活管理和毕业生就业等业务管理,组织落实少数民族成人学历教育和少数民族地区干部培训等工作。

(3)拓宽民族教育渠道,多形式多层次完成培养少数民族人才的任务。

① 根据民族地区人才需求设置相关专业。如少数民族生源充足,可按文、理、工等科类每年轮流设置民族教育本、专科应用专业班三个左右,进行单独编班授课。也可根据实际需要,将少数民族学生直接插入普通应用专业或者职业技术师范专业班就读。

② 维持少数民族招生总量不变,每年招生120至150人,并视生源情况适当增加。

③ 在韶关大学开设民族教育预科班的基础上,视民族地区的需要,恢复民族学院招收预科班。

④ 在本省成人高等中专学校及普通中专学校内，视实际需要，承担培养少数民族人才的任务，尤其是对少数民族地区需要的卫生、护士方面的人才培养可采取倾斜政策，优先安排招生。

⑤ 准备在民族学院建设培训楼，将其办成既是职业教师资格培训中心，也是少数民族干部培训中心。

（4）进一步完善少数民族地区学生享受的民族政策。我们继续坚持对少数民族地区考生采取单独划录取分数线的政策。继续免收少数民族学生的学杂费，并每月发放生活补助费，积极与有关部门联系，争取设立少数民族学生专项基金。

由于措施具体落实，将广东民族学院改办成广东职业技术师范学院的设想得到了省政府、省民委及中央有关部委的同意和支持。于是该校1998年改办为广东职业技术师范学院（图6.14），到2002年更名为广东技术师范学院。

▶图6.14　广东民族学院更名为广东职业技术师范学院大会

五、增加教师收入，改善教师待遇

前面提到教师要有社会地位，除了各种奖励、名誉之外，还必须实实在在地提高教师的待遇，如工资、住房、医疗、退休养老等方面的待遇。当时我们的共识是，哪个地方维持教师低待遇，哪个地方就是教育低水平。一个社会要敢于给教师提高待遇，教育战线的领导人要敢于为教师争工资。如果人人都想当教师，那民族、国家就有希望。

虽然《中华人民共和国教师法》规定，教师的平均工资水平应当不低于国家公务员的平均工资水平，并逐步提高。但在实际工作中与政府官员、公务员、律师等相比，教师经济待遇差得多。由于市场经济引入，就业门路拓宽，社会整体收入水准大幅度提高，教师的相对收入又相对下降了。根据我们1992年10月的调查，仲凯农学院291名教师，人均月实际收入453元，华南师大1 620名教师，人均月实际收入523元，广东工学院1 177名教师，人均月实际收入437元，广州美术学院386名教师，人均月实际收入521元，广东医学院630名教师，人均月实际收入397元。从这些数据说明广东省属高校教师实际收入明显偏低。

当年中国人民大学舆论研究所和《三月风杂志社》联合进行的大规模民意测验结果显示，教师在最可爱的人中"独占鳌头"，而据对一些中学生就职意向的调查，教师职业却"无人问津"。现实中教师下海、改行、干第二职业更是"风起云涌"。这种尊敬与从业之间的巨大反差不能不引起我们的思考。当时，在一次校长座谈会上华南师范大学校长管林同志曾说，过去有个说法，"东西南北中，发财到广东"，说明广东经济搞得好。如果将来能够做到"东西南北中，求学到广东"，或"东西南北中，教书到广东"就可以了。这最根本的是要使教师职业成为最令人羡慕的职业之一！

教师收入低，待遇差，严重影响教师职业声望。高中毕业考大学，学生不愿报考师范，导致师范院校录取平均分数低。我们调查了20所高校1990级新生的高考平均分（标准），省属重点院校华南师大只有594.4分，排在第17名。高校本科1990级学生参加大学英语四级考试平均通过率为63.73%，而华南师大只有46.8%，广州师院44%，当然农科也非常低。1992年6月大专院校英语二级统考，全省平均通过率62.22%，湛江师专（当时未升本）只有19.0%。可见师范院校的学生入学时分数就低，好的或比较好的学生不愿读师范。这样必然影响毕业生质量，必然造成中小学教师水平不高。据1992年的一份调查数据，广东省现有高中教师的达标率为47.94%，低于全国平均水平。职业高中教师达标率只有23.18%。不达标的老师就很难培养出高水平学生，也就必然影响高等教育质量，影响下一代，影响祖国的未来！

1993年1月颁布的《中共广东省委、广东省人民政府关于加快高等教育改革和发展步伐的决定》提出，要积极改善各类高校教师的生活待遇，争取在两三年内，使高校教师的实际收入有明显提高。当时有种说法，教师工资要在12个行业中处于中等偏上水平，约在第5位上下，当时广东教师工资水平排在第9位。其实这种说法并不科学。一般行业职工主体是工人，而教育战线主体是教师，特别是高等教育战线，主体是知识分子，工资理应高一些。据我们调查，1991年各行业人均月工资281.12元，最高为医药行业人均月工资334.35元，其次城市公用行业313.76元，最低是物资企业250.85元。从省属高校抽样调查显示，人均月工资458.07元，教授687.31元，讲师528.78元，一般工人223.47元。

可见，从这些数据看，说明不了问题，所以在决策时没有使用这些数据，只是提出提高教师待遇的总目标为：① 通过财政拨款渠道，使教师的平均收入高于其他各行业平均收入的20%～25%，或至少超过本省全民所有制职工平均收入水平的10%，在国民经济12个行业中居中等偏上水平。② 从1993年起，高校教职工的公费医疗标准，要与党政机关干部的标准持平。③ 要建立离退休制度，对年满30年教龄的退休教师按原工资的100%发给退休金。④ 力争三年内基本解决高校教师的住房困难问题。⑤ 给高校教职工发放教职工生活补贴。从专项经费中拨出8 000万元，其中高校教师的岗位津贴总额3 000万元。1993年，高校教师人均月实际收入达到：助教550元，讲师700元，副教授800元，教授900元，教授中的博士生导师1 000元。岗位津贴标准是：助教80元，讲师100元，副教授120元，教授150元。⑥ 在本省的部委属高校均与省属院校教职工等同，由省财政负责解决。

我们作为主管部门总是惦记着要尽可能增加教师收入，一有机会就打报告向政府财政要钱增加教师收入。这里举一个给博士生导师发放补贴的事例。从

20世纪90年代开始，本省高校博士点逐步增加，博士生导师人数相应增加。原有教师津贴分助教、讲师、副教授、教授四级，可否在教授之上加一级博士生导师呢？于是我们经过调查研究提出了一个发放津贴的意见，主要内容有：

（1）1995年底以前经国务院学位委员会审批确认，户籍和工作单位在广东的博士生导师，和经国务院学位委员会批准，于1994年至1995年期间进行自行审定博士生导师试点工作的单位，严格按有关程序遴选确定，户籍和工作单位在广东的博士研究生导师，按月发给每人300元生活津贴直至退（离）休；1996年以后按国务院1995年20号文的有关规定，由博士学位授予单位或有关主管部门遴选确定的博士生导师，在受聘指导博士研究生期间，按月发给每人300元生活津贴。以上经费由省财政厅在科教专项资金中核拨。

（2）在广东工作的博士研究生导师，由所在单位填写《广东省事业单位博士研究生导师发给生活津贴审批表》，报省学位委员会办公室汇总审核并报省人事厅审批后，享受本通知规定的生活待遇。

本决定由广东省高等教育厅、广东省人事厅、广东省财政厅共同以粤高教人〔1995〕78号文件形式发出实施。今天看来，300元真不多，但当时教授每月工资才900元，津贴占了1/3。只可惜的是，后来工资涨了，津贴没涨。

总之，采取这些措施后，教师收入有了明显提高。广大教师和全社会都感到政府对教育的高度重视和对教师的期盼！教师在人们心目中的地位明显提高了！

六、实施"广厦工程"，解决教师住房问题

安居才能乐业，安居才能稳定教师队伍，安居才能乐教。从本质上说，解决教师住房问题，关系到建设"教育强省"，振兴广东经济的战略目标。作为政府主管高等教育的职能部门，我们不敢丝毫懈怠，而是用心努力去干。1993年开始实施解决高等学校教师住房的"广厦工程"。其目标是，三年基本解决高等学校教职工住房困难，使教职工每户都有一套住房，再用五年时间，即到2000年，力争全省高等学校的带眷教职工住房达到省规定的标准。即按

1985年工资改革时的职务职称计，厅级干部和三级以上（含三级）教授每户100～130 m^2，三级以下教授和处级干部每户85～100 m^2，讲师和科级干部每户75～85 m^2，一般干部每户50～75 m^2。与此同时，各高校认真进行住房制度改革，多渠道筹措建房资金，加快教师住房建设。集资形式有三种，一是政府承担50%，学校和个人共同承担50%；二是政府承担50%，教职工个人承担50%；三是学校仅提供建房用地，教职工个人承担全额建房资金。1993—1997年，省政府共拨款3.5亿元，各有关市、学校、个人及华侨捐款共8.5亿元，用于为教职工建房。此外，各市为各高校建设住房采取了一系列优惠措施，减免各种税费，大大降低建房成本。据统计，1993—1997年投入住房建设资金约12亿元，建成面积82.2万 m^2，建成住房户数8 847户，人均住房面积46.9 m^2，其中部委属高校46.9 m^2，省属高校49.5 m^2，市属高校40.9 m^2，均高于国家教委规定的人均34.15 m^2的标准。基本实现了省定目标。

一讲到"广厦工程"，我们就不能不谈谈教师村的建设。广东省高校校园面积普遍偏小，可以用来建设教师住房的地方十分有限。为保证完成教师住房的建设，首先必须尽快找到合适的地方。为此厅领导及有关处室人员出动找地，我们希望在广州市石牌地区和广州市海珠区赤岗一带高校比较集中的地方寻找，考虑到种种因素，最后确定在海珠区磨碟沙一带和华南师范大学东南角建设教师村。最后考虑高校多集中在石牌地区，华南师范大学又是省属重点高校，许多事情好商量，于是最后决定先启动在华南师范大学东南角建设高层教师村的项目。此地原属华南师范大学生物园。经与学校领导和生物系老师协商达成一致，在增城另辟新地建设生物园。校方及教师们顾全大局，省计委于1994年12月批复同意兴建省高校教师新村，选址华南师范大学东侧，第一期建设总规模6万 m^2，总投资9 000万元（图6.15）。由于各方面配合进度很快，住房顺利分给华南师范大学、广东民族学院（现为广东技术师范学院）、广东外语外贸大学、广东工业大学等。教师们个个高高兴兴，夸我们为教师做了件大好事。原中央政治局常委、国务院副总理李岚清同志在广东省委书记李长春等领导的陪同下看望了教师，称这是全国最高的教师村。

▶图 6.15 广东省高校教师新村一期工程

  第二栋于 1997 年奠基,但因经费一时未到位,推迟了动工。这可急煞了部分教师。我收到了好几封来信,信中催促快点施工。举个例子,有些同志以广东工业大学、华南师范大学、广东民族学院、广东外语外贸大学广大无房教工的名义写信给我,信中先表扬了我一番,如"您为高校的老师做了不少好事,办了很多实事,深受广大教师欢迎和爱戴,应该说广大教师是很感激您的",然后就提出明确而迫切的要求:① 先分第二栋教工新村的图纸;② 催促尽早尽快施工;③ 1997 年报建奠基应以福利房分房;④ 请许厅长为广大教工考虑,催促尽快开工。他们的心情我们完全可以理解,因为这是福利分房的最后一班车,否则这批教师就得花一笔钱买商品房了。我们包括我的部下何尝不是想快点呢!后来在各方面配合下按时交房,教师们高高兴兴搭上了福利分房的最后一班车。

  另一件我以为办得很成功,大家也很开心的有关住房的事要说说。省高教厅办公楼西侧,东风路边有一栋六七层的厅机关职工的住房,我曾探访过几家。对于一直住在中山大学校园的我,心里有一种莫名的感觉,对他们住得这么差而动了真情,暗下决心一定要尽快解决机关职工的住房问题。我和有关副手和处室负责人跑了好几个地方,如暨南花园、琶州塔等。最后与仲恺农学院协商,决定在其校园内建一栋住宅,解决部分职工的住房问题。然后拆除厅机关大楼旁的旧住宅，并与广东工业大学协商，适当扩大了用地面积，经批准建设了一栋32层、近250套住宅的大厦，一半用于解决厅机关职工的住房问题，一半用于广东工业大学、星海音乐学院、仲恺农学院及广东药学院（现为广东药科大学）教工居住，还留了部分用于有关高校引进人才居住。最后，全部机关职工和部分教师在2000年喜迁新居。

七、建立师德规范，加强师资管理

在解决教师生活待遇，提高社会地位的同时，必须加强师德教育。培养高素质的人才必须有高素质的教师。教师的师德状况如何，不仅反映了教师队伍素质的高低，而且直接影响学校教风、学风、校风和教育教学质量，也直接影响教师的社会形象和社会地位。因此，师德建设是高等学校工作，特别是教师队伍建设的重要组成部分。

在广东高等教育改革和发展的过程中，各高校重视抓好教师，特别是青年教师的思想政治教育工作，组织优秀教师代表团在全省高校做巡回报告。宣传优秀教师教书育人的先进事迹和良好的师德风范，收到了良好效果。在大量工作的基础上，中共广东省委高校工委、广东省高教厅于1997年3月制定了《广东省高等学校教师职业道德规范（试行）》。主要内容包括：① 遵纪守法，为人师表；② 爱岗敬业，积极奉献；③ 爱护学生，教书育人；④ 严谨治学，求实创新；⑤ 团结协作，关心集体。共五大方面，每一方面又有两条具体的内容。如第4点就包括了刻苦钻研，一丝不苟，维护科学尊严；遵循教育规律，开拓进取，提高教学科研水平。

师德规范是师德建设的基本内容，也是师德建设的方向和目标。广大高等学校教师在遵循社会共同的职业道德准则的基础上，学习贯彻新制定的师德规范。在1997年全省教师节庆祝大会上，我们表彰了高校12个师德建设先进集体和23名师德建设先进个人。

对师资队伍进行科学管理，是人事制度改革的重要内容，目的是为了充分调动广大教师的工作积极性，提高教育教学工作的质量和效益，同时推动深化学校内部管理体制改革。在管理模式上，高校依法实施用人自主权。根据相对稳定、合理流动、专兼结合、资源共享的原则，探索和建立相对稳定的骨干层和出入有序的流动层相结合的教师队伍管理模式，和教师资源配置与开发的有效机制。通过多种途径，拓宽教师来源渠道，促进教师资源的合理配置。利用产业结构调整的契机，面向企业和科研机构招聘优秀人才担任专职或兼职教师。遵循"高学历、高职称、高水平、低年龄、新专业"的原则，有组织、有计划、有步骤地向海内外统一引进重点学科带头人。对教师实行任期目标聘任制。通过实行聘任制，及时调整教师队伍的结构，建立人员流动和淘汰机制，调整或辞退不能履行教师职责的人员。高等学校要实行工资总额动态包干管理。切实贯彻"多劳多得、优劳优酬"的分配原则，根据工作复杂程度和贡献大小，合理拉开分配差距，鼓励和支持教师立足本职工作多做贡献。进行师德规范、师德教育的目的之一是使教师明确，培养德智体全面发展的社会主义建设者和接班人是教师的基本责任。为此，我们还必须抓好"两课"（马克思主义理论课和思想品德课）的改革和教学，加强实践教育，建设校园文化，提高学生的综合素质。

第六节 实施"校园建设工程"和"优良学风班"建设

一、"校园建设工程"的重要性

实施素质教育，促进高科技和高素质的统一，培养出既有知识和能力，又有健康人格，既会做事又会做人的高质量人才。为此，要加强高等学校校园文化建设，净化校园育人环境，提高高等学校的文化品位与格调。在这种背景下，必须实施"校园建设工程"和"优良学风班"建设。"校园建设工程"既包括精神文明的要求，搞好教风学风校风等"软环境"的建设，又包括抓好师资、环境、设备、设施等"硬环境"的建设，改善办学条件和育人环境。这项工程的具体目标是争取华南师范大学、深圳大学、汕头大学等5所省属高校在文明校园的建设中达到国内同级同类学校的先进水平。为了实施"校园建设工程"，我们加大投入，全面规划，综合治理。本省各高校都把加强校园文明建设、优化育人环境纳入学校改革和发展的总体规划，一起部署，一起检查，一起落实，统一领导，分工负责。在"校园建设工程"中，坚持以育人为宗旨，以学风、教风、校风建设为核心，以正面宣传引导为主，创造活泼健康、积极向上的校园文化氛围，防止和消除文化垃圾的传播。广泛开展文明班级、文明宿舍、文明食堂、文明办公室、文明家庭等群众性精神文明创建活动。联系学校实际，高起点、高标准地规划校园布局，建设优美的校园环境。建章立制，强化学校治安防范机制。加强对学校财产和教育经费的管理。加强对各种形式的成人高等教育和自学考试及社会助学的管理等。规范受聘在岗教师从事校外兼职活动的管理，规范学生社会实践、勤工助学、社区服务等活动的管理。

二、整治高等学校及周边治安秩序

广东多数高等学校都处于城乡结合部，这些地方往往是外来人员多，治安环境比较复杂，治安工作比较薄弱的区域。随着学校规模不断扩大，学生数量快速增加，以高等学校师生为主要消费对象的商店、餐厅、歌舞厅、电子游戏机室、发廊、各式各样小摊贩、大排档等大量集聚，师生与校外人员在校园周边发生纠纷、斗殴的案件也随之增加，严重影响高等学校正常的教学、科研、生活秩序。为了解决这些问题，省高教厅配合广东省社会治安综合治理委员会、省公安厅于1996年5—7月对高校校园及周边治安秩序开展集中整治；8—10月在整治基础上，建章立制，巩固整治成果（图6.16，图6.17）。如校园交通管理办法、校园内搭建临时建筑物的管理办法、校内经商规定、校园绿化及环境卫生管理规定、校内流动人员管理办法、宿舍区管理规定等制度。通过整治和建章立制，校园治安状况明显好转，周边治安环境有了较大改观，学校的生活服务和文化娱乐网点步入了规范化管理轨道，为创造良好的教书育人环境发挥了重要作用。

创建安全文明小区。在高等学校，师生居住相对集中，有必要，也完全有条件将创建安全文明小区的工作做好，并推动建设安全文明校园。从1995年开始在部分高校试点，1996年全面铺开。各高校在创建安全文明校园的过程中，加强硬件建设和管理制度建设，把治安工作同校风建设、职业道德建设、文明校园建设结合起来，倡导文明礼貌新风尚，减少违法违纪行为，净化校园环境。

▶图6.16 广东高校治安综合治理目标责任书签字仪式

▶图6.17 与中山大学党委书记黄水生同志一起签订责任书

第六节　实施"校园建设工程"和"优良学风班"建设

　　为了总结和推广本省高校"校园建设工程"、优化育人环境的经验，1997年11月，省委高校工委、省高教厅在深圳召开了全省高等学校党委书记和校长参加的优化育人环境经验交流会，并邀请刚刚上任的教育部部长陈至立同志莅临指导（图6.18）。深圳大学、中山大学、华南理工大学、惠州大学等介绍了各自在实施"校园建设工程"的一些做法，特别是深圳大学的经验引起了与会者的兴趣和重视。在调查研究、总结经验的基础上，我们于1998年1月发布了《关于我省高校优化育人环境的若干意见》，进一步就高等学校加强校园文明建设、优化育人环境的目的、意义、内容、措施等提出了明确的要求，强调要把思想道德教育、科学管理和纪律约束结合起来，从严治校、从严治教、从严治学。贯彻落实该意见的精神，有力推动本省高校成为社会主义精神文明建设的重要基地和示范区。

▶图6.18　广东省高等学校优化育人环境经验交流会（主席台左起第3—7位为黄丽满、厉有为、陈至立、卢钟鹤、许学强）

三、对建设"优良学风班"重要性的认识

　　学风建设是学校教育工作里的一项重要的基本建设内容。高等学校的根本任务是不断地为国家培养德、智、体全面发展的社会主义建设者和接班人。学风建设与加强政治思想工作、教师队伍建设、课程建设、教材建设等一样，都是保证学校培养国家建设所需的高质量人才的重要一环。可以说，我们许多学校的师资队伍、教学设施、校园环境、新生入学水平等这些育人的"硬环境"还是不错的，但是育人的"软环境"，如学风、教风、校风等还需要做很大努力。有些"硬环境"，为学生提高思想水平和业务素质创造了良好的条件，而学生是否真正有收获，真正学到知识，还有待他们自己的努力，这一点与是否具有优良的学风有重要的关系。而且，在学校里受到优良学风的熏陶，将来在工作岗位就有可能养成优良的工作作风。因此，培养优良的学风是使学生终身受益的大事。尤其是广东省地处改革开放的前沿，受商品经济、社会风气影响很大，这些影响有好有坏。许多北方学生的家长不让子女来南方就学，其原因一是东西贵，二是怕学坏。当时曾接到外省一个受处分的学生的家长来信，说他的小孩中学一直是三好学生，表现优秀，但到了大学，由于不注意政治学习，犯下了严重错误，请求减轻处分。字里行间多少有点埋怨学校管理不严，教育不好的意思。当然一个学生学好学坏，原因是多方面的，有个人的，有社会的，但学校当然有相当大的责任。我想，这些学生如果培养得好，则是国家的栋梁之才，如果一旦失误，那对学校的损失只是一名青年学生，而给社会带来的损失和副作用将会增大几倍，或几个数量级。因此，以培养人才为目的的学校不能不注意学风建设，以教书育人为己任的教师，不能不注意培养优良的学风。所以，我们认为，优良学风是全面贯彻党的教育方针，培养合格人才的重要战略措施，建设优良学风则是我们学校、教师的光荣而神圣的职责！

四、以学风建设必须落实到基层的理念抓好"优良学风班"建设

学风建设是一项艰苦、细致、长期的工作，不能只停留在一般号召上，停留在面上，而是需要落实到基层。只有培养好每一个细胞，整个学校才有健康的机体。学生中的细胞就是班级，教师中的细胞就是教研室。

建设评比优良学风班的活动能调动学生自身的积极性，自下而上地在全校形成人人为建设优良学风班做贡献，班班为争取成为优良学风班而努力的生动局面，形成强大的舆论和抵制不良学风的自我约束机制。

建设优良学风班，有一个坚强的班级核心是关键。一个班委、团支部团结合作、默契配合的领导核心是带领全班同学不断进取的保证。干部以身作则，受全班同学拥护支持，有较高威信，工作就会得心应手。经验证明，抓学风、抓班风要从低年级开始。本科一年级学生刚从中学到大学，生活环境突然发生大的变化，这时候是学生人生观、世界观形成很关键的时期，而学生又普遍存在一种松劲思想。这就需要班主任、辅导员积极工作，物色班干部，通过组织一系列健康而有益的活动，逐步使这些班级有明确的政治方向，做到团支部有战斗力，班干部有号召力，全班有凝聚力。由于这些班级有整体的优良素质，因而他们就具有较强的"抗干扰"的能力，就能在政治风浪中不迷失方向，坚持为社会主义祖国勤奋学习。这样，在平时的教学过程中，就不会出现迟到早退、考试作弊等违纪现象。

五、学风建设是学校工作中的一项综合性工程

在优良学风班建设中，班主任起着十分重要的作用，他们是学校与学生之间最直接的桥梁。我们认为，科研是事业，教学是事业，班主任工作也是一项必不可少的事业。做好一个班的工作，其意义不亚于教好一门课或完成一项科研任务。班主任是青年学生在人生观、世界观形成的关键时期进入大学后的第一位领路人，责任重大，任务艰巨。要做好班主任的工作，首先要爱学生，要以对事业的满腔热情，对学生的一片真诚感染学生，要用正确的

政治观点引导学生，要身体力行，处处做出表率，要严格要求自己，严格管理学生，坚持爱与严的统一。

广大任课教师要自觉做好教书育人的工作。学校80%的活动是教学活动，任课教师占有教学活动的大部分空间和时间，接触学生的机会较多。因此，任课教师结合教学活动，接触学生，了解学生，对他们进行启发、引导和教育，对于培养树立良好学风有重要作用。具体要做到如下几点。第一，任课教师要以明确的政治观点、强烈的爱国热情和对事业的奉献精神，为学生树立良好的教师形象，努力用正确的思想引导学生。第二，教师要重视教学，钻研教学，提高教学质量。任课教师讲好课，是做好教书育人的前提条件。教学过程就是教师以实际行动倡导和传播优良学风的过程。好的教风对学生形成好的学风有很大的促进作用。第三，教师要寓育人于教学过程之中。任课教师对学生严格要求是教师的职责，也是保证教学质量的重要条件。第四，要严格考核标准，严格考场纪律。用教师从严治教、严谨治学的态度，影响、熏陶学生。要严格要求学生，教师必须严于律己。如对教师要求：① 认真备课，认真上好每堂课，上得不好，学生可向系或教务处反映；② 不超时，不拖堂；③ 小病坚持上课。对学生要求：① 不迟到，不早退，遵守课堂纪律；② 按时交作业，不拖欠；③ 严禁抄袭作业。这样，使学生感到，师生之间是一种平等关系，使学生感到老师的严格要求是合情合理的。

当然，发挥政治课老师、辅导员和导师的作用也是非常重要的，这里就不详谈了。

还有一条十分重要的是要有一套政策上的保证制度，政策的导向机制。如在表彰奖励、职称评审、工资晋级、出国进修等工作中，把班主任、辅导员、导师和任课教师在管理与育人工作中的成绩当作重要的考核依据。

第七章

全面深化高校教学改革

以上各章节从不同角度、不同环节讨论了深化改革、发展高等教育、提高教育质量等问题，都不同程度地讨论或涉及了教学方面的问题，本章则试图专门围绕提高教学质量这一主题回顾教学改革的几个主要举措。

第一节 转变思想，更新观念

在 20 世纪 90 年代，广东省高等学校认真贯彻《中国教育改革和发展纲要》和《中共广东省委、省人民政府关于教育改革和发展的决定》，在深入开展教学改革，提高教学质量方面，取得了一定的成效，主要表现在以下几个方面：

一、开展教育思想大讨论

为了在全省高等学校中组织开展教育思想的学习讨论，我们先后举办了两期教育思想学习研讨班，培训骨干，推动全省高校教育思想学习讨论的开展（图7.1）。中山大学举办了多次教育思想学习专题报告会，请教育部的领导及有关专家做辅导报告，把有关材料汇编成册，印发 1 万多份，做到师生员工人手一册，并且围绕"高等教育应该培养什么人才"这一主题进行广泛深入的讨论，从而明确了教学改革的方向。广东商学院（现为广东财经大学）

▶ 图 7.1　1998 年广东省普通高等学校教学工作会议留影

通过组织教师开展教育思想的学习、讨论，写出了 130 多篇有关教育思想、教学改革的研究论文，促进了广大教师教育思想观念的更新，推动了教学改革的开展，使学校顺利地通过了教育部组织的教学工作合格评估，并受到了教育部及专家们的好评。

二、增强质量意识

在学校工作的难点、热点问题较多的情况下，有的学校领导对人才培养工作和教育质量重视不够，投入的时间、精力不足，还没有让教学工作真正成为学校的中心工作，对抓好人才培养和提高教学质量方面还缺乏办法或措施。教学经费投入不足的问题依然存在。为此，我们必须加强领导，增强质量意识。高等学校的根本任务是培养社会主义建设者和接班人，而人才培养的中心环节是教学工作。因此，教学工作是学校的中心工作和主旋律，提高教育质量是学校工作永恒的主题。要加强对教学工作的领导，建立学校党政会议定期研究教学工作的制度。大家都要增强质量意识，增强深化教学改革、提高教育质量的责任感。在新的历史时期，各个高等学校都要不断调整和明确办学思想，认真做到把人才培养工作落到实处，坚持教学工作的中心地位不动摇，坚持教学改革的核心地位不动摇，坚持教学基本建设的优先地位不动摇，坚持提高教学质量的首要地位不动摇。

三、用新观念指导教学改革

　　教育思想和观念的转变是教学改革的先导。因此，要广泛深入地开展教育思想新一轮的学习讨论，进一步解放思想，更新观念。在人才培养过程中，要树立加强基础教育，拓宽专业口径，增强人才培养适应性的观念；树立注重素质教育，融知识、能力、素质于一体，相互协调发展，综合提高的观念；树立学生是教学活动的主体，加强对学生创业精神和创新能力培养的观念；树立因材施教，重视学生个性发展的观念；树立教学、科研生产相结合，是培养学生根本途径的观念。通过加强现代教育理论、教育思想的学习研讨，加强教学研究工作，用现代的教育思想指导教学改革的实践，使教学工作和教学改革始终沿着符合教育规律的方向健康发展。

　　《中华人民共和国高等教育法》规定："高等教育的任务是培养具有创新精神和实践能力的高级专门人才"。因此，要以培养创新人才为核心，不断深化教学改革，构建教学创新体系。

　　一是要以教育思想观念的创新为先导，用全面的质量观指导教学改革和人才培养工作。

　　二是以人才培养模式的创新为重点，坚持走产、学、研结合的道路，建立学校、院系、教研室定点联系市县、乡镇、企业的制度，促进理论与实践的联系，教学与生产的结合，增强人才培养的适应性。同时要改革走读生教学管理模式，错开上课时间，充分利用教学资源，积极探索发展走读生的新模式、新途径、新路子。

　　三是以教学内容和课程体系的创新为核心，完善融传授知识、培养能力、提高素质为一体的人才培养方案。要加强对本科生科研能力的培养，把科技创新案例纳入教学计划，将毕业设计和论文尽量结合到教师的科研课题和生产任务之中。

四是以教学方法和手段的创新为突破口，积极推进启发式、讨论式、研究式的教学方法，积极推广或运用现代化教学手段，努力扩大教师课堂教学的信息量。

五是以教学制度的创新为关键，积极推行学分制、主辅修制、双学位等制度，积极开展学生科技节、小创造、小发明等活动，进一步完善校际之间的协作办学工作，为学生提供更多的跨校跨学科选修、实践能力训练、课外学术活动的机会。

六是以培养学生的创业精神和创新能力为目标，把创新能力的培养贯穿到教育的全过程，融合到人才培养的各个环节。

四、加强两支队伍建设，是深化教学改革的保证

加强师资队伍建设，首先要加强教师的思想政治教育和师德建设，培养教师爱岗、敬业、奉献精神，增强责任感，树立良好的职业道德；要加强学科带头人的培养工作，认真实施跨世纪人才培养的"千百十人才工程"计划，建立国家、省和学校三级特聘教授岗位；建立和完善教师聘任制，健全激励和竞争机制；选拔一批优秀博士、硕士研究生补充到教师队伍中来，优化教师队伍结构，提高教师队伍的整体素质。

教学管理是一门科学，兼有学术管理和行政管理双重职能，高等学校要根据这一特点建设好教学管理队伍，选拔德才兼备的优秀人才进入各级教学管理岗位；并制定有关政策，切实解决这支队伍的人员结构、地位和待遇等有关问题，使之安心并努力搞好教学管理工作；要加强对教学管理人员的培养和培训工作，努力提高教学管理水平，促进教学管理的科学化、规范化和现代化。

建立和完善对教育质量和办学水平的评价制度，是教育行政部门加强对高等学校管理和调控的重要手段。要建立考教分离的制度，进一步完善教育质量的监控机制，保证人才培养的基本规格。要组织好本省各类高校参加教

育部组织的教学工作优秀程度评价、合格性评价、随机性评价，以及其他项目的评价，促进高校办学水平的提高。逐步建立本省对高等学校的评价制度，制订科学的学校教学工作和人才培养质量评价指标体系，分期、分类开展教学工作和教学质量的评价检测，把评价结果作为对学校经费投入的主要依据，实现优校优投、优项优投。

在政策上要向教学工作倾斜。学校各部门都要树立为教学服务的意识，努力做到想教师之所想，急教师之所急，切实为广大教师解决教学和生活上的困难和问题。在教学酬金分配等福利待遇问题上，要体现以教学为主、教师优先的思想，把教学工作的业绩作为重要内容和指标来考评。在评定教师职称时，要以教学效果和水平为硬指标来要求，实行教学工作"一票否决制"，凡教学态度和效果差、教学水平达不到要求的，不得申报高一级职称。为了在职称评审中能更好地考察教师的教学水平和效果，应邀请教务处处长进入学校职称评审委员会或参加该委员会的工作会议。教师的教学改革、教学研究论文和成果，应与科技论文或成果同等对待，在提薪晋职时予以承认。在高等学校中设立"教学名师"称号，实行"主讲教师（教授）制"，对"教学名师"和"主讲教师"给予较高的岗位津贴，凡有教授、副教授职称的人员，都必须承担教学任务。要求和吸引知名教授及优秀教师投入教学工作，促进教学质量的提高。

第二节　全面推进教学改革

一、全面修订教学计划，优化人才培养方案

1998年，教育部重新修订颁布了本科专业目录。我们抓住这个机遇组织全省高校全面修订了教学计划。这次教学计划修订，牵涉面较广，改革力度

较大，从整体上优化了人才培养方案。概括起来，修订后的教学计划具有如下几个特点：

一是坚持社会主义办学方向，把德育工作放在首位。按照教育部的要求，认真开设好"两原理""两概论"，保证了"两课"设置的门数和课时数。

二是在课程的设置和安排上，遵循了教育教学的基本规律，坚持了知识、能力、素质协调发展和综合提高的原则。

三是突出了创新能力培养，把对学生科研能力、实践能力、创业精神的培养列入教学计划。精简课时，给学生更多的自学和能力培养的空间。广东工业大学通过修订教学计划开出了180多门公共选修课，为拓宽学生知识面打下了基础。

四是科学地处理好各个教学环节之间的关系，注重人才培养方案的整体优化。

五是吸收了近几年广东省高校教育思想学习讨论和高等教育改革的成果，把一些好的教学改革成果，融合到人才培养方案中来，使之形成自己的办学特色。

二、改革教学制度，增强教学活力

为了充分调动广大学生学习的积极性，我们积极推广学分制，先后召开了多次会议，专题研讨学分制的有关问题。近几年来，两次修订了学分制方案，新的学分制方案有下面几个特点：

一是实行弹性学制，学生提前修满学分的可以提前毕业。学习有困难的学生，可以适当延长学习时间。

二是实行间修制，对于有特殊困难的学生，允许中断学习或者边工作边学习。

三是扩大选修课范围，让学生学习或选课有较大的自主权或自由度。同时还建立了专科毕业生到本科插班学习的制度。

四是在部分学校，试行主辅修、双专业、双学位、淘汰制、重修制、优秀学生选拔等措施。华南理工大学从工科三年级选拔部分外语好、社交能力强、基础知识扎实的学生攻读国际贸易专业班两年，实行"3+2"的教学制度，培养复合型人才，培养出的学生很受用人单位欢迎。

三、不断深化教学内容、方法和手段的改革

教学内容改革是教学改革的难点，也是各校教学改革的重点工作。中山医科大学通过改革和调整教学内容，优化理科基础课程的结构，将原来10多门基础课组建成9个组，并按照"培养能力，开发智力"的原则，对实验课进行了大胆的改革，将培养学生思维能力和创造能力的训练贯穿于实验课的全过程，对实验课内容进行了大幅度的更新，减少验证性实验，减少实验教学里的一些重复的内容，精减课时数，增加综合性和探索性实验。通过优化实验教学内容，更新实验课教学方法，达到了训练学生思维、培养学生动手能力和创新能力的目的。

改革教学方法和手段，大力开展计算机辅助教学。从1996年开始实施的电教工作"五个一百工程"取得了比较显著的成效。到2000年，全省高校已建立了100多个较高水平的多媒体课室和CAI课室，研究开发了一批较高水平的教学软件。在1998年教育部组织的CAI课件评奖中，广东省有16个课件获奖（全国共评奖138个）。

四、以教学工作合格评估为动力，努力提高教学水平

为了帮助新办本科院校端正办学指导思想，加强教学建设，规范教学管理，提高教育质量和办学水平，国家教委（教育部）从1995年开始组织对全国新办本科院校进行教学工作合格评估。我们抓住这个机遇，以教学工作合格评估为动力，按照"以评促建、以评促改、评建结合、重在建设"的指导思想，精心组织，大力加强学校教学基本建设，不断深化教学改革，努力提高教学水平，使本省高校以评促建工作取得了显著的成效，学校的面貌发生

了较大的变化（图7.2）。深圳大学、五邑大学、广东商学院（现为广东财经大学）、广东药学院（现为广东药科大学）、仲凯农学院、广东民族学院（现为广东技术师范学院）、湛江海洋大学等七所学校顺利通过了教育部组织的教学工作合格评估（全国已评150所高校，一次通过率为75%），受到了教育部和专家组的好评。在当时连续几年的全国大学英语统考中，广东省的统考成绩一直处于全国中上水平，而后几年又有较大的进步。广东省1996、1997级本科学生于1998年、1999年参加全国大学英语四、六级水平统考，绩点分都在204分以上，两年均列全国第五位。

▶图7.2 广东省高校名牌专业的评估论证

第三节 关于产学研合作问题

评价一所学校教学质量的高低，不是靠学校自己，而是靠用人单位，靠企业。企业要发展靠的是科技，靠的是人才。为了拉近人才培养单位与用人单位的距离，我们和中山大学召开了"大学校长与企业家首次恳谈会"，近20名大学校长和27名企业家坦诚相见，共同探讨产学研合作的问题。企业家向大学校长反馈了人才使用情况、大学生在校期间培养存在的问题，并提出了人才培养、科技成果转让方面的信息和需求。大学校长总结了这几年开展教育改革的进程，表达了学校与企业合作开发科研成果的意愿。经过讨论，大家认识到脱离实际关门办学培养出来的人才很难受到企业的欢迎。大家共同认识到，产学研需要紧密结合，这是广东增强创新优势的重要组成部分，产学研各方都应当为此目标做出贡献。

一、产学研合作存在的问题及解决途径

1. 制度有待改革

过去，高等院校习惯于在计划经济体制下由国家统一安排科研项目；在立项投入上，对中试、工艺性试验、市场预测考虑不够，许多科研成果成熟度不高，常常在论文发表以后，研究就结束了，没有建立起一套从基础性研究到应用性研究，最后到开发性研究，使科研成果产品化、商品化的制度。因此，科研成果与企业生产工艺过程有相当大的距离，企业在使用成果时，存在顾虑，怕冒风险。企业过去是靠国家下达计划，按计划生产产品，提供给国家便完成了任务。随着改革的深入，这些问题有了改变，为产学研合作提供了很好的基础，但是旧制度仍然或多或少制约着产学研合作的开展。随着民营企业的发展，这类情况发生了很大变化。

2. 观念有待更新

过去学校教师的职责就是教书，缺乏参与市场竞争的经验，思维习惯仍然是计划经济体制下的方式，不善于谈经济问题，造成双方合作存在距离。企业也觉得，学校与企业合作无非是要钱，要资料，科研学术性、理论性太强，远水解不了近渴，反而添了麻烦。学校科研目的是研究，企业需求是立竿见影，双方合作意愿有差异。因此需要端正认识，必须看到学校与企业合作首先不是钱的问题，而是学校把科研成果拿出来一起共同开发，从而形成

生产力。是大家有共同愿望才走到一起，不存在谁求谁的问题，因此在观念上要进行更新。

3. 投入有待改善

据国外资料，如果科研成果的投入是1，中试的投入就要达到10，最后推向市场则要投入100。由科研成果转化为生产的投入是相当大的，学校一般难以承担。据我国有关部门统计，科研成果转化为产品、商品，只有5%是自身转化，大部分是通过与产业部门联营来转化的。联营方式，主要是把一些技术的开发或关键性工艺放在学校，科研产品的生产放在企业。由于给学校的投入不足，很多有应用前景的科研成果没有得到开发。因此，面向市场是解决科研经费不足的一条根本出路。产学研联合只有双方都转变观念，提高认识，沟通情感，互相信任，形成互惠互利的关系，才能真诚合作，推动生产的发展。

二、开展多形式、多层次、多方位的产学研合作

1. 合作办学

合作办校、办学院、办专业。提倡企业与现有高校合作，投入一定资金、人力等建好一个系、专业或者学校。可在学校设立单项或优秀学生奖学金，合理引导学生未来就业，提早使学生了解企业，缩短适应期，这对企业也是一种很好的广告效应。

2. 成立各类型的董事会或咨询会

邀请企业家、高级工程师参与办学过程，评估办学质量，当董事或董事会副主席。邀请技术人员参加制订教学计划，编写教材，参加指导实习和讲课，从根本上克服教学脱离社会实际的弊端。

3. 合作实施在职人员的培训

学校应急企业之所急，根据企业要求和自身学科所长，合作举办各种不同类型的培训。如非脱产的硕士研究生班、英语、计算机培训班等。

4. 互相聘用，互换岗位

今后高等院校师生比例提高，那么有一部分课程，特别是实践性、应用性强的课程，可以聘请有实践经验的技术人员为兼职教师。企业总工程师、高级工程师讲学虽然系统性差一些，但生动活泼，讲解具体问题，对促进学生了解社会，适应社会非常有益。企业聘请教师兼职、挂职锻炼，开阔了企业眼界，输送了新鲜血液。双方还可共建实习场所，提供学生勤工俭学的机会，把人才培养看作双方共同的责任。

5. 合作攻关

企业改造、更新、引进设备，都需要科研力量。学校在科研选题时，应多考虑企业的实际需要，与企业联合攻关。大企业也可与学校联合建立研究所和开发所，建立长期的科研关系。同时还可以合作开办企业。学校以技术入股的形式把成果引入企业，联合开办企业、开办公司。

6. 合作建设精神文明

企业的文化活动，需要高校的支持配合，高校的运动会比赛，举办艺术节等活动需要企业赞助，双方互相支持，共同促进。

三、走产学研合作之路，改革人才培养模式

学校的改革要主动适应市场需求，努力提高学生的整体素质，包括思想素质、心理素质。学校的主管部门应通过正确的导向，提供信息，组织协调来帮助学校与企业沟通合作，解决必要的投入问题。类似于省高教学会、企业管理协会等社团性质的组织可联合牵头，成立大学校长与企业家联谊会等，以不同形式、不同范围在不同地点召开类似恳谈会形式的活动（图7.3，图7.4），共同把产学研合作推向新阶段，为广东20年基本实现现代化做出应有的贡献。

学校要以来自企业家的反馈信息为动力，深化高等教育改革，改革人才培养模式，主动适应社会主义市场经济的需要。

党的十五大指出："有条件的大专院校要以不同形式进入企业或同企业合

▶图 7.3 广东省 1994 年校长与企业家首次恳谈会代表合影

▶图 7.4 广东省校长与企业家首次恳谈会的主要组织者

作走产学研合作的道路。"本省高校在改革人才培养模式,走产学研合作方面做了大量的工作,取得了比较明显的成效。

华南理工大学与广州奥的斯电梯公司、太古可乐公司签订了在部分专业进行 3+1+1 的培养合作教育协议,即 311 培养模式,从三年级选拔一些学生,第四年在企业锻炼一年,第五年再返校学习一年完成学业,毕业后分别到这些企业工作。

华南农业大学以技术入股的形式与广东温氏食品集团有限公司签订了长期人才培养和技术合作协议,使企业的产值由原来的几千万元,增长到6亿多元。校企双方都取得了较好的经济效益和社会效益。更重要的是解决了学生的专业实习问题,密切了学校与社会、理论与实际的联系。

惠州大学与旭日集团联合开办服装学院,合作培养服装人才,学生可以到服装厂"真刀真枪"地实习,增强了人才培养的适应性。在当时中国学生就业前景不太好的情况下,惠州大学服装专业的学生都供不应求。

第四节　发挥独特优势,走对外交流与合作之路

一、高等教育要敢于吸收一切人类文明成果

邓小平同志早就说过:"教育要面向现代化,面向世界,面向未来"。其中教育要面向现代化,面向未来好理解,而教育要面向世界,在封闭的年代人们很难理解。其实,在任何时代,教育都必须面向世界。我们要吸收人类社会的一切先进成果,来教育我们的下一代,要让他们在接受教育时就能学习到人类最先进的技术、文化和思想等。特别是高等教育,我们要敢于和善于走出去,引进来,进行高质量、高水平的学术交流和合作研究。只有善于学习引进别人先进的东西,才能快速地发展自己。在1992年广东省高等教育工作会议上,时任省长的朱森林同志指出,高等教育只有在吸收人类文明成果的基础上,才能构建有中国特色社会主义的高等教育体系,才能从较高的起点上获得优于资本主义的发展。纵观亚洲"四小龙"的发展经历,他们都是在短时期内吸收人类文明成果而快速发展了自己的高等教育,而高等教育的迅速发展,反过来又推动自身经济的飞速发展,形成了一种良性循环。

前面提到的，1992年高等教育工作会议上形成的《中共广东省委、广东省人民政府关于加快高等教育改革与发展步伐的决定》中明确指出，高等学校要积极创造条件，扩大对外交流与合作，借鉴和吸收国际高等教育的先进经验。这条决定明确告诉我们，扩大对外交流与合作，不仅仅是发展本省经济的战略措施，也是发展本省高等教育的一条战略措施。在前面各个章节中也都贯穿了这个指导思想。

二、广东高等教育对外交流与合作的独特优势

广东毗邻港澳，海陆相连，言语相通，习俗相近。随着改革开放的深入，粤、港、澳三地经济逐渐呈现出一体化发展趋势，初期"前店后厂"，相互依存，合作共赢，成为世界上经济发展速度快，相互关联度比较强的地区之一。香港高等教育也很发达，虽然香港仅为弹丸之地，却有几所世界一流的大学，成为亚洲"四小龙"之一，为加强广东高等教育与境外以及国际高等教育的联系、交流与合作创造了良好的环境。对此，本人有深深的体会。在港澳尚未回归之前，港澳同行学者就经常来往内地，他们在内地认识的第一个同行学者就是我——许学强，然后通过我慢慢与内地其他学者联系（图7.5）。而我也是通过香港的同行学者走向世界的。因而，毗邻港澳是广东高等教育走向国际化的重要的地理因素（图7.6）。

广东是我国著名侨乡，华侨众多，在海外华侨华人中，广东人和祖籍为广东省的占70%多。他们虽然身在异乡，但心系祖国，历来有捐资兴学的传统。广东高等教育因此受益匪浅。正如前面许多章节所说，广东高等教育以不同的形式，获得了境外资金的支持，拓宽了对外交流与合作的渠道。自改革开放以来，广东外向型经济迅速发展，推动了广东高等教育的对外交流与合作。

这种交流与合作，不仅表现在人员的往来上，而且还表现在逐步建立了双边或多边的协作关系，合作办学，合作召开各种学术会议，合作开展科学研究，较快地熟悉了学术前沿。同时，不断扩大招收港澳地区学生和外国留学生的名额，从而推动了自身的教育改革和活跃了学术气氛，提高教学和科

▶ 图7.5　笔者参加宣传澳门基本法的演讲比赛

▶ 图7.6　笔者参加1998年英国教育展览会

研水平。我们常说，广州是我国的南大门。这个大门不仅是人流、物流的大门，也是各种先进的思想、信息、技术、学术观点的大门，广东省许多大学的学科带头人正是利用了这一优势，加速了自身学术水平的提高，较早地占据了学术高地。

广大侨胞和港澳同胞历来热心慷慨捐资各种公益事业，特别是捐资兴学，改革开放以来，港澳同胞更是热情倍增。有的捐巨资办学，如李嘉诚先生捐资发展汕头大学；有的捐资建设大型建筑物，如图书馆、体育馆、科技馆等；有的捐赠教学仪器设备及图书资料，设立教育基金，设立奖教金、奖学金；有的投资办厂，以厂养学。

随着我国社会经济的发展，对外开放的程度越来越高，许多外国学者也乐意来广东任教，有的教外语，也有的教专业课，他们十分高兴有一段在广州教学的经历。有些民办高校利用私人关系，或发挥华人华侨的中介作用，聘请外籍教师任教，或开展校际交流与合作。我们也努力做好他们的工作，表彰优秀外籍教师，安排好他们的生活（图 7.7，图 7.8，图 7.9，图 7.10，图 7.11）。

▶ 图 7.7　广东高校外籍教师表彰大会（一）

▶ 图 7.8　广东高校外籍教师表彰大会（二）

▶图 7.9 广东高校部分校长与外籍专家合影

▶图 7.10 许学强（左2）和广东高校部分优秀外籍教师在一起

▶图 7.11 许学强（左4）和广东高校部分外籍专家在一起

改革开放以来,广东大力发展外向型经济,大量吸收和利用外资,经济结构中外资或者合资占有较大的比例,产品以外销为主,即所谓"两头在外"的生产模式。外向型经济的迅猛发展,使外向型人才的需求量越来越大。这就迫切要求高等教育培养大批适应外向型经济发展需要,能参与国际竞争的专门人才。所以,外向型经济的发展是促进广东高等教育加强对外交流合作的动力之一,而外向型经济形成的对外联系网络,也为高等学校对外学术交流提供了有利条件。

三、广泛开展对外学术交流与合作

广东高等学校开展对外交流与合作的形式多种多样,如与境外的高等学校建立双边协作关系,比较多的是学校间开展教师互访讲学,互派留学生,联合举办境内外或国际学术研讨会等。有的是合作办学和科研,共同培养研究生,甚至开办研究生班。广东高等学校大部分都与港、澳及境外的高等学校和学术机构举办各种类型、各种层次的高等教育,包括大专、本科、硕士和博士研究生教育,学历教育和非学历教育,普通高等教育,成人高等教育。如广东的自学考试就有港、澳学生参加,如华南师范大学与澳门教育司、澳门中华教育会合作(图7.12),在澳门开设了教育、中文、幼儿心理与教育、地籍测量与土地规划四门专业课程,为澳门培养人才。这种学历双方均承认。根据规定,高校如果没有研究生培养资格就不能单独与境外大学合作举办研究生教育。如果有必要合作就必须邀请内地一所有研究生培养资格的学校一起合作。如广州大学当时还没有培养研究生资格,就与中山大学一起与澳大利亚新南威尔士大学合作培养国际会计硕士研究生。

除合作办学外,合作开展科学研究的现象也十分普遍。合作科研发挥双方高等学校学术优势和境外科研设备先进、科研经费充裕的特点,取得了较好的成果。合作科研的选题一般都尽量选择那些学术上具有前沿性、生产实践上具有紧迫性、科研成果上具有攻关性的课题。这为提高双方学术水平,解决实践难题和科学攻关,培养博士和硕士研究生,均起到一定的作用。与

图7.12 和我国澳门教育司司长互赠纪念品

"千百十人才工程"相结合,有计划地组织骨干教师参加国际合作攻关项目是培养教师队伍、提高学术水平和教育教学水平的重要措施,广东省在这方面也取得了很好的进展。

合作办学和合作科研必然带来越来越频繁的学术互访,业务考察、讲学、专题研究、进修、攻读学位和博士后研究,学术会议等(图7.13)。通过学术互访,不仅能增进了解和友谊,还能相互切磋学术,合作撰写高水平论文,促进学科发展。聘请外国专家教授来校讲学或参与学术会议,是利用国际智力资源加强重点学科建设、提高高等教育质量的有效途径。广东省充分运用国家教委下放的权力,十分重视对高水平专家的引进工作。我们规定广东省高校在聘用外籍

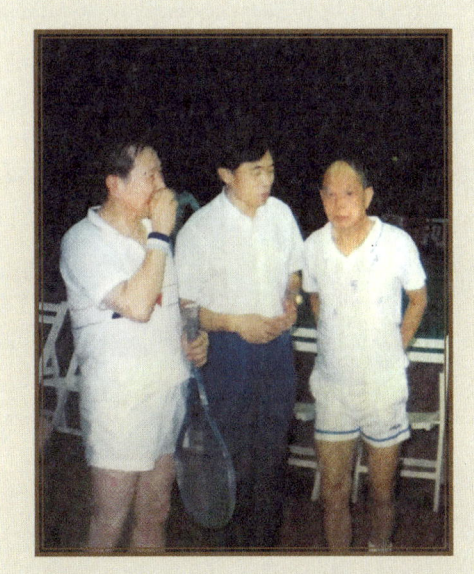

图7.13 许学强(中)在中山大学英东体育馆前与霍英东先生(右)交谈

教师时，一是立足学科前沿，注重聘请高层次、高水平的外籍专家。二是针对本校的不足和研究的需要，或当前的热点问题，有计划地组织一些由外籍专家主讲的讲座或研讨班，以促进本校科研水平的提高。三是实行一套分级目标管理体系，确保外籍教师任教的工作质量，严格把好聘请关，认真安排好其工作和生活，实行目标管理，定期组织教学效果和科研成果的评估，评选优秀工作者等。

第八章
推进高校内部管理体制改革

第一节　改革的紧迫性和重要性

众所周知，知识经济时代的主旋律是科教兴国。无疑，高等学校是科教兴国的主力军，其功能是为现代化建设提供各类人才支持和知识贡献。1993年中共中央、国务院颁布的《中国教育改革和发展纲要》中明确提出，深化高等教育体制改革的目的，主要是解决政府与高等学校之间的关系，通过立法，明确高等学校的权利和义务，使高等学校真正成为面向社会自主办学的法人实体，进一步扩大高等学校的办学自主权。党的十五大提出了"优化教育结构，加快高等教育管理体制改革步伐，合理配置教育资源，提高教育质量和办学效益"的要求。

1998年12月24日教育部根据党的十五大精神，制定了《面向21世纪教育振兴行动计划》。该计划给高等学校提出了明确的职责和任务：①高等学校要跟踪国际学术发展前沿，成为知识创新和高层次创造性人才培养基地，为国家现代化建设提供充足的人才支持和知识贡献；②要瞄准国家创新体系的目标，培养造就一批高水平的具有创新能力的人才；③要造就一批具有世界先进水平的中青年学术攻坚人才，尽快取得创新成果；④要在国家创新工程中充分发挥自身优势，努力推动知识创新和技术创新，为培育国家经济发展新的增长点做贡献。

高等学校要承担和完成这一伟大的历史使命，首先要在制度上进行创新，要营造和建设能够吸引、培养和造就一批高素质教学科研队伍的环境和机制，必须积极推进学校内部各项改革，其重点在于人事制度和后勤社会化这两个

"瓶颈"的改革。在改革中获得效益，通过改革提高水平。

所谓的竞争就是高层次人才的竞争。许多高校都加大了改革的力度，培养和吸引优秀人才，人才争夺战空前激烈。过去主要还是一些企业利用其经济上的优势吸引人才。到了 20 世纪 90 年代中后期，为了进一步增强竞争实力，许多国内一流大学采取了各种高强度措施，招聘高层次的人才。这些高校引进的目标是国内高校的人才精英。一方面是想办法招聘人才，另一方面又要想办法如何留住本校的人才精英不流失。当时，我们曾经提出广东省范围内高校（包括部委属高校）要引进人才，应在全国和海外引进，原则上不应在广东省高校内，不在"窝里挖人才"。其实这有点保护弱势高校的意思。

可以说，人才的竞争就是改革强度的竞争。不改革，或者改革的力度不大，不仅不能吸引到新的人才，而且原有的人才也可能流失，竞争能力就会越来越弱。实践证明，谁能够在改革方面取得主动，谁就能在竞争中处于有利地位；谁在改革方面走在前面，谁就能在竞争中处于上游，就能占领学术水平和办学质量的制高点，在竞争中立于不败之地。改革势在必行，迫在眉睫。当时教育部也频频召开各种改革的会议，旨在推动高校的改革，特别是人事分配制度和后勤社会化的改革。当时已形成深化内部改革的大好时机，我们应当认清形势，增强紧迫感，抓住机遇，深化改革。应该说明，高校内部管理体制改革内容很多，但这里我们只侧重讨论人事、分配及后勤管理体制的改革。

第二节　高校办学自主权与内部管理体制改革

一、高等学校必须拥有办学自主权

1992 年以来，广东高等学校进一步以人事制度、分配制度和后勤管理制度为主要内容推进内部管理制度改革，希望建立起一个与社会主义市场经济相适应的竞争机制、激励机制和自我约束机制，努力打破平均主义，调动广大教职工的工作热情和积极性，推动学校的改革和发展。为此，我们向教育部进行了汇报（图8.1）。1992年6月10—13日，广东省委高校工委和省高教局在珠岛宾馆召开了"广东高等教育改革工作座谈会"，全省42所普通高校党政领导150多人出席会议，省委常委方苞同志、副省长卢钟鹤同志出席会议并讲话。会议学习了邓小平南方谈话的精神，探讨如何加快和深化本省高等教育综合改革步伐，主要讨论了人事、劳动、分配制度改革，教学科研改革，后勤、管理体制改革，努力拓展高等教育的对外开放。会议还决定，首批改革试点是中山大学、华南理工大学、华南师范大学、广东工学院、汕头大学、深圳大学、佛山科技学院等7所院校。

▶图8.1 笔者（左）向教育部副部长韦钰同志（右）汇报工作

高校内部管理体制改革是高等教育改革的重要组成部分，和整个社会的改革有着密切的关系。高校内部管理体制改革是一个系统工程，其中的每一项改革与整体改革都是密切相关的。人事分配制度改革和后勤管理体制改革是学校内部管理体制改革的两个重要组成部分，也是高等学校改革和发展的"瓶颈"，而这两项改革都需要社会改革的大环境和相应的政策支持。

推进高校内部管理体制改革，关键要处理好学校与政府的关系。按理说，高校内部管理体制改革是学校内部的事，高校作为一个法人单位，其内部的事情主要应由学校党委、校长自己按照有关法律法规自主进行，对社会负责。然而问题出在高等学校缺乏办学的自主权。我们知道，教育本身有其自身规律，有很强的专业性，很高的学术性，如何搞好科学研究，提高教学水平，只有学校的专家、教师和管理者最有发言权。如果赋予学校办学自主权，他们才能更好按照教育规律和学校实际努力把学校办好，办出特色。特别是在市场经济条件下，社会经济的发展对高等学校的人才会提出不同要求，只有放开手脚，学校才会主动适应社会经济发展提出的不同需求。学校也只有获得了办学自主权，才能更好地实施校内管理体制改革。

二、办学自主权的内涵

在1993年1月2日颁布的《中共广东省委、广东省人民政府关于加快高等教育改革和发展步伐的决定》（以下简称《决定》）中明确指出，进一步理顺政府与高等学校之间的关系，实行政府统筹规划和宏观管理，高等学校面向社会自主办学的体制。政府通过法规、经济、评估、信息和必要的行政手段，加强宏观管理，负责统筹规划、政策指导、组织协调、筹措资金、信息服务和检查督促等。

《决定》还明确指出，高等学校是具有法人地位的办学实体，应赋予其更大的自主权。具体来说有以下几方面：

① 高等学校可在广东省国民经济社会发展计划，以及高等教育事业宏观规划的指导下，根据社会需求和自身条件，编制年度计划，纳入全省计划下达。

② 高等学校可在广东省统筹专业布点的原则下，设置在本校办学层次内的新专业，亦可改用专业目录内相近的专业名称或调整专业方向。

③ 有条件的高等学校，经省政府批准，可单独招考学生，并灵活确定招生范围和地区。

④ 高等学校可自定科技发展目标和选题方向，独办和与校外单位、个人

联办科技产业和有偿咨询服务机构。

⑤ 高等学校可在上级核定的机构范围内，调整人员编制结构。

⑥ 高等学校有权统筹安排使用国家核拨的预算内事业经费和自筹资金，确定计划外资金的分成比例和分配办法。

⑦ 高等学校可根据不同的办学层次、不同专业，以及高等学校所在地的群众生活水平，提出委培生、自费生的收费标准，省政府授权省高教主管部门审批。

⑧ 经省高教主管部门审核合格，普通专科学校可获得讲师资格的评审权，本科院校或学科可获得授予副教授或教授资格的评审权。

⑨ 高等学校应重视开展对外学术交流和合作，除校长、党委书记外，其余人员出国由高校审批后到省有关部门办理手续。

在赋予高校更大的自主办学权力的同时，高等学校也要同时建立起适应广东省社会经济发展需要的自我发展和自我约束的运行机制，承担相应的义务和责任，实现权限和职责的统一，积极有效地为社会主义市场经济服务。

三、政府加强宏观管理

上述关于高校自主办学的理念和具体措施是1993年的决定，今天看来好像很简单，但这是因为现在各高校都已经这样做了，习以为常了。在当时要做到这些确实并非易事，可以说这是高等学校内部管理体制改革的一场革命，一项突破。在思想解放的前提下，我们主管部门不仅要与高校反复协商讨论，还要与有关部门协调，最后由省委、省政府决定。当然有些问题还得征求教育部的认可。高等学校有了办学自主权后，也必须主动去适应，要建立自我激励、自我约束、自我完善的运行机制。否则就会出现"一放就乱"的局势，高等学校的教育质量和办学效益也就不可能得到相应提高。所以，一方面通过立法，明确高校的法律地位及其权利义务，增强高校用好权，办好高校的责任感。另一方面政府以投入为导向，利用拨款手段，对高校办学实行宏观调控，促进高校深化管理体制改革，优化高等教育结构。根据区域经济社会发展需要，抓好高等教育发展规划，优化高等教育的层次结构、专业结构、布局结构和科类结构，对各高校申报的专业实行宏观调控，避免重复，提高效益。另外还有必要通过对申办专业、硕士点的论证，办学水平的评估等对办学质量进行监控。

第三节　深化人事分配制度改革

一、人事分配制度改革的进程

广东省高校人事制度改革始于 20 世纪 80 年代初，当时省高教局在华南师范大学进行工资总额包干试点的基础上，严格核定各省属高校的编制，在此基础上实行工资总额包干制度，得到了教育部的赞扬。1992 年 6 月，以 7 所高校为试点，以人事分配制度改革为重点，全面推进综合改革。1993 年国家教委下发了《关于高等学校内部管理体制改革的若干意见》后，本省高校按照精简、统一、效能的原则，着重进行机构改革，尽量减少机构，提高办事效率。在机构改革的同时，对教师及其他专业技术人员试行聘任制，对工勤人员试行劳动合同制。在一些高校还试行中层干部竞争上岗。

1998 年 9 月，省高教厅又召开了全省高校深化人事制度改革座谈会，总结交流改革经验，要求加大力度，重点抓好以人事分配制度和后勤改革为重点的高校内部管理体制改革。在 1999 年 5 月教育部召开全国高校内部管理体制改革座谈会之后，本省又开始新一轮的改革。

二、人事制度改革的主要内容

首先强化编制管理，精简机构和人员，合理配置人力资源。进一步精简及调整高校管理机构，采用设置职能岗位代替设立单独机构及扩大合署办公范围等方法，进一步减少机构和精减非教学科研人员编制。高校在定编时向教学科研第一线倾斜，使教学科研人员比例逐步扩大，人员结构不断优化。进一步明确管理机构的基本职能，剥离服务和经营职能，划出教学科研辅助服务等部门。后勤服务部门要按照社会化改革的要求剥离出去。要努力克服校内管理机构"政府化"的倾向，机构设置不要求上下对口，职能相近的部门和单位要尽可能合并或实行真正的合署办公。高校内设管理机构按学校规模和管理跨度确定，原则上 10~20 个。全校管理人员编制原则上控制在全校事业编制教职工人数的 15% 以内。机构改革要对事不对人，不要因人设岗，不要因为会把某些人减下来或因某些人不好安排而手软。在精简机构和人员的同时，严格控制调进人员。制定规范的进人制度，严格把好进人关。

其次，在用人制度上，要淡化身份管理，强化岗位管理，引进竞争激励机制，推行聘任制和全员聘用合同制，破除职务终身制，逐步建立新的与市场竞争机制相适应的用人机制。高校根据党管干部和党的干部政策，按照公平、平等、竞争、择优的原则，逐步对中层干部实行公开竞争上岗、择优聘用，使干部能上能下、能进能出。而对教师和其他专业技术人员逐步实行真正的聘任制。对工勤人员的聘用，实行劳动合同制，将聘用与任务和待遇直接挂钩，强化契约管理。按照相对稳定、合理流动、专兼结合、资源共享的原则，逐步建立起相对稳定的骨干层和出入有序的流动层相结合的教职工开发机制。加强聘后管理和聘期考核，不断完善聘期量化考核标准，将考核结果与校内分配紧密挂钩，对考核优秀的予以奖励，并作为各类评奖和人才选拔的依据。对考核不合格的实行试聘或不聘。

三、以分配为突破口，促进校内管理体制改革

在分配制度方面，要继续全面实行工资总额包干管理体制，包干余额由学校自主分配。按岗定薪，按任务定薪。随着聘任制度的逐步推行，更加重视分配的激励作用。分配制度改革的基本原则是引入激励机制，破除平均主

义，真正体现多劳多得、优劳优酬、奖惩分明，做到一流人才、一流业绩、一流报酬，兼职兼薪，在科技创新成果的收益中，提取一定比例归属项目完成人员，以充分调动广大教职工的积极性和创造性。在完善编制与工资总额包干的条件下，经过多年的改革实践，许多高校都逐步建立了一套校内分配办法。根据工作性质和职务层次而设立不同的岗位津贴、职务津贴、业绩津贴、奖励津贴和其他各种津贴，制定使国家工资与校内津贴相结合的分配制度。制定合理的校内津贴发放办法，既要有利于稳定重点（主干）课题、重点学科、重点科技攻关项目的主持人或骨干人员，又要有利于党政管理干部和工勤人员队伍的建设，做到统筹兼顾，适当安排，照顾重点。对不同类型的人员可采取不同的分配办法。对一些科研人员实行课题经费承包，结余经费可按比例分成。对校办产业实行企业管理，工资水平可与经营效益挂钩。对从事服务工作的人员可实行经营承包责任制，从单纯服务型向服务经营型转化，独立核算，自负盈亏。此外，还可建立校内离退休保险基金，建立国家社会保险、学校补充保险与个人储蓄保险相结合的校内养老保险制度。

　　这里有一个问题值得讨论。为了加大校内分配制度改革的力度，各高校就要积极筹集资金，高校没有掌握一定数量可用作校内分配的资金，要想在分配上多做文章也是困难的。为了解决这一困难，有的高校将校内分配权和可用作分配的资金相对集中于学校，再根据各部门的定编和承担任务情况将分配资金包干到各部门，由各部门按学校规定的分配原则并结合对个人的考核结果发放酬金，减少各部门压力和矛盾，使其集中精力搞好教学和科研。前面讲到，过去我们按核定的编制数下拨包干经费，开始得到教育部的肯定和推广。但是实行几年后看到也有弊端，因为下拨经费只与编制挂钩，没有与办学效益挂钩，编制多下拨经费就多。编制相近的高校，办学效益却不一样。所以从改革角度出发，要淡化编制。如将原来的经费拨款与高校编制数直接挂钩，改为与高校在校生数挂钩，即与办学效益挂钩。根据高校当年在校生总数，按照一定的计算方法，考虑到不同学科区别乘上一个系数，核拨学校的人员经费。

　　高校内部人事分配制度改革是一项十分重要而难度又很大的改革。说其重要，是因为这项改革直接关系到能否调动广大教职工的积极性和创造性，直接关系到能否办好大学，高等学校能否为社会经济发展培养出合格人才的大问题。说它难度很大，是因为这项工作直接关系到广大教职工的切身利益，关系到高校能否稳定发展的问题。我们作为政府的主管部门，只能是根据党的方针政策，提出宏观、方向性意见，抓几个试点，创造经验进行推广，但具体实施还是要靠高校党政领导和广大师生员工。各个高校情况又不完全相同，包括他们的学科、队伍、基础等都不完全一样，任何经验、办法都不能完全照搬，也不是都能用钱解决的问题。因此，此项工作只能是积极而又稳妥地推进。

第四节 加快高校后勤社会化改革

一、高校后勤社会化改革迫在眉睫

高校后勤社会化改革是整个高校改革和发展的一个重要方面，因为它关系到高等学校整体发展规划能不能实现，关系到我们建设教育强省的目标能否实现。高等教育要发展，要培养更多的人才，要扩大办学规模，制约因素有很多，其中后勤成为一种"瓶颈"因素严重制约着学校发展。邓小平复出后，自告奋勇当教育的后勤部长。俗话说，"民以食为天"，"三军未动，粮草先行"，这都说明了后勤改革的重要性。学校办社会，大学办后勤，这是计划经济体制下形成的后勤管理模式。随着社会主义市场经济得到稳健发展，迫切需要高校后勤按市场经济规律办事，不断提高服务质量和效益，更好地为高校师生服务。因此，高校后勤社会化改革是时代的必然要求，决不是一时的权宜之计。为了推动高校后勤社会化改革，贯彻国务院办公厅在上海召开的全国高等学校后勤社会化改革工作会议精神，我们于1999年10月15—16日在广东省湛江市召开了广东高校后勤改革经验交流会,省委常委、副省长卢钟鹤同志专程前往并做重要讲话,推动广东省高校后勤改革与发展的步伐(图8.2)。

图8.2 笔者在湛江高校后勤改革经验交流会上讲话

长期以来,高等教育的发展不仅要解决高校教学与科研所需要的人、财、物,而且还要解决师生的食、住、行、医等。对于高校内的各种社会服务项目,高校后勤体制形成了拨款制、福利型、消费型格局。高校有限的办学经费相当大的部分投入给后勤作行政费使用,高校因此背上了沉重的包袱。现代化的教育需要用现代化的后勤管理和服务去保障。因此,只有实行社会办后勤,实行后勤产业化,用现代企业制度来管理后勤,才能真正打通制约高等教育事业发展的"后勤瓶颈",才能建立一种多元化的支撑教育事业发展、全方位服务于师生员工的后勤保障体系和服务体系。有了这个服务体系,才能把校长、书记们从繁杂的事务中解脱出来,才能解除师生员工的后顾之忧,使他们专心致志抓教育、搞教学和科研。同时也把后勤职工从旧体制中解脱出来,进一步调动他们的积极性,发展后勤生产力。所以说,高校后勤社会化是高等教育事业发展和后勤自身发展的客观需要。高校后勤改革不仅是高校内部管理体制改革的重要组成部分,而且和其他内部管理体制改革的内容是紧密相关的,和整体教育改革是相配套的。因此,高校后勤社会化改革是积极推进高校内部体制改革的需要。

卢钟鹤同志在会上指出:随着高等教育的发展,在校学生总数在迅速增加，往往一年净增七八万学生。七八万学生的住吃问题不可能再靠"挤、腾"来解决，也不可能靠延长售饭时间来解决，只能把解决问题的方法寄托在后勤社会化改革上来。我们高校的后勤已经到了非改不可，非大改不可的地步，不从体制上根本改革，就无法保障高等教育顺利发展！因此，我们可以这样说，高校后勤工作不改革就没有出路，不社会化就没有前途。改也得改，不改也得改。谁改得快，谁就能掌握21世纪高等教育发展的主动权。

二、高校后勤社会化改革的基本情况

广东省从省政府到高校对后勤基础设施建设和改造都非常重视。1993—1999年，仅省财政拨款用于高校后勤基础设施建设和改造的经费就达1.85亿元。高校后勤基础设施得到了明显改善，这对保障教学、科研正常运转，保证师生员工的生活秩序，加快本省高等教育事业的改革和发展发挥了重要作用，也为高校后勤社会化改革打下了良好的基础。

通过几年努力，高校后勤社会化改革取得初步成效。如通过改革，高校后勤职工占学校教职工的比例逐年下降。有的高校后勤部门的日常运转经费和人头费通过自己对内有偿服务和对外经营服务解决，不但养活了自己，还将节余部分用于改造后勤设施。改革不仅促进了增收节支，还提高了服务质量和水平。高校后勤部门实行干部聘任制，全体工人劳动合同制，绩效挂钩，建立以质量、效益定收入，以工作优劣定奖罚的分配制度，增强激励机制。在后勤管理模式上，"小机关、多实体（大实体）"的模式在部分学校初步形成。小机关代表学校行使管理、监控和协调职能，成为甲方；多实体就是从学校后勤分离出来的后勤企业，成为乙方。这种管理模式是后勤"企"和"事"分离的雏形，为下一步"事企分开，两权分离"打下了基础。此外联办、剥离的后勤管理模式也开始试行。

后勤管理体制改革虽然取得了一定成绩，但计划经济体制下形成的"高校办社会"的旧格局还没有从根本上打破，后勤的"瓶颈"制约高校发展的状态还没从根本上缓解。在思想观念上，部分高校领导思想上仍留恋"小而全"的封闭式、自我服务的旧格局，习惯于无偿的、福利型的后勤服务。在理论上，后勤资产如何保值增值以及高校后勤产业的税收问题也还没能解决。另外，高校后勤某些基础设施陈旧落后，缺乏资金改造。一些高校建校时规划的办学规模与当前发展规模差距很大，后勤设施的最大容量与现实学生规模不配套，在推行改革时出现"自己改，改不动；交出去，无人接"的状况。所以，要想加快推进后勤社会化改革步伐还必须进一步加大投入，解放思想，理清思路，大胆实践。

三、高校后勤社会化改革的基本思路

高校后勤社会化改革的指导思想是以邓小平理论为指导，以"三服务，两育人"为宗旨，以改革思想观念、改革管理体制和改革运行机制为重点，以事、企分开，两权分离为基本原则，以学生宿舍和学生食堂为突破口，以政府主导、整体发动、试点引路、社会配合、分步实施、分类突破为主要方法，逐步建立起适应社会主义市场经济与高等教育改革和发展的高校后勤社会化服务体系。

所谓的后勤管理体制改革就是要把后勤从学校事业管理体系中分离出来，通过分流和重组，剥离学校办社会的职能，将后勤纳入社会主义市场经济体系，建立由政府主导、社会承办、学校选择的满足学校办学需要的社会化后勤第三产业和社区服务体系。这是当时高校改革的重点和难点，也是改革的切入点。在运行机制方面，要将以前主要靠政府拨款驱动的后勤运行机制改变为主要靠市场驱动的运行机制。在加强成本核算的基础上，制订各类收费标准，让学校"花钱买服务"，促进后勤服务实体按照经济规律而不是依据行政干预来办事，使后勤由福利服务制逐步过渡到有偿服务制。政府和学校对后勤的投入主要体现在基础设施方面。后勤"小机关"人员仍属学校事业编制，后勤服务实体人员随实体成建制地从学校规范分离，列为企业编制。后勤"小机关"人员的工资奖金由学校列支，后勤服务实体人员按企业工资、奖金由服务实体分配。

四、高校后勤社会化改革的基本内容和措施

整体来说,高校后勤面广量大,主要包括学生生活后勤、教职工生活后勤,以及高校管理、教学、科研服务性工作等。当时为了配合高校"扩招",高校后勤社会化改革的重点是学生生活后勤改革,当务之急是加快学生公寓的建设。为此,特别要求各高校今后新建学生宿舍和改造现有宿舍时,必须积极依托社会力量和调动社会资源,包括吸纳企业投资、银行贷款等社会资金,形成多元化的投资渠道,采取"引建、租建、联建、代建、贷建"等方式,加快学生公寓的建设进程,并按社会化的机制对学生公寓进行经营和管理。政府不再拨财政经费建设学生宿舍。同时,为了保证扩招的顺利进行,我们也向省委、省政府争取学生公寓建设的优惠政策。

"引建"就是引进社会资金在校园里建设大学生公寓,收取学生住宿费逐步偿还建设费用,若干年后,公寓产权归属高校。如广东轻工职业技术学院,拆除破旧危房,引进有实力的投资者,兴建学生公寓 38 000 m^2,可容纳 4 000 名学生。"租建"就是采取租赁校外宿舍解决学生的住宿问题,用学生所交住宿费扣除水电费后作为租金交给房屋所有权人。"联建"就是高校与校外有关单位合作建设学生宿舍,校外单位出土地,高校筹集建设资金,高校定期向校外单位交纳一定的租金。"代建"就是高校与校外单位合作,由校外单位出资、出土地代建学生宿舍,高校以分期付款方式予以逐步偿还建设资金。如广东外语外贸大学校园外的约 4 hm^2 土地,由村委会出资兴建学生公寓 48 000 m^2,可容 6 000 名学生居住。"贷建"就是高校通过银行贷款,以自筹资金等方式对校内旧房、危房进行改造,建设学生宿舍。在高校集中的广州石牌地区,选择适当的地点,由政府统一划地,建设大学生公寓村,实现学生公寓向社会转移。大学生公寓村采取政府政策支持、教育行政部门组织实施、银行给予融资、企业投资建造、学生交住宿费还贷的方式建设,并按社会化的方式进行物业管理。

对于高校自管的供水、供电、通信、食堂、修缮、车队、校医院、幼儿园和附属中小学等后勤服务项目,高校可根据本校实际情况,或可以现有

的后勤服务部门为基础组建后勤服务实体,实行自主经营、独立核算、自负盈亏,或交由省、市教育行政部门组建的后勤服务集团,实行联合经营,专业化、集约化服务,或交由社会上相应的行业部门管理,直接融入社会第三产业。

实践证明,高校后勤社会化改革,单靠高校自身是无法完成的,必须依靠省市政府的领导和统筹。各市要把高校后勤社会化改革纳入本市城市综合体制改革和宏观经济的调控之中,把高校后勤基础设施建设纳入城市经济建设规划之中,制定本地区高校后勤社会化改革的整体规划和相关政策。高校后勤工作有些可直接由社会承担,有些不能完全交给社会,有些不能马上交给社会,需要增容改造之后才能交出去。因此,当务之急是增加投入,加快后勤基础设施建设和改造的步伐。

五、组建湛江高校后勤集团

1996年湛江海洋大学宣布成立时,广东省高教厅规划湛江海洋大学到2000年全日制在校生将达到1万人的规模,而如何解决这1万人的吃住,则成了头号问题,仅依靠省高教厅和学校的投入无疑是杯水车薪。为此,我们提出,必须改革管理体制和投资体制,探索一条后勤保障系统的新路子,并决定以湛江海洋大学为试点进行改革。然而,当时,湛江师范学院已在伙食改革方面探索出了一条"大实体、小机关"的管理模式。经过充分论证,两校决定联合组建"湛江海师后勤服务有限公司"。由该公司自筹资金承建湛江海洋大学学生生活区,并以此作为后勤改革的龙头,逐步实现后勤服务社会化。由此开始了两校联合校际服务。

根据教育部《面向21世纪教育振兴行动计划》,关于"选择若干条件较好的城市组建企业化经营管理的高校后勤生活服务集团,从事学生公寓物业管理以及学校后勤生活服务,争取3~5年内,大部分地区实现高校后勤工作社会化"的指示精神。我们根据已有工作基础并征求湛江方面有关意见,决定成立湛江高等学校后勤集团(图8.3),并以(粤高教【1999】5号)下发

▶图 8.3 湛江高等学校后勤集团成立仪式

《关于决定组建湛江高等学校后勤集团的通知》,将湛江海洋大学、广东医学院、湛江师范学院三所高校的后勤工作从学校逐步分离,划归湛江高等学校后勤集团统一管理。其目的是集中发挥各校优势,实现资源共享,优势互补,创造规模效益,增强后勤保障能力。所建立的湛江高等学校后勤集团以"三服务,两育人"为服务宗旨,不断提高服务质量和服务水平,为各校教学、科研和师生员工服务。该集团先以饮食服务为突破口,其他后勤项目将根据其发展过程,成熟一个,归并一个,使集团滚动发展,逐步壮大。该集团有力推进各高校后勤工作按照市场经济规律和教育规律逐步实现具有地方特色的社会化、专业化和集约化。该集团是实行企业化管理和独立核算的实体。集团设五个中心,即湛江海师学生公寓服务管理中心、湛江海洋大学伙食服务中心、广东医学院伙食服务中心、湛江师范学院伙食服务中心及其配货中心。集团实行董事会领导下的总裁负责制,总裁由省高教厅直接任命,集团董事会、监事会由省高教厅及三所高校有关人员组成,集团和中心不设行政级别,集团内建立党和团组织。

在该集团的统一安排下,由湛江海洋大学提供土地,该集团出资,在湛江海洋大学校园里建设了建筑面积 6.3 万 m^2 的标准化学生公寓,住宿学生 7 000 多人。预算十年左右用收取的学生住宿费偿还投资。卢钟鹤副省长看后动情地说，如果靠政府拨款建学生宿舍，湛江海洋大学就不可能在短短的3年内达到7 000人的规模！湛江高等学校后勤集团的成立和取得的成绩，受到教育部的充分肯定。教育部派《中国教育报》记者专程来湛江采访，后来该报用一大版篇幅刊登了这篇报道。题目是："湛江高等学校后勤集团的组建运行被称作是'粤西高校后勤改革的第一枪'，为让学校无牵无挂搞教学科研，我们就是要真正实行粤西高校后勤社会化。"其中第一段这样描述："美丽的湖光岩畔，3年前还是一片荒凉的丘陵地带。曾几何时，这里旧貌换新颜，一座'花园式'的高等学府——湛江海洋大学在短短的3年时间里竟奇迹般地崛起：7 000多名学生"住"在10栋气派漂亮的标准化学生公寓，"吃"在"干净、卫生又舒适"的中央空调餐厅。而更令人惊奇的是，"所有这些，学校没有投入一分钱，没有操一点心"，湛江海洋大学宣传部长陈保告诉记者："去年其他高校因扩招而手忙脚乱时，湛江海洋大学却泰然自若，一次从容扩招1 300多人"。何以如此？他说，"答案就在湛江高等学校后勤集团。"

今天，回首往事，我和张泰岭等厅领导同志及基财处、规划处、后勤处、办公室等同志们，为了湛江高等学校的改革和发展，为了湛江高等学校后勤集团的社会化改革和发展，经常跑去湛江，与各高等学校和后勤集团及时研究和解决问题。今天，不管湛江高等学校后勤集团是否还存在，是否有什么问题，广东省高等学校后勤社会化改革是否夭折，湛江高等学校后勤集团对湛江海洋大学和湛江另外几所高校的建设和发展都功不可没！

第九章

我与民办教育

第一节　李学明、张铁明在书中对我的评说

一、李学明和张铁明编著的关于民办教育的著作

广东省第二师范学院张铁明教授热心于对民办教育的研究，并成立了民办教育管理研究院，办了一份不定期的关于民办教育的小报。2014 年，时逢广东省民办教育创建和发展 35 周年，他想编辑一本书，回眸总结广东省民办教育的发展，并邀请我做主编。考虑到时间和精力，我婉言谢绝了。张教授还是继续努力，于 2015 年在广东人民出版社出版了由李学明、张铁明主编的《崛起创新——广东民办教育春华秋实辉煌 35 年纪实（1979~2014）》一书，完成了他自己的愿望。其中第四编"勇士传奇"主要写一些在民办教育中做了一些工作的人员。其中有领导，有老板和一些热心民办教育的人，也写到我本人。他们写的文稿，成文后、出版之前给我看了看。我觉得文中虽有拔高之处，但基本事实还是符合实际情况的，也就同意了。

二、转载关于我的一段文字

许学强：广东民办高校启动发展的推手启行大业，鼎力嘉庠

1992 年到 2000 年，许学强任省高教厅厅长期间，主政出台了多项有关民办教育的政策，在政策上为民办学校的发展提供了明确的方向指导和有力保

障。为促进民办高校的发展和加强对私立学校的管理，1995年7月，省政府颁布《广东省私立高等学校管理办法》。1999年4月，试行招收"新机制高职班"，即公办学校的个别二级学院"按民办学校的管理模式和运行机制"招生办学，以及高等学校后勤的社会化问题的政策。这些政策有效地促进了广东民办高等学校的发展。他陪同时任省委书记的谢非一起对我省的第一所民办高校"广东私立华联大学"做调研，并开启了政策通道；在任期间由于他的思想解放，积极务实，广东省高教厅首开先例后，连续批准成立了广东最早的三所民办高校。

他在省高教厅厅长位置退下后，退而不休，对很多民办高校予以指导帮助，成为民办高校的举办者和校长的贴心人。当民办高校遇到困难，他总是耐心听取他们的倾诉，分析困难，想办法帮他们克服在办学过程中遇到的一些问题。2001年3月许学强在全国两会期间接受中国教育报记者采访，表达了他对民办教育的前景充满信心！他说，与公办学校相比，民办高校有自己的优势，市场敏感性强，调配灵活，可以随时根据市场情况和社会发展调整自己的专业和规模，为民办高校迎来新转机创造有利条件。

他在担任广东省高校设置评议委员会主任期间，曾带队考察评估全省大部分民办高校。在考察中他把握标准既严格又宽容。对某些暂时没有达标经短期努力可以达到的条件，许学强一般采取宽容态度，限期整改，同意正式通过成立民办职业技术学院，经过全体委员讨论通过后，由厅报省政府批准。在评估中如发现弄虚作假，许学强在严厉批评后，又给他们指出努力的方向，想办法，出点子。

在他和有关同志的努力下，2009年6月，广东省民办教育协会正式成立，许学强担任首任会长。他十分关心民办教育发展的问题，特别是在民办学校的法人属性问题、学校的办学自主权问题、民办学校教师在身份和社会保障等方面与公办学校存在较大差距问题、税收优惠政策问题等方面都做了积极努力。并将民办学校在这些方面的意见收集起来，形成专题报告，反映给省有关部门、中国民办教育协会和国务院法制办等。积极争取省教育厅政策法规处的支持帮助，就民办学校十分关心的税收问题与政府部门沟通协调，取得效果。

2011年以来，许学强多次呼吁"民办学校必须走内涵式发展道路，加强内部管理，重视提高质量，更加重视特色办学，这样学校才有真正的核心竞争力。"他鼓励广大民办学校的董事长，称举办高等学校是一项崇高的事业，受益于全社会的事业，受益于子孙后代的事业。要想把高校办成千秋伟业，必须能够目光长远，舍得投入，把"质量立校、特色立校"作为学校的制胜法宝。他还积极组织民办教育研究课题立项，为民办学校提供科研平台，促进民办学校的科研工作。关心民办学校教师，通过举行"广东省民办教育优秀教师"评选活动，对他们抱以殷切的希望。在2012年协会年会上，许学强积极推动创办了广东民办教育的会刊。也曾提出"从2012年起，协会拟每年编辑出版一本反映广东省民办教育状况的《广东省民办教育白皮书》，重点反映广东民办教育在办学中遇到的突出问题和亮点、热点、难点及典型案例，为政府制定政策提供依据，同时也可作为广东省民办学校的史料，供民办学校间相互学习借鉴。"

为了能真正帮助民办高校提升办学水平，他曾在全国高校设置评议委员会上，力推白云学院、培正学院升格为本科。为促进东莞南博职业技术学院升格本科，经多人劝说，厅领导批准，曾短期担任该职业技术学院院长，为该校升格本科做出了极大努力。无论是任职广东省高教厅厅长还是广东高校设置评议委员会主任，还是广东民办教育协会会长，许学强都十分关注广东民办学校的发展，对民办学校的办学者抱有殷切希望，寄予民办学校的教师厚望。通过一系列措施和个人资源强有力地促进了广东地区民办高等教育的发展壮大。

虽然以上内容基本属实，但必须慎重声明的是，其中大部分内容都不是我个人的事，而是广东省高等教育（局）厅及有关处室、评议委员会的专家、民办教育协会的所有理事、常务理事和其他副会长们共同努力的结果。

第二节 建好民办高校的"窝"

一、退休教授办私立大学

1992年是我来广东省高教局的第一年。11月30日我第一次陪同中共广东省委书记谢非到私立华联学院考察。同时陪同的还有庞正同志。谢非同志对筹建中的私立华联学院给予了充分的肯定和鼓励。谢非同志说,办一所私立大学是一件好事,但这是一个新课题,需要继续探索,积累经验,闯出一条适合国情省情的民办大学之路。并提出民办大学在机制上有活力,可以多办几所。我因初来乍到,不甚了解,没有发表什么意见。并且按惯例,陪同省委书记考察,除非问到,一般不宜多讲。但那次陪同考察,使我进一步了解了学校举办者侯德富教授。我只知道西安外语学院有位退休教授丁祖诒,办起一所民办高校叫西安翻译学院,办得很红火。在广东省,真正是退休老教授办民办高校的,就只有侯德富老教授了,我心生敬佩之情,也确实希望有更多教授出来办学。

侯教授年过花甲(1931年出生),按照规定,行将退休。但是,他身体健康,精力充沛,不甘心就这样进入携孙遛狗的行列,在无聊中打发日子。他要发挥余热,要开创人生的第二个春天。1990年他决定自筹资金,创办华联实用外语科技职业学校,以"高考落榜不用愁,路在脚下自己走"这样一句颇具鼓动力的广告词,借用华南师范大学教工俱乐部的几间房舍,办起了非学历教育的培训班。后来去美国与家人团聚,并发挥自己所长,在当地辅导华人华侨子女学习日语,获取不菲的收入。1992年的春天,心系教育的侯教授在国外知道了邓小平南方谈话刮起的"邓旋风",决定放弃在外举办日语培训班的丰厚收入,不顾亲人的挽留,执意回到广州,继续实现他的梦想,开办一所私立大学!回来后马不停蹄,四处奔波,寻找办学的路。几经努力,于1992年10月29日,私立华联学院筹委会在华南师范大学教工俱乐部举行了挂牌仪式。就在挂牌后的一个月,即同年11月30日谢非同志视察私立华联学院。谢非同志的到来，本身就是给学校注射了一支强心针，推动学校快速发展！

回来后一直在我心中回荡的是侯教授本人（图9.1）。他干了一辈子教育，本该安享晚年。但他有颗热爱教育的心，加上他曾担任过华南师范大学教师工会主席，热心为大家服务，因此他在教师中有相当的号召力和影响力。当他提出办私立大学的时候，不少老教授愿意跟他走。他们也没有什么积蓄，就靠每人拿出几百元开始办学了。我心想，办教育是一项高投入、少回报、迟回报的公益事业，老教授们虽有一颗热爱教育、无私奉献的心，也有一丝不苟、认真办事的精神，最懂教育，最具有按教育规律办教育的能力。但是，能否筹集到足够资金来办学，我心中为他们有些担心。不管怎样，我总是很希望他们办成，为广东省民办高等教育带个好头。

▶图9.1 笔者（右）考察私立华联学院与侯德富董事长（左）合影

二、"借窝生蛋""租窝生蛋"到"建窝生蛋"

后来我们一直关注私立华联学院老教授们的活动。他们紧锣密鼓，筹集资金。由于广东省领导公开表态支持私立华联学院，加上媒体的广泛宣传，私立华联学院的知名度大为提高，加快了建校步伐，上述因素客观上帮助了他们筹集资金。经过多方努力，私立华联学院的创办者筹集了400多万元的资金,加上海内外热心人士的捐助,学院得以在广州天河区棠东租用校舍,摆脱了"校中校"的局面。根据国家教委下放权限的通知,广东省可直接审批专科层次的高等学校,我觉得私立华联学院正式办学的条件基本成熟。1993年10月,广州私立华联学院筹委会递交了《关于私立华联学院正式建校的可行性报告》,经过一个多月的准备,我带着由12位专家、教授组成的评估专家组到私立华联学院新校址进行评估,刚刚离任的老局长李修宏同志任专家组组长。经过评估专家组确认,私立华联学院基本具备了办学条件。经过协商,根据有关政策规定,1994年初,广东省政府正式批复,同意成立广州私立华联学院。"私立"二字是应举办者要求加上的,卢钟鹤副省长说得好,"名私不为私,名私不谋私。"

当我第二次再去私立华联学院考察时,我提出了一个"窝"的问题。私立华联学院的优势是有一支质量较高、认真负责的教师队伍,历尽艰辛,取得了很大的成绩,很不容易。但在激烈的竞争中,学校基本硬件不行,尤其是校舍不足,没有一个像样的"窝"。虽然人们常说,大楼不是大学,只有大师才是大学。但是,没有大楼万万不能,没有"窝"就谈不上大学。所以民办高校必须千方百计,积累筹措资金,征用土地,建设校园。这是基础工程,是硬件,拟筹建的学校必须千方百计规划建设好校园,才有可能获得批准,正式办学。当然,民办高校的"窝",我们不求如何奢华,但求适用、够用。但是,广东省民办高校举办者绝大多数不是很有钱的企业家,不可能一开始就投巨资买地建校舍。他们凭着一颗热爱教育的心,走的是一条"以教养教"之路。这类学校都是靠办学积累,从小到大慢慢一步一步发展起来的。在这个过程中,教师可以聘用退休教师或请大学教师兼职,设备、图书可以一件一件、一本一本地慢慢买,但是,要有几公顷的校园却是一件难于上青天的大事。因为建校园不仅一次性投入资金数额巨大,而且手续极其繁杂,所需时日按年计算,许多民办高校的举办者为建"窝"的问题伤透脑筋,但又不能不去面对。

后来私立华联学院总结了学校校园建设发展的三部曲:

(1)"借窝生蛋"。学校办学初期,侯教授征得学校同意,在华南师范大学校园内,在教工俱乐部暂借了几间房做教室和办公室之用,把学生安排在邻近的广东行政学院住宿，这就是所谓"校中校"。

（2）"租窝生蛋"。在当时，学校要想得到批准，起码要有一个独立校园。学校的几位举办者，不辞劳苦多处察看，多方洽谈，最后选中广州天河棠东的一处地方，那里有几栋建成未用的厂房和空置的民居可以租用。他们当机立断，集资200万元，租下这些厂房和民居，稍经改建和装修，虽尚不尽如人意，但基本可以应付教学及师生生活之需。

（3）"建窝生蛋"。租的窝毕竟不是自己的，并且范围小，周边环境也差，严重限制了学校发展。学校经过"以教养教"九年积累，有了一定基础。于是举办者决定，学校自己买地建校园。经多处选址，决定在广州天河小新塘景城花园以及周边建设校园。从此，他们才算是真正有了自己的"窝"（图9.2，图9.3）。

▶图9.2　侯德富董事长（左）介绍如何征用土地

▶图9.3　侯德富同志（右）对办学建"窝"充满信心

今天想起来，如果当时一定要按规定，有自己的校园，那么，这些学校就会消失在萌芽状态，也不可能有今天这么多民办高校了。其他好多学校都有类似情况。

三、建好"窝"是民办高校发展初期的普遍问题

绝大多数民办高校都存在建"窝"的问题，在这里不可能一一述说，只讲两个例子。在下面的章节里还会涉及这个问题。

广州科技职业技术学院（现为广州科技职业技术大学）初期在广州市海珠区土华村，租"窝"申请办学。我们去评估时看到他们在一片草地上插了一面小旗子，上面写着运动场。评审专家一看就觉得不靠谱，但都体会到办学之艰难。这所学校虽然条件不太理想，但仍获得评委会通过，获得办学许可证。后来他们为改善这个办学的"窝"，又迁到广州市白云区江高镇，与一所民办中等教育机构合作，租用校舍。我去看时曾笑说，校园好像一个公社所在地，又好像"土豪"的会客室。再后来他们因与合作伙伴矛盾丛生，又转战到广州市白云区钟落潭开始征地"建窝生蛋"。可谓"南征北战"。为了尽快建好校舍招生，举办者心急如焚。可是征地手续繁复，你急他不急，或者想急也急不来，按规定只能按部就班。为了在开学时让学生能按时入住，在手续未齐的情况下，举办者冒险一搏，决定先斩后奏。结果惹祸上身，被执法部门将已封顶的几栋宿舍夷为平地，损失上千万，这难免叫人心寒，心酸落泪。但是，该校董事长卢采凤，虽然内心无比痛苦和伤心，但其内心又无比强大和睿智，抹干眼泪，团结同事，总结教训，重新再干。他们决心从逆境中奋起，在被推土机推倒的废墟上，用铁锤砸开已经凝固的混凝土，小心翼翼地抠出紧紧粘在里面的一块块砖和一根根钢筋，以便重新使用。与此同时，学校举办者四处想办法，办理征地报建手续。在各级政府和部门的支持下，基本办好各种手续，重新开始建设。经过几年的努力，校园基本建成，并成为人见人夸的美丽校园，办学规模也是万人以上，现已升格为本科层次的职业学校。

广东外语外贸大学南国商学院也有类似的经历。南国商学院董事长丁小军，从国有企业下海。本着办学是一件良心工程，"多办一所学校，少办一所监狱"的想法，投身民办教育。受其夫人在东方文艺培训学校教书的影响，决定开办一所女子学校，培养幼师。当时办学条件十分艰苦，经过多番谋划，他在广州市海珠区找到赤岗中学，借用四间教室，一间用作舞蹈房，一间为琴房，两间为教室。由于教室太少，不能容下较多学生，形成不了办学的规模效益，加上租金又高，学校发展受到限制。于是，又经多方谋划，于1998年，学校搬到广州市白云区太和镇大源村。学校不断扩大，还与湖北工学院合作举办大专性质的专修学院。经批准注册为南国专修学院。按照他们的话来说，有点像"先生娃，后结婚，再办准生证"，在用地问题上还没办好手续的情况下，先办起学校了。

到了2000年后，南国商学院开始办独立学院。那时我已从厅长位置上退下来，任广东省高校设置评议委员会主任，受厅里安排，我带了五位专家去实地考察。虽然该校还存在一些问题，专家们还是同意其与广东外语外贸大学合作举办广东外语外贸大学南国商学院，经教育厅、省政府报教育部批准。当时有人想改成华南商学院，我根据国家有关规定，劝说他们还是用南国为好。我在内心对"南国"两字有特别的感情。我在读大学时，住了五年的那栋宿舍，楼前就有几株红豆树。每年当红豆成熟掉在地上时，同学们就想起唐代诗人王维的诗句："红豆生南国，春来发几枝。愿君多采撷，此物最相思。"同学们捡起红豆寄给相思的朋友。学校反复研究，最终采用了"南国"一词。

后来有关部门对该校未经批准占用耕地的行为采取了严格处罚措施，进行了全面清理，并要求学校退校还田！当然这是他们"先生娃，后结婚，再办准生证"的做法的恶果，也是我们大家保护耕地意识不强的结果！这对南国商学院是一个很大的打击！对我们来说也是一个沉痛的教训。后来南国商学院在有关部门支持下，在大家共同努力下，保住了校园，教学活动正常运作，并且办得不错，受到考生青睐，但举办者也付出了沉痛代价。正如学校举办者所说，"办学是一件开弓没有回头箭的事业"。南国商学院克服种种困难，坚持办下来，并且越办越好，受到了广泛好评！

要建好"窝",仅有地还不行,还要有一个好规划。因为我的专业与规划有关,许多学生在规划部门任职,我经常邀请学生去看看学校的规划,提提意见,或直接参与编制学校的规划(图9.4)。

位于广州市花都区的培正学院是培正中学的校友集资办起的一所民办高校,也是广东省升本最早的民办学校之一,领头人是广州市原副市长梁尚立先生。由于梁副市长有一定的影响力和人格魅力,说服了花都市(当时还没有改区)领导,因此政府无偿划拨了几十公顷土地作为办学之用。这样培正商学院的发展就顺风顺水。有一次我应邀参加培正学院破土建校仪式,当我挥铲动土的一瞬间,突然想起其他还在为办校用地而纠结的学校,如果政府都能像花都区无偿划拨用地给学校该多好!若真如此,广东民办高校将远非今日之状况。即便不是划拨而只是开通绿色通道,那也很好了。而我作为政府主管高等教育部门的负责人,未能给民办高校营造理想的氛围,实为失职!

▶图9.4 帮助广州科技职业技术学院规划校园的规划师们合影(自右:卢彩凤董事长、中山大学林琳教授、华南师大总规划师李传义、许学强、广州规划院院长李萍萍、广州规划院总规划师袁奇峰、冯总)

第三节　深入考察白云学院

一、应用型、职业型的办学特色

我们常说，民办高校办学特色要以应用型、职业型为主。但到底如何实施？这对于研究型大学理科专业出身的我来说，还是有点陌生。使我对民办高校的"应用型""职业型"办学特色有所直观认识的事情，是我第一次考察白云学院（当时该学校不叫这个校名）。在董事长谢可滔、张智峰的引导下，我们用了两个多小时，先后考察了计算机、会计模拟、汽车、摩托车、美容、服装、制鞋、电工电子等专业的实习场所和乐器室、练功房、游泳池、学生食堂、学生宿舍及学生在学校科技活动中设计构思制作的作品，当然也观察了招生、推荐就业的各种广告及位置十分显眼的负责招生、就业的办公室。校园不大，校舍也不多，更谈不上现代化。但学校活力四射，充满生机。在这个小小的校园里既有技工学院，又有培训学院。其中烹饪、服装、汽车维修专业的软硬件环境更是引人入胜，让人久久不忘。在整个考察过程中，我很兴奋，很感动，很充实。对于一个从研究型大学出来的我来说，这真是让我大开眼界，学习了不少东西，也看清了民办高校职业教育的发展方向。"理想职业从白云开始"的广告词给我留下了深刻和美好的印象。

在座谈会上我充分肯定了他们的办学理念、办学模式和办学成绩。几年来，他们为社会培养了大批实用人才。重点是，肯定他们在招生、培训、考证、推荐就业等方面一条龙服务的办学特色。学校的专业老师到企业顶岗，一起进行技术攻关，帮企业解决技术难题；企业技术人员到学校讲课，一起编教材，使学校了解企业最新技术进展和对人才培养的需求。有的专业还成立包括企业单位代表在内的专业指导委员会，共同讨论专业教育的改革与发展。校内有实习场所，一边讲授原理，一边训练实际操作；校外有实习基地，学生顶岗实习，为就业铺路。逐步形成两年在校内、一年在校外的"2+1"培养模式。企业是买方，"落单点菜"，学校是卖方，"照单订造"。企业如愿以偿,得到适用人才;学校携手企业,获得发展动力。以这种理念和模式办学,能保证学校与社会的动态结合,保证教育与快速发展的社会主义市场经济相适应,培养企业用得上、留得住的人才。我深信,这样办学的路子必将会越走越宽。我希望,学校能沿着这条路,继续往前走,为创办应用型、职业型的大学积累更多的经验。在座谈会上,我还得知一位老教师在生命的最后一刻,还惦记着学校的情况,我深深为之感动,觉得在这样的氛围中,一定可以办好一所学校。根据我的经验判断,他们办学可以提高一个层次,即办高等职业教育了。于是,临走时,我告诉他们,你们可以申报办大专层次的职业技术学院。看得出来,他们十分高兴。不到一个月,1998年7月2日,我们就派出专家组进行论证评估,我到会先表达了广东省高教厅党组的意图,然后由专家组组长李修宏同志主持论证,最后大家一致通过。大约半年多时间,经广东省政府批准,教育部备案,白云职业技术学院正式成立并举行挂牌仪式。

二、升本后仍然坚持应用型、职业型的发展方向

从那以后,我一直关注白云职业技术学院的发展。果然,白云职业技术学院不负众望,在既定的道路上越走越宽广。2005年初,教育部正式批准白云职业技术学院升格为本科,更名为白云学院。他们与培正学院一起,成为本省最先升格为民办本科院校的两所民办高校。升本之后,白云学院结合制定白云学院十一五发展规划的工作,召开第三次教学工作会议,邀请我以广东省民办教育协会会长的身份参加他们的会议。他们讨论完之后,请我说几句。我有感而发,祝贺、肯定、鼓励之后,说了几点意见:

第一,制定白云学院十一五发展规划的前提是对学院进行科学合理的定位。冷静、全面、准确地分析学院发展的内外环境、自身优势及发展趋势,预见可能出现的问题和挑战。定位包括办学方向、类型、层次、培养模式、发展规模的定位。定位要强化前瞻性和可行性,减少随意性和盲目性。

第二,制定白云学院十一五发展规划要充分凸显学院自身的办学个性、

发展特色和比较优势，打造白云品牌，培养白云精神，增强自我发展能力，提高核心竞争力，创建全国一流民办高校。

第三，制定白云学院十一五发展规划的核心内容是努力提高教育教学质量，这也是学校永恒的主题，是学校生存、发展的核心竞争力。处理好教学与政治、教学科研与生产劳动、理论教学与实践培训的关系。要完成从模拟性到实践性、从限制性到自主性、从验证性到创造性、从单一性到综合性的教学改革，加强对学生实践能力和创新能力的培养。

第四，制定白云学院十一五发展规划要以科学发展观为统领。以人为本，把教育与人的自由、尊严、幸福、终极价值联系起来，使教育成为人的教育，而不是机器的教育，体现人文关怀和道德情感。学院要贯彻可持续协调发展，处理好学校内外的关系、学校内部的资源配置，要弄清学校发展内在逻辑，做到有重有轻、有前有后、协调发展。和谐的学校其核心是人的素质全面提高和各方面积极性的充分发挥。注重和而不同，个性与包容。以发展求和谐，以民主法制求和谐，以提高治校能力求和谐。

后来有人对白云学院办学特色做了如下的概括：市场化的专业设置；项目化的实践教学；多元化的校企合作；全程化的就业指导；人性化的校园文化；国际化的开放办学。不论其概括得是否科学，是否合理，是否精准，但是，这些确实基本上概括了包括白云学院在内的诸多民办高校的办学特征。

白云学院的办学内涵确实值得称道，在全省甚至全国都有一定的影响。时任广东省委书记的汪洋同志曾带队到江西考察学习，考察了江西蓝天科技学院。该校董事长于果先生首先说，广东有"白云"，江西有"蓝天"，我们"蓝天"是向"白云"学来的。江西蓝天科技学院在政府大力支持下发展得很好很快，其办学规模现有 199 hm^2 土地，近 4 万学生。汪洋书记回来后调研了白云学院，觉得差距很大，差就差在"窝"上，校园面积还只有二十多公顷。可是时至今日，董事长还在为征地而伤透脑筋！后来他们经过努力在广州市钟落潭镇征地建新校区（图9.5）。

▶图 9.5　许学强参加白云学院新校区奠基典礼活动并讲话

▶ 三、必须坚持走校企合作的道路

其实,坚持走"应用型""职业型"发展道路的民办高校远不只白云学院一家,其他绝大部分民办高校也都坚持走这条路。如果说公办高校是计划经济的产物,甚至有人说,当时的公办高校是计划经济最后的堡垒。那么,我们可以说,民办高校的出现就是社会主义市场经济的产物。那么要办好民办高校就必须与市场、与企业紧密相连,走出校门,走进社会,特别是与企业合作。校企合作既是提升企业活力,推动企业发展的重要手段,又是为办好高职教育,培养生产、建设、管理、服务第一线高素质、高技能人才的重要途径。应该说,不论是公办还是民办高校,其目的都是培养社会可用之才。而民办高校由于其实用型、职业型的特征明显,所以他们办得好不好,关键要看他们的学生在社会上容不容易就业,受不受欢迎。实行校企合作,使教育目标与生产岗位要求相一致,专业设置与社会需求相吻合,教学组织与

生产管理相适应，教学内容与生产实际相接近，教学环境与生产环境相类似。这种模式培养出来的学生适应性强，上手快，必然受到社会有关方面的欢迎。

校企合作成功与否，除提高认识，加强双方沟通协调外，还必须慎重选择目标企业，强调诚信合作，完善对接机制，谋求"双赢"目标。在社会主义市场经济的体制下，校企合作办学既要注重经济效益，也要兼顾社会效益，树立良好的市场形象，讲信用，守合同，始终把培养适应社会主义市场经济需要的、合格的专业技能人才，作为合作目标。合作双方共同对培养对象负责，共同承担合作的成本，共同分享合作的效益。随着企业规模的扩大和技术逐步由低端向中高端转型，随着学校规模不断扩大，办学层次不断提高，专业结构不断复杂优化，校企合作作为一种培养人才的模式得到不断的创新发展。

例如广东岭南职业技术学院的创办人贺惠山先生，1993年初果断辞去公职，在暨南大学老干部活动楼借了几间教室，走上民办教育之路。他办的学校初始校名叫广州天河岭南文化技术学校。他也是靠骑着一辆破单车，满街张贴广告招收学生。该校招生宣传口号是"学会计，到岭南"。最初仅是一个小规模的成人补习、辅导学校。1994年后，先后更名为广州天河岭南工商学校、广州岭南职业培训学院、广州岭南工商专修学院。1999年贺惠山董事长决定与广州市国营新塘农工商联合公司园艺场合作，由园艺场提供33 hm^{2}土地和2.3万 m^{2}的房舍，由广州岭南工商专修学院办学，到2000年经专家论证，省高教厅报省政府批准，学校正式成为广东岭南职业技术学院。在这期间我曾几次调研这所学校，觉得私人资本和国有企业合作举办高等教育，按《中华人民共和国民办教育促进法》的规定，仍属社会力量办学的性质，是民办高等教育的一种形式，应该接受，应该肯定。但后来因种种原因未能如愿，实在有点遗憾。随着广州城市向东扩展，广东岭南职业技术学院的相对区位发生了根本性变化。广东岭南职业技术学院有着地处广州经济技术开发区，毗邻国家软件产业基地广州天河软件园，有着校企合作由初级向中高级转型的良好区位优势。时任校长的俞仲文先生和大家一起，逐步构建校企深度融合体制机制创新的实践基地。

广东岭南职业技术学院经过多年的探索和实践，一方面逐步形成以政府为主导、以学校为主体、企业参与办"园中校"、建"校中园"的发展之路，形成"三三融合"的办学特色。即通过政府、学校、企业融合实现"区位融合、校企融合、工学融合"。学校瞄准广州经济技术开发区和国家软件产业基地广州天河软件园的需要，通过输送人才，开放教育资源为社区服务，参与园区的人才培养和园区的公益事业，办"园中校"，使学院成为名副其实的"开发区的大学"。另一方面，通过在校园内创建岭南科技园和岭南创业园，筑巢引凤，吸引高科技企业和培训机构进入校园内的园区，建"校中园"。由于广州经济技术开发区和国家软件产业基地，还有正在建设中的"中新知识城"都是高新技术和现代产业，对人员要求高，这也对高校提出了更高的校企合作的要求，也为附近高校，如广州工商学院，乃至整个广州高校提供了校企合作的新机遇，带来了新挑战。

第四节　给民办高校推荐校长

一、董事长的重要性

民办高校法人治理结构是指民办高校作为独立的法人实体，在举办者、管理者、教职工和学生等权益相关人之间建立的有关学校运作和权益配置的一种机制或组织结构，以及在此框架下形成的决策、指挥、执行、激励、约束、监督机制构成的有机整体。我国现行法律只对民办高校决策机构（董事会）和执行机构（院长）的设置做了明确规定，即"董事会领导下的校长负责制"，缺乏对设置监督机构及权力制衡机制的规定。民办高校法人治理结构或内部管理模式的核心问题是董事长与校长的关系问题。从 20 世纪八九十年代至今，经过不断摸索创新，这些制度已经有了很大改进，但问题依然不少。

2013年时任广州城建职业学院院长的张富良同志，曾在该年第一期《民办教育》上发表文章指出："虽然绝大多数民办高校都实行了董事会领导下的校长负责制，但毋庸讳言，不少学校是董事长强势，权力越位严重，往往是包揽一切，越俎代庖，校长处于尴尬的地位，在董事会领导下的校长负责制已经扭曲为董事长领导下的校长象征性负责制。一些学校举办者和校长关系长期不和谐，校长更换频繁。有的民办高校校长的平均任职时间甚至不到一年。这导致学校内部管理无序、低效，不利于学校健康发展"。这种问题是存在的。但是，经过多年发展，这类问题有所改善，有所进步。要完全解决这个问题，建立完善合理的现代大学制度，对于多数民办高校来说，还有一段路要走。

广东省民办高校的举办者或董事长大致可分成以下四种类型。一为高校退休教授。他们懂教育，但有的可能接触社会少，往往缺乏社会活动经验，管理交际能力欠佳，多少有点书生气。二为下海的公职人员。他们与社会有较多的联系，有较强的与社会打交道的能力。三为商海的拼搏者。他们从做点小生意，或者开始就从小规模的培训教育做起，逐步发展。四为有相当规模的企业家，原来经营房地产，或者办工厂等实业，后来看到教育市场需求，开始步入举办教育的行列。前三种往往是"以教养教"滚雪球式发展。校园建设是从借窝生蛋、租窝生蛋到建窝生蛋，办学层次的提升路径大多是培训学校、技校到专修学院，再到国家承认学历的职业技术学院，最后部分幸运者升格为本科学校。第四种常常可以基本做到一次性选址，一次性规划设计，一次性建设校园，最后与公办高校合作，起步就是本科院校。

无论哪种类型，举办者或董事长个人的办学动机、办学理念、法律意识及个人涵养等至关重要，毫不夸张地说，举办者就是学校的一个标杆，一个象征。举办者看到一批批学子走向社会为社会服务而无比自豪，无比欣慰。千千万万的学子也会永远感恩他们的母校，他们的母校的举办者。所以举办教育是一项崇高的事业，而举办者应该是品格高尚的人，应该是受到社会尊重的人。但是，举办者要达到这种境界必须要不断地修炼自己。有人为纪念岭南教育集团 20 年华诞写了一本书，书名为"砺石成玉"，一点不假。我们非常高兴地看到，许多民办高校的举办者在办学过程中，砥砺奋进，不仅熟悉和掌握了教育的规律，而且修为有了很大提升。当然，这类人群也难免良莠不齐。有的举办者过分或急于从经济利益出发，盲目扩张，缺乏法律意识而使办学出现问题，甚至招致失败。

二、当好民办学校的校长并不容易

我无意在此全面论述民办高校的法人治理结构，也不想过多论述董事长或举办者，只想就我为民办高校推荐校长的经历谈点感受。那个时候新批准的民办高校比较多，举办者都想找一位好校长。因我刚从广东省委高校工委书记和高教厅厅长的位置上退下来，又当上了广东省高校设置评议委员会主任，还去大部分民办高校考察评审过，加上后来又当选为广东省民办教育协会的会长，所以对民办学校的举办者比较熟悉，因此他们乐于找我给他们推荐校长。甚至有的学校找了校长也请我见见，看看是否合适。屈指一算大约有二十多人次，推荐的人有的成功，有的失败。

我推荐的校长一般来自公办高校退休的校长。他们的政治素质和对教育的熟悉程度一般是不存在问题的。问题在于他们对民办教育和职业教育了解多少，在从公办到民办的角色转变过程中适不适应，性格和工作方式、方法与董事长之间合作能否默契。董事长与校长之间存在一定程度的矛盾是难免的，问题是如何解决矛盾。

首先是双方的角色定位，特别是校长刚从公办学校走向民办学校，一方面在某些问题上会有一种失落感，好像在给老板打工；另一方面又觉得是一个新的平台，有许多在公办学校不能做，或要经过烦琐程序才能做的事情在民办高校可以做，或不需要那么多烦琐程序就能做。所以许多有事业心的校长可在民办高校的新舞台上施展自己的才华，大胆地改革创新。而董事长则应根据董事会章程办事，不应过多地干预校长工作。

其次是合理分工的问题。校长集中精力贯彻董事会的决议,抓好教育教学,不断提高办学水平和质量;董事长负责筹措资金,不断改善办学条件,尽早达标,保证教职工收入达到同类学校的水准。

最后是妥善解决校长与董事长之间的分歧。校长如何将原则性与一定程度的灵活性相结合,理解民办学校办学的困难;董事长以"用人不疑,疑人不用"的原则,理解教育发展的客观规律,充分发挥校长的作用,放手让校长大胆而积极地工作。一切分歧都应统一在教育的客观规律和民办高校的实际困难上解决。还有,就是个性的差异也可能带来不和。只有在工作中磨合,相互理解,相互包容。如果都是出于办好学校的初衷,则一切矛盾都是可以解决的。

三、推荐成功或失败的原因

林国梁同志是一位很有经验和魄力的校长,在公立民航职业技术学院任校长多年,对职业教育很熟悉,但个性较强,直来直去。退休后,新的校领导也非常尊重他,聘他做顾问,安排了办公室。他很认真,每天照常准时上下班。新领导也不知道如何处理,有的会议不知该不该请他参加,有的文件也不知该不该给他看。他整天坐在办公室无事,有些下面的干部和老师就进来和他聊聊天。聊天之中难免招来是非。如有人就跟他说现任某某领导不如过去的,等等。所以我多次劝他不要去上班,不如去一所民办高校再创辉煌。他开始犹豫,经我多次劝说,最终同意。待他同意后,我给他介绍了一所学校,因为我估计该校董事长能容忍他的脾气。双方开始合作不错,慢慢地因如何改善办学条件也发生了摩擦。校长要董事长加大投入改善办学条件,董事长觉得资金周转困难,慢慢来,先将就将就。有时双方争执发火拍桌,不欢而散。后来董事长想通了,觉得校长的执着不是为了个人,而是为了办好学校,难得一位校长为办好学校如此执着。一旦想通了,就一通百通。校长后来也想明白了,办这么大一所学校全靠自己拿钱,其实董事长也不是很有钱的人,还靠银行贷款,欠了一屁股债,实在为难他了,有些事能缓就缓一缓吧。这样双方又想到一起了。校长在董事会领导下，实施精细化管理，在打造"百年老店"的目标指引下，狠抓学校管理，建章立制，树立良好教风、学风、校风。在学校内部治理结构上，逐步形成了董事会与校长的权责关系：校长提出的办学管理方案，如果董事长没有异议，就按校长的意见办；如果董事长有异议，但不强烈反对，那就还是按校长意见办；如果董事长强烈反对，则召开董事会集体讨论，一人一票表决，按照多数意见办。董事会成员包括了一部分资深教育工作者、退休的行政官员和少数企业老总。这样，使得董事会决策权与校长管理权的关系，做到科学、合理及明晰，减少了不必要的矛盾。因此，双方一直合作得较好，从而加快了学校的发展，成为广东第三所升本的民办高校。

我还有一个体会，就是为民办学校推荐校长还要考虑学校的办学方向、学科特色。如学校主体是工科，特点以实用型、职业型为主，那么最好推荐原公办工科院校的校长或其个人的专业就是工科更好。因为这种类型的校长到了民办高校任职后，只要熟悉和适应了民办学校的运行机制，就可驾轻就熟，发挥其原有的专业技术才能，管理学校的教学科研，培养职业型、实用型人才。例如，有一位教授长期从事理工方面研究，出国留学，又是我们"千百十人才工程"的培养对象，申请过科研基金和专利，培养博士研究生，后来又担任了一所工程技术类高校校长。退休后我推荐他到一所民办高校当校长。他很快适应了民办高校的运行机制，坚持以就业为导向，采用工学结合的办学模式。内强素质、外塑形象。培养建设一支锐意进取、热心教育、勇于创新的教师队伍。强调各种科技项目的申报，科研成果的评奖，科技发明专利的申请等，经过两三年工夫，该校申请的国家和省级专利达十多项，成为民办高校中申请专利最多的高校。

我曾推荐一位从公办高校党委书记的位置上退下来的同志到一所民办高校当校长。他具有丰富的高校党务工作经验，熟悉高校政治思想工作，特别是学生工作。但是到民办高校当校长后，他角色转换困难。他既不熟悉民办教育的运作模式，也不了解学科建设发展的内涵，一时不知从何处入手抓学校的教学与科研。加上在民办高校当校长，要统管的东西比公办高校还要多。

因为公办高校一切都规范化、程序化了，并且副校长不仅人数多而且能力也比较强，基本上能独立分管一面，许多事情无须校长过问也可办好。民办高校就不同，副校长人数不多，熟悉而积极主动推进工作的副校长相对较少，这就使得校长管得比较细，比较宽，甚至需亲力亲为。结果这位书记没有多久就辞去了民办高校校长的职务。

第五节　为民办教育鼓劲、解难

一、借记者采访的机会为民办教育鼓劲

我关心民办教育，利用各种机会宣传民办教育，鼓励民办教育发展，扩大民办教育的影响。特别是利用全国、全省两会的舞台畅谈民办教育的发展。2001年我已不是省高教厅厅长了，作为全国政协委员在全国政协分组会上发表我对民办教育的看法，当晚接受了《中国教育报》记者的采访。采访报道后来刊发在该年3月13日《中国教育报》上，现全文转载如下。

民办高校的转机一定会来到
——访全国政协委员、原广东省高教厅厅长许学强

本报记者　刘华蓉文/摄

随着公办普通高校连续两年扩招，民办高校"遭遇"了严峻的生源危机，不少民办高校出现了生存危机。据统计，我国去年具有独立颁发学历文凭资格的民办高校43所，比上年增加6所，在校生比上年增加2万余人。民办非学历高等教育机构1 282所，比上年增加42所，但是注册学生数比上年减少20.27万人，只有98.17万人。随着国民经济的发展，今后我国高等教育仍然会以较快的速度发展，特别是普通高等院校的加速发展，对民办高等教育的

挑战将是持续性的。

在我国高等教育逐渐由精英化迈向大众化的今天，民办高校是否还会有新的转机？如果这种新转机存在，何时才能出现？日前，记者采访了正在北京参加全国政协会议的原广东省高教厅厅长许学强委员。

在我国国民经济发展的过程中，民办教育仍然有很大的生存和发展空间。许学强说，民办高校的发展必然要经历一个自然淘汰的过程，现在民办高校发展的困难只是暂时现象，高等教育完全依靠政府投资兴办是不可能的，必须吸收社会资金投入，应当鼓励和支持民办教育的发展。

从客观市场需求角度分析，社会实际情况是：适应社会发展需求的职业教育仍有很大的空间和市场，这为以职业教育为主的民办高校提供了潜在的生源。许学强说，学生学习成绩会有差别，兴趣和特长会有差别，并不是所有的人都能进入普通高校，也不是所有的人都适合进入普通高校学习。有的学生可能动手能力比较强，更适合、也更愿意接受职业技术教育。

与公办普通高校相比，民办高校有自己的优势，市场敏感性强，调配资源灵活，可以随时根据市场情况和社会发展调整自己的专业和规模。许学强认为，这也为民办高校迎来新转机创造了有利条件。

据介绍，广东省有七八所民办高校，其中有的学校已经形成了自己的办学特色，生存就比较容易。即使在公办普通高校扩招的情况下，那些师资条件好、办学设施好、管理成熟、适应社会需求的民办高校也没有出现多大的生存困难。因此，所谓民办高校的生存危机归根到底还是学校自身办学实力有多强、办学水平有多高的问题。许学强说，东南亚金融危机期间，广东一些民办中小学的举办者也一度日子难过，但是随着金融危机的消失和国民经济的发展，这些学校又迎来了新的生机。

许学强认为，民办高校的新发展离不开整个社会环境，当整个社会各就各位，能够提供不同层次的就业机会时，民办高校会有更适宜发展的空间；一旦民办高校充实了师资队伍，提高了管理水平，打出了以质量求生存的名声和信誉，它的生命力就会很顽强。此外，民办高校收费也要经过一个自然调整的过程，要逐渐达到能够被社会普遍认可和接受的水平。处在起步阶段的民办高等教育正步入一个反思、总结和规范的过程，不能因此对它失去信心，而应当继续扶持民办教育的发展，并期待它的奋起。许学强认为，民办高校该如何发展，仍需不断探索和总结，特别是在办学体制和管理模式上要减少内耗，寻找最有利的形式。

这是一次临时采访，对问题的分析不深入不透彻，条理也不甚清晰。只是反复说明几个基本观点，即社会需要民办高等教育，政府应继续鼓励和扶持民办高等教育，只要民办高校办出特色，提高质量和水平，就有其生存和发展的空间。

二、支持升本，帮学校解难

我的前任李修宏同志从领导岗位上退下来后，曾先后到几所民办高校担任过校长。我下来后也有不少民办高校邀请我去当校长，但都被我一一婉拒。其原因主要考虑三条：其一是，从厅长位置下来后，厅里立即任命我为广东省高校设置评议委员会主任，当时广东高校正处于大发展时期，需要评审成立、升格、合并、更名的学校很多。这种评审我都亲自带队到学校考察，费时较长。同时，我还担任教育部第一批示范性职业技术学院建设项目执行情况中期检查专家小组组长，要对全国十多所学校进行评估，工作量很大。此外我还被聘为全国高校设置评议委员会专家组成员，每年都要费相当多的时间到全国各地考察评估。其二是，1992年初我来省高教厅任职时，就明确我仍然兼任中山大学城市与区域研究中心主任、教授、博士生导师，并一直带有博士生。参加部分力所能及的学术活动，这是我的兴趣和爱好，不能丢。虽然我已明确表态不去申请院士，但仍然还有博士生，可一直带到七十岁。其三是，当一名民办学校校长压力很大，很捆身，做得不好也对不起老板。

虽然我不去某一所学校当校长，但我与相当一部分民办高校联系较多，他们有什么困难和问题都喜欢找我聊聊，我是他们的朋友。然而有一次却打破了我的规矩。

有一天，广东省东莞市前副市长姚锦柏和东莞南博学院董事长刘东风找我，说他们想在东莞办一所民办高级职业技术学院（即后来的东莞南博职业技术学院），希望我帮助他们推荐一位校长。姚副市长是我心中尊敬并比较熟悉的一位抓教育的副市长，他为东莞市教育做出了很大贡献。他出面找我，我当然尽力帮忙。关于推荐校长的事，我很快想到了原民航职业技术学院院长林国梁同志。他从民航中专校长做起，后来随着学校升格为高等职业技术学院而就任院长，直到到龄退休为止。由于我俩共同参加第一批示范性职业技术学院项目执行情况中期检查，前前后后几个月，我们相互十分了解，我相信他一定能胜任。他脾气虽有点儿大，但为人耿直。考虑到董事长刘东风先生是公务员出身，做过协调工作，相信两人经过一段时间磨合，能处理好关系。经介绍，他们一拍即合，一干就是几年，干得不错，学校开始考虑升本了。姚副市长和刘老板又在物色新的校长，希望能顺利升本。他们的工作很细致，知道我与本省和全国的高校设置评议委员会的专家们很熟，和教育部关系也不错。还传出只要许学强当校长，委员们一定会投赞成票的说法。于是他们"发动攻势"，想尽办法要我出山当他们的校长。除了姚副市长和刘东风董事长劝说外，原暨南大学校长周耀明同志，华南师范大学党委书记徐士珍同志等，他们都是我很敬重的老领导，也出面劝说我支持。董事长刘东风先生说得更明白："只要你的名，不要你做事。"那时的我已经七十岁，早已退出了全国和广东省的高校设置评议委员会委员等有关职务，也不再招收博士生了。还考虑到，自从白云学院和培正学院升本后，还没有第三所民办高校升本，从全局出发也应培育有条件的民办高校升本。时任省教育厅厅长罗伟琪同志也同意支持。在这种情况下，我勉为其难，同意当这个校长，目标是学校升本。

由于学院基础较好，中层和校级班子力量较强，我作为校长主要处理三方面的事务。一是开好每周的办公会议。通过办公会议明确任务，理顺关系，分清工作的轻重缓急。同时也通过办公会议培养年轻的干部。每次办公会议都比较成功，会议具有和谐的气氛、较高的效率。每次办公会议都能解决一些问题。二是努力增强培养本科生的意识和能力。根据我参加多年高校设置评估工作的经验，评审专家一定会抓住三五个专业，认真考察其开展本科教育的意识和能力。教育从专科跨到本科是一个很大的坎，两者的区别在《中华人民共和国高等教育法》中有明确的规定。专科教育应当使学生掌握本专业必备的基础理论、专门知识，具有从事本专业实际工作的基本技能和初步能力，而本科教育应当使学生比较系统地掌握本学科、专业必需的基础理论、基本知识，掌握本专业必要的基本技能、方法和相关知识，具有从事本专业实际工作和研究工作的初步能力。我们认真分析其用词，可以看到培养专科生和本科生是有很大区别的。并且职业教育更需要我们去探索。为此，我们组织专家到一个一个专业去检查，模拟省和全国专家评估，一次不行，再来一次。通过此项工作提高各专业的办学意识和水平。三是为升本做一些具体的准备工作，包括文件等。此外学校里的一些大事需要校长出面的，我就和往常一样处理。

全国高校设置评议委员会的专家将要来广东考察之时，我们听说本科院校校长年龄原则上不超过七十岁，虽然规定是"原则上"，但总是一个"隐患"。为保万无一失东莞南博职业技术学院必须另找校长。经了解，华南师范大学原党委书记王国健同志刚从领导岗位退下，我推荐后，董事长去联系，经王国健同志同意，董事会聘请王国健同志任校长。但后来又了解到，王国健同志还任省和全国高校设置评议委员会委员，不宜出面当校长。离全国高校设置评议委员会的专家来校评估的时间越来越近，学校一时又无法找到合适人员。我们一边准备迎评，一边物色合适人选。最后没有办法，只好由我请原广东工业大学校长钟韶同志以校长身份出面迎评汇报。最后顺利通过，东莞南博职业技术学院升格并更名为广东科技学院（图9.6）。从此，我，包括钟韶同志与广东科技学院就再无联系了。这也算是帮了这所学校一个大忙。

图9.6 笔者在广东科技学院开学典礼上讲话

三、利用社团组织为民办教育服务

1. 我曾担任过广东省民办教育协会首任会长

中国民办教育协会首任会长陶西平曾说:"广东省是我国民办教育事业的摇篮,其民办教育发展的历程是我国民办教育事业发展的历史缩影,对全国民办教育的发展产生了深远影响。"当时全国除个别省(直辖市、自治区)外都成立了民办教育协会,广东民办教育随着自身的发展,迫切需要成立行业协会来规范、自律,遵循公益、市场规律,起到政府与民办院校之间的桥梁和纽带作用。广大民办教育机构也迫切希望成立这个组织,希望有个"娘家"。希望通过这个平台,使民办教育机构多一个相互沟通、交流、借鉴和学习的机会,也可更好地反映举办者与办学者的心声,更有力地促进民办院校自律和规范。为此,经过一段时间筹备,于2009年6月4日召开了广东省民办教育协会成立大会暨第一次代表大会,我被选为首任会长(图9.7,图9.8,图9.9)。

按照协会章程,从无到有,在建立健全自身组织机构的同时,团结和依

▶图9.7 许学强（左）与中国民办教育协会会长王佐书同志（右）在一起

▶图9.8 许学强在广东省民办教育协会大会上讲话

▶图9.9 许学强（右）为广东省民办教育协会学术委员会成员颁发聘书

靠大家为广东民办教育做了一定的工作，倾听民办学校的意见，反映民办学校的诉求，维护民办学校的权益，在力所能及的条件下，帮助民办学校解决一定的困难（图9.10）；组织学习中央和广东省有关文件和外地经验，加强行业自律；开展有关研究和交流，提高民办教育自身的能力和水平，使协会真正成为各民办学校和教育机构的"娘家"，成为民办学校和政府主管部门沟通联系的桥梁。我认为，作为行业协会我们所做的事情只能"尽力而为，量力

▶图9.10　笔者（右4）考察东莞民办创新职业技术学院时合影

而行"。协会必须按照章程，明确自己的角色定位，既不能代替政府做不该由协会做的事，也不可能解决民办学校的所有自身问题。协会对民办学校和机构要先讲服务，多为他们提供信息，协助反映或解决某些问题，少讲索取。向学校收取会费应尽可能少，尽可能减少民办学校的负担。总之，协会是一个服务性的群众组织。只有这样，民办学校和民办教育机构才能将民办教育协会真正当作"娘家"。

2014年中央组织部颁发了《中共中央组织部关于规范退（离）休领导干部在社会团体兼职问题的通知》（中组发〔2014〕11号），对离退休人员兼任社会团体负责人一事，做了很具体的规定：凡年龄超过70岁的不再兼任社会团体组织的理事、正副理事长等职。我早已超过70岁，并且协会也要换届，于是我坚决要求按中央文件办事，不再担任广东省民办教育协会会长（即理事长）职务。经过多方联系和厅领导支持，中央组织部同意原广东省人大常委会副主任王宁生同志兼任广东省民办教育协会会长。但是，就在这个时候，中央文件规定，离退休干部只能兼任一个社团组织的职务。王宁生同志马上退回了任命书，因为他已兼任全国中西药结合方面的学会理事长。这样新老交接无法按原定计划完成。

为此，我又和大家商议，最后一致认为杨文轩是位合适人员。杨文轩同志曾担任华南师范大学校长、书记，退下来后又在广东省人大科教委员会任副主任，交际面广。杨文轩同志在广东省人大期间也曾带队视察民办学校，现又担任一所民办本科院校（华南师大广州工商学院）校长，对民办教育相当了解。于是，我以"三顾茅庐"的精神，说服杨文轩同志接任广东省民办教育协会会长一职。广东省民办教育协会于2015年5月召开了第二届会员代表大会，顺利换届，推选华南师范大学原党委书记、华南师范大学广州工商学院校长杨文轩同志为新一届协会会长，我被推选为名誉会长（图9.11）。

▶图9.11 民办教育协会第二任会长杨文轩（左）、许学强（中）和常务副会长文传道同志（右）合影

2. 我曾任老教育工作者协会首任会长，为民办高校出力

在省教育厅老干部处的积极推动下，经省教育厅和省民政厅社团管理局批准，于2006年12月9日在广州召开了广东省老教育工作者协会（以下简称省老教协会）成立大会。大会开得十分热闹，许多省级退休老领导，如原广东省委书记林若、省长朱森林、省委常委方苞等受邀出席会议，并被聘为协会顾问。我被推选为省老教协会首任会长，原省教育厅副厅长周育安任副会长兼秘书长。省老教协会成立的目的是团结全省教育系统老教育工作者，

贯彻落实"老有所养、老有所依、老有所为、老有所教、老有所学、老有所乐"的方针，充分发挥老教育工作者的余热，组织他们继续在教育教学、管理、科研、思想建设等方面献计献策，为促进广东建成教育强省、经济强省、文化大省、法治社会、和谐社会以及三个文明建设发挥积极作用，再做贡献。通过组织活动，促进本系统老年事业的研究和发展，增强老教育工作者的身心健康，适应社会发展的需要。

省老教协会成立以后按照"量力而行，尽力而为"的原则做了一些工作，受到好评。如，当时了解到广东山区有部分离退休的老教育工作者生活困难，省老教协会筹措部分资金资助本省十六个贫困县 100 名优秀老教育工作者，并且刚好春节前将扶助资金送到，让老教育工作者十分感动，并引起社会关注，受到社会赞誉。组织本省高水平的老幼儿教育工作者编写具有岭南文化特色的幼儿教材《幼儿成长课程》及教师用书的试用本，组织高校老校长论坛等。

特别值得一提的是，省老教协会依托省教育厅老干部处，而省教育厅老干部处与各高校虽没有上下级领导关系，但相互来往甚多，彼此熟悉了解。因而，省老教协会可以建立老教育工作者人才库，为各民办高校提供咨询和建议。而各民办高校缺乏师资，就可来找省老教协会帮他们牵线搭桥，既方便各民办高校聘任教师，也可让更多退休高校老师到民办高校去发挥余热。

最为典型的例子是东莞创新科技职业学院。东莞市长安虎门一带经济十分发达，但人才缺乏。镇领导早有意举办一所学校，培养人才。金河田实业有限公司抓住了这一机遇准备办学，但不知如何开始，结果找到省老教协会咨询。后来双方合作，省老教协会负责联系学校领导和教师，金河田实业有限公司负责征地建校舍，就这样这所学校很快办起来了，到 2014 年已有 1 万多名在校学生。

2014 年中央组织部颁发 11 号文，明确规定："离退休干部经批准可兼任 1 个社会团体职务"，"兼职的任职年龄界限为 70 周岁"，还规定不能进行营利性活动，而省老教协会又不能收取会费，这样省老教协会活动就产生了困难。加上正好要换届，找不到合适的会长，经讨论报省教育厅和民政厅批准，省老教协会于 2015 年注销登记，有点可惜！

参考文献

[1] 广东省教育厅"211工程"办公室. 广东高校"211工程"[M]. 广州：暨南大学出版社，2001

[2] 广东省教育厅. 前进中的广东职业教育[R]. 2002

[3] 广东省教育厅. 凝练提升——广东省高等学校"千百十人才工程"十二年[R]. 2008

[4] 广东省教育厅. 集聚超越——广东省高等学校"珠江学者特聘教授岗位计划"十年[R]. 2008

[5] 郝维谦，龙正中. 高等教育史[M]. 海口：海南出版社，2000

[6] 何辛. 广东教育50年1949年—1999年[M]. 广州：广东高等教育出版社，1999

[7] 贺惠山，刘丹青，马东佑. 广州岭南教育集团志（1993—2011）[M]. 广州：广东人民出版社，2013

[8] 雷仲予. 华联之路——华联二十年[M]. 广州：广东人民出版社，2010

[9] 李岚清. 李岚清教育访谈录[M]. 北京：人民教育出版社，2003

［10］李学明，张铁明. 崛起 创新——广东民办教育春华秋实辉煌35年纪实（1979~2014）［M］. 广州：广东人民出版社，2015

［11］梁英. 放眼高等教育［M］. 广州：中山大学出版社，2002

［12］许学强，梁英，黄循洺. 目标与对策——广东高等教育改革与发展的基本思路［M］. 广州：广东高等教育出版社，1993

［13］许学强，许怀升，黄循洺. 邓小平教育理论与广东高等教育实践［M］. 广州：广东人民出版社，1998

［14］许学强，张耀荣，吴念香. 广东高等教育与社会主义市场经济［M］. 广州：广东高等教育出版社，1995

［15］张铁明. 中国教育经营论［M］. 广州：广东高等教育出版社，2011

［16］张铁明，王志泽. 中国民办教育法治及制度建设［M］. 广州：广东高等教育出版社，2014

［17］中共广东省委政策研究室，广东省科学技术委员会. 第一把手谈第一生产力［M］. 广州：广东人民出版社，1998

［18］中共中央文献编辑委员会. 江泽民文选·第二卷［M］. 北京：人民出版社，2006：34

［19］周远清. 周远清教育文集（一）［M］. 北京：高等教育出版社，2000

［20］周远清. 周远清教育文集（二）［M］. 北京：高等教育出版社，2000

后记

一、中共广东省委组织部对我工作的评价

1996年，党的十四届六中全会做出决定，对县处级以上领导干部进行一次以讲学习、讲政治、讲正气为主要内容的党性党风教育。该工作为期3年，自上而下，分期分批进行。讲学习，就是要做讲学习的表率，就是要在掌握邓小平建设有中国特色社会主义理论的科学体系和精神实质上，在运用理论解决实际问题上下功夫；讲政治，就是要做讲政治的表率，就是要在全面、正确、积极地贯彻执行党的基本路线和各项方针政策，切实提高工作质量和效果上下功夫；讲正气，就是要做讲正气的表率，就是要在讲党性、讲原则，公正无私，刚直不阿，言行一致，扶正祛邪方面下功夫。具体要求分三个方面：

（1）要推动领导班子和领导干部的学习。学习邓小平理论和党的十五大精神，提高领导干部和领导班子思想政治素质，以保证做好各项工作、推动改革和建设事业健康发展。

（2）要推动党政领导班子和领导干部加强党性修养，端正思想作风。一是要增强全局观念，坚决维护中央权威，在政治上、思想上、行动上同党中央保持一致。二是要坚决贯

彻执行民主集中制。三是要有良好的作风，包括良好的思想作风、工作作风和生活作风。

（3）要推动党政领导班子和领导干部努力改造主观世界，不断树立和坚定共产党人的世界观、人生观、价值观，这是党员、领导干部终生的任务。这"三观"不可能与生俱来，不可能从天上掉下来，只能在长期革命理论的学习和革命实践的锤炼中得来，只能在不断抵制错误东西、落后东西、腐朽东西的影响中，在不断的自我"改造"中得来。

我是一个"三门"干部。何谓三门？从家门到校门，然后再进了机关门。我虽经过了党的培养，在实践中受到一定的锻炼，各方面的能力有了一定提高，但作为一名共产党员，与优秀共产党员的那种理智、高尚、坚定的世界观、人生观、价值观的差距还很大，需要不断学习和实践。所以当1997年底至1998年初，广东省委组织部一位副部长带队进驻广东省高教厅时，我积极主动配合，在三个多月的时间里完成了主题教育学习任务。最后全体干部职工给每位厅级干部和整个委厅机关班子投票，评价选项分优秀、称职、不称职三类。最后广东省委组织部组织个别谈话，让部分同志背靠背地提意见，综合各方面意见之后，针对每位厅级干部和整个领导班子写出评语。我是2000年2月初因到龄退出领导岗位，因此1998年广东省委组织部的评语基本代表了党组织对我在广东省高教厅工作的评价意见。对我的评语全文如下：

许学强同志的主要表现
（中共广东省委组织部1998年2月）

熟悉高校情况和办学规律，工作思路清晰开阔，改革意识和组织领导能力比较强。注意结合广东实际情况贯彻实施《中国教育改革和发展纲要》以及省委、省政府有关建设教育强省的各项指示，根据不同时期社会、经济发展的需要，提出阶段性高教工作意见和实施办法，积极稳妥地推进高等教育的改革与发展。

几年来，组织实施了一系列高教改革措施：一是不失时机地启动了8个教育工程。其中有全面提高教学、科研、管理水平的"一二五二工程"；加强学科建设的"五四一"重点学科建设工程、培养拔尖人才的"千百十人才工程"；改善教师住房条件的"广厦工程"；还有促进精神文明建设的"校园建设工程"以及"高教信息系统工程""211工程"等。二是推进了高等教育管理体制的改革。在全国率先同国家教委等中央有关部委"共建"中山大学等6所部委属高校，顺利完成了13所学校合并6所的工作，组织广州市石牌地区6所高校合作办学以及一些高校联合办学。三是逐步推开校内管理体制、拨款体制、招生、收费、就业制度的改革。四是主持制定了《广东省高等教育条例》《广东省私立高等学校管理办法》等多个与《中华人民共和国教育法》相配套的地方法规。

以上这些改革促进了我省高等教育事业快速、持续、健康、协调的发展，使我省高教规模和水平都上了一个台阶。1997年与1992年相比，普通高校本专科生录取人数由3.55万人增至5.71万人，增长60.8%，招生规模在全国由第8位上升到第3位；在校生由9.74万人增至17.47万人（不含研究生），增长79.4%，在全国由第9位上升到第6位；在校研究生由3 453人增加到6 876人（其中博士生1 321人），增长99.1%。有7所高校通过国家"211工程"部门预审，5所高校通过国家教委本科教学工作合格评估。

坚持两手抓。1996年2月省高校工委与省高教厅合并后，同时担任省高校工委书记。重视抓领导班子建设。1997

年组织选拔了49名德才兼备干部进入高校领导班子,其中有12名45岁以下的优秀青年干部;对个别严重不团结、问题突出的班子,采取果断措施,进行调整,提高了高校领导班子的整体素质,为高教的改革发展提供了强有力的组织保证。

事业心、责任感比较强,工作勤奋务实。精力充沛,多年坚持"双肩挑",有较高的学术水平。近年主持国家自然科学基金项目3项,国际合作项目5项,省部委科研基金项目3项,发表了一批有学术价值的论著,在城市地理学方面造诣较深。民主作风好,注意调动副职的积极性,放手让他们大胆开展工作。处事果断,联系群众,严格要求自己,注意廉洁,群众威信比较高。

不足之处:兼职过多,工作任务重,深入处室和学校做具体调查研究不够;个别问题与副职沟通不够。

考核结果:1995年年度考核为优秀,1996年年度考核民主测评优秀票占69.4%。1998年2月9日对厅领导干部进行届末民主测评,参加投票的共计147人,得优秀票101张,占总投票数68.7%,得称职票37张,占25.2%,两项合计138票,占93.9%,不称职票5张,占3.4%。

应该说明的是,省委组织部对我工作的肯定部分绝对不是我一个人所为,而是在省委省政府的领导下,厅党组团结全厅干部职工和各个高等学校、专科学校等有关单位的同志们共同努力的结果。即使我做了一点工作,也是因为在其位谋其政,也是应该做的!省委组织部评语中的"不足之处"写得很客气。"兼职过多,工作任务重",当然不是"不足之处",这是帮我找"不足之处"的原因。不过兼职过多也是实情,我曾开玩笑地说,我兼了6~7个厅级职务,即占了

7个人的位置。为此，我曾专门写了三页纸长的报告，直接呈送给时任教育部部长的陈至立同志和广东省委书记谢非同志，申诉我不宜兼那么多职的理由。无果。我是一名共产党员，只能服从组织安排，尽自己最大的努力去做好每一件事情。但是毕竟个人精力和能力有限，有许多地方照顾不到，贻误了工作。最后投票的结果，93.9%为优秀和称职票，超过了"三七开"，表达了同志们对我的厚爱，我满足了，谢谢我可爱的同事们！

二、说明

我任职广东省高等教育厅厅长8年，基本上达到了任职目标。从1993年1月2日广东省委、广东省政府颁布的《中共广东省委、广东省人民政府关于加快高等教育改革和发展步伐的决定》中规定至2000年的奋斗目标，其中可量化的指标可以说明这一点。如这份决定中规定，至2000年广东省普通高校和成人高校在校生要达到40.5万人，实际到1999年为40.46万，提早一年实现了规模目标。而2000年是大扩招的一年，在校学生规模大幅增加。其他指标在本书里有详细分析，在此不再重复。在举国上下庆祝改革开放四十周年之际，我响应组织的号召"口述历史"，写成这本小书，一方面是想向广东省委、省政府、中山大学党委汇报这十年的工作，另一方面是想告诉我的学生们，这十年我在省高教厅干了些什么。

这本书是回忆录，第一部分内容是根据我的回忆和自己笔记本上的一些记录；第二部分内容是根据我收藏的部分调研报告、工作总结、讲话稿和发表的署名文章；第三部分是各位副职及所管的处室的调查报告、工作总结和工作意见。如高教研究室高桂冠、张耀荣、梁英、黄循洛等同志们的调查研究成果，李冠创、周鹤明、钟佩珩、陈绍奇、答朝新、区社伦、刘育民、罗远芳、唐善新、王安利等厅级领导班子和政教、干部、高教、规划、基财、科研、设备、成人、中专、自考、招生、就业等处室同志们工作的总结。所以书中涉及的内容绝非我一个人的事,而是省高教厅全厅所有干部在上级党政领导指导下做的一些工作。

这本书的内容主要是二十多年前我本人在广东省高教厅工作的一段重要经历,记录了这一段令人留恋和难忘的历程。本人本着认真办事的风格,办好自己该办的事,为全省高等教育的发展贡献微薄之力。书中可能有些内容与事实不符,甚至可能错误百出,张冠李戴,那这都是我的责任,在此真诚地向各位读者表示歉意,敬请批评指正!

这本书主书名为"在改革中前行的十年",其实,从1992年2月13日广东省委发文任命我为省高教局局长算起到2000年2月24日开会宣布因年龄关系免去我省高教厅厅长的职务为止,正好整整八年。但考虑到组织在2000年又任命我为第三届广东省高等学校设置评议委员会主任委员,接着我又担任广东省民办教育协会首任会长,并连任了一届。随后我还担任广东省老教育工作者协会会长,全国第一批示范职业技术学院评估组组长和全国高校设置评议委员会委员等职。也就是说,2000年初我从广东省高教厅厅长位置退下来后,还在高等教育战线做了一些工作。因此,为求一个整数,主书名就定为"在改革中前行的十年"。

书中使用了大量的肖像照片,因为种种原因,未能一一获得相关人士的肖像使用许可,在此向各位表示感谢和歉意。

书中有关全国的统计数据未包括香港、澳门和台湾的资料。

三、感谢

本书在编撰过程中,由长江大学高等教育研究专家胡成功教授审稿，胡成功教授对本书的结构和文字表达等都提出了许多宝贵的意见。另外还有高等教育出版社及徐丽萍、杨俊杰等编辑给予了大力支持，付出了辛勤劳动。此外，为了推动此书顺利出版，中山大学地理科学与规划学院院长薛德升教授及黄惠珍博士等协助办理了有关手续。在此，我谨一并表示深切的谢意！

许学强

2020年2月

郑重声明

高等教育出版社依法对本书享有专有出版权。任何未经许可的复制、销售行为均违反《中华人民共和国著作权法》,其行为人将承担相应的民事责任和行政责任;构成犯罪的,将被依法追究刑事责任。为了维护市场秩序,保护读者的合法权益,避免读者误用盗版书造成不良后果,我社将配合行政执法部门和司法机关对违法犯罪的单位和个人进行严厉打击。社会各界人士如发现上述侵权行为,希望及时举报,本社将奖励举报有功人员。

反盗版举报电话　(010)58581999　58582371　58582488
反盗版举报传真　(010)82086060
反盗版举报邮箱　dd@hep.com.cn
通信地址　北京市西城区德外大街4号
　　　　　高等教育出版社法律事务与版权管理部
邮政编码　100120

反盗版短信举报

编辑短信"JB,图书名称,出版社,购买地点"发送至10669588128
防伪客服电话
(010)58582300